守望正义：法治视野下的犯罪新闻报道

朱　颖◎著

SHOUWANG ZHENGYI
Fazhi Shiye Xia De
Fanzui Xinwen Baodao

人民出版社

序

朱颖是我这些年来录取的博士生中年纪最小的一位，2003 年入学时仅 24 岁，27 岁就获得了博士学位。记得那年复试时她问我，会不会因为年龄小而不录取她，我说关键看你考得怎么样，结果她以第一名被录取。

朱颖年龄虽小，但她聪明好学，有灵气，而且理论功底较扎实，对学术问题有很强的领悟力，常常能提出一些新的思路和观点。

她从本科到硕士到博士，直到在复旦大学新闻学院从事博士后研究，专业方向都是新闻学，难得她有对新闻学科的浓厚兴趣和不懈坚持。作为一个长期从事新闻学教学与研究的老师，我觉得很是欣慰。

在新闻学领域可以探讨和研究的问题很多，然而在确定博士学位论文选题的时候，她却选择了犯罪新闻报道这个“冷门”且有些敏感的问题。

犯罪新闻是新闻报道的一个重要门类，它所涉及的问题关系到社会秩序的稳定和公民个人生命及财产的安危，因而受到社会与国内外媒体的特别关注。

近年来，随着治安和刑事案件的不断增加，以及国家加强法制建设的大环境，我国新闻媒体对犯罪新闻的报道有日益增多的趋势。从另一个角度来看，因为犯罪新闻多涉及犯罪现象，与法律关系密切，报道的过程及其结果容易引起各种法律纠纷，新闻单位和新闻工作者因为报道犯罪新闻而被卷入新闻的情况也越来越多。在这种情况下，如何做好犯罪新闻报道？如何提高新闻工作者的法律意识？如何健全相关法律法规？就成为当前我国新闻工作中迫切需要解决的理论与实践问题。

国外有关犯罪新闻报道的研究较多，也较为成熟。而在我国，此类研究不但成果少，而且总体看尚显得肤浅，缺乏理论深度。其中最突出的问题是一些研究常常把犯罪新闻与法制新闻混同起来，忽视了犯罪新闻独有的矛盾及特点，而且没有明确提出犯罪新闻的概念。另外，从报刊上发表的为数不多的研究文章来看，大多偏重于经验层面的总结，限于针对某个具体问题分析原因，探讨解决办法，而缺乏从理论上对犯罪新闻报道的特点及规律进行分析和总结，从宏观角度认识犯罪新闻报道中所存在的问题。

从法学角度看，研究犯罪新闻报道在学术上有两个有价值、能出新的地方：一是我国内地还没有对犯罪新闻报道法律问题的完整的专门性研究；二是相关研究中尚无对我国与西方国家犯罪新闻报道所涉及法律问题进行比较性分析的研究。因此，通过研究这个问题，能够折射出新闻报道中的主要法律问题和我国新闻传播法制建设所面临的主要问题，特别是研究所涉及的犯罪新闻报道的价值原则、法律规定和报道手法等问题，于理论于业务都会大有裨益。

朱颖的这本专著，正好从这两方面作了努力，使我们通过专著，能够从对犯罪新闻报道的法理分析中，从对中外犯罪新闻报道的对照比较中获得启示，因此可以说，这是一本既有理论价值又有实践意义的专著。

写作这部专著存在相当的难度。作者必须同时具备法学与新闻学知识，而且要在两门学科之间拓展出一块新的研究领域。目前在我国，犯罪新闻报道无论是在法理学层面还是在新闻实践应用层面，都仍然是一块未被充分开垦的领地，这样就需要作者做许多相关资料的搜集、梳理与厘清工作。让我欣慰的是，朱颖较好地完成了这项工作。

作为国内探讨犯罪新闻报道问题的第一本专著，作者对涉及这一问题的主要学术概念的解读及理论框架的建设，完成了奠基性的初步工作。专著吸收了法学研究框架的逻辑性长处，将其灵活地运用到新闻学研究中，体现出一定的学术创新性。

专著首先对犯罪新闻报道的一般性问题作了概述，为立论打下逻辑基础；接着借鉴法理学和法的价值理论，对犯罪新闻报道的价值目标和原则进行了归纳阐释，将问题的核心部分凸显出来；然后对犯罪新闻报道涉及的各种主要权利、权力关系及其引起的法律问题进行了分别讨论，将问题逐一解决；最后通过对论题的全面总结，透视目前我国新闻传播法制建设的现状与问题，并提出相应对策，这就使得整部专著做到了逻辑严密，结构合理。

专著在内容上也多有创新之处。作者广泛涉猎法学、新闻学、传播学、社会学等有关论著，多方面搜集资料，分析思考，不囿陈说，形成了许多独到的认识及见解。像专著中对犯罪新闻报道定义、特点、传播功能的分析；对犯罪新闻报道的价值目标、权利保障、权力监督，以及合法性原则的论述，都给人以全新的感觉。而对于知情权、表达权、舆论监督权、名誉权、隐私权、司法权等这些为人们所熟悉的概念和话题，作者在论述中也不乏新见解。例如对犯罪新闻报道侵害名誉权问题，作者援引美国“故意的感情伤害”即“暴行侮辱”这种新侵权行为及其法庭处理，作为名誉权侵害处理形式的新的补充；又如对犯罪事实能否作为罪犯的个人信息而成为其隐私权内容并受到法律保护问题，作者提出了分阶段处理的办法；再如针对犯罪新闻报道与司法公正的关系问题，作者指出了犯罪新闻报道避免破坏司法公正在思想上和操作上应注意的问题等等，这些内容可以说都有独到之处。

专著在研究方法上主要采用了比较研究法，这在犯罪新闻报道的研究中尚不多见。专著首先将中国与西方国家的犯罪新闻报道所涉及的法律问题进行了横向比较，通过对西方相关法律法规与新闻媒体处理方式的分析，结合我国国情展开论述，以求得出有助于我国新闻立法和完善刑法、民法的建设性意见，同时也为我国新闻传播法制建设、媒介制度建设及犯罪新闻报道实际工作提供借鉴。同时，专著还运用纵向比较方法，以“过去——现在——未来”的宽阔视野，结合该问题的历史研究，探讨其演变轨迹，总结出其发展变化的趋势及规律。例如对于名誉权的保护，就阐述了我国过去犯罪新闻报道对名誉权保护的不足、当前的改进办法，以及今后的发展趋势，透视出我国民主法制建设在日益进步但却依然任重道远的深刻思想。通过这种比较研究方法，使得专著更具深邃性和广延性。

朱颖还很年轻，她的知识构成和实际经验难免还有许多不足，但是通过这部专著的写作，我看到了她的努力和进步，也看到了她的潜质及未来的发展前景。既然已经成功地跨出了第一步，我相信她在今后的人生征途上会满含锐气，笃实坚定，奋力前行，为我国的新闻学科建设与新闻法制建设添砖加瓦，做出自己应有的贡献！

（郑保卫，中国人民大学新闻学院教授、博士生导师，中国人民大学新闻与社会发展研究中心主任）

目　录

第1章 绪　　论

1.1 本论题的理论和现实意义

本论题研究的是与新闻法律和新闻伦理都密切相关的问题：犯罪新闻报道（Crime News Report）。犯罪新闻报道是新闻报道的一个重要门类，由于其关系社会秩序稳定、个人生命和财产的安危，具有监督社会的传播功能，因而得到了国内外媒体和受众的特别关注。犯罪新闻报道的话题主要是“警察和安全、司法、腐败和恐怖主义，以及个人犯罪，而且包括对各种各样的犯罪行为的报道”。[①] 这类新闻题材由于现场感和纪实性强，在某种程度上满足或者迎合了部分受众的“猎奇”心理和收视欲望，所以，犯罪新闻报道往往具有较高的阅读率、收视率和点击率。根据一份美国关于1990～1996年各大新闻网的十大新闻主题调查，犯罪新闻报道（9391件）比其他形式报道多得多，超过经济（6673件）和健康（6047件）。[②] 1998年，美国评选出来的最受关注的三大电视新闻报道都是犯罪新闻：两起校园枪击案，一起美国首都华

---

① Praeger. Qtd. In Jeremy H. Lipschultz & Michael L. Hilt (2002), *Crime and Local Television News—dramatic, breaking, and live from the scene*, GD. A. (1980) Crime news and the public, New York, Lawrence Erlbaum Associates Inc. Publishers, 24, 36.

② Hebert, R. E. & Gibbons, S. J. (2000), *Exploring Mass Media for a Changing World*, Mahwah, NJ: Lawrence Erlbaum Associates, Inc.

盛顿发生的枪杀案。[①] 近几年来，国际恐怖主义事件频频发生，人们安全受到威胁，对犯罪新闻报道的关注直线上升。

随着法制体系的重建和发展，我国的犯罪新闻报道在数量、范围上都大有扩展，其原因也是多方面的。首先，民主法制建设给犯罪新闻报道提供了相对宽松的舆论环境；其次，新闻竞争的加剧使犯罪新闻报道成为媒介争夺受众注意力的法宝；最后，受众对刺激性、故事性强的犯罪新闻报道的兴趣及其对自身安全的关注是犯罪新闻报道持续升温的动力。

从正面效果来说，犯罪新闻报道可以提高人们的法律意识，提高人们的警觉心理、有效预防犯罪，可以疏导民愤，还可以推动法制建设进程。但是，正如有学者所说，“言论可以是令人振奋的，启蒙思想和深奥高尚的，但是它也经常是低级的、多余的、浅薄的……它可以坚定信念、证明道理，是主要价值观和秩序的支持者，也可以是挑战性的、威胁性的、煽动性的。”[②] 犯罪新闻报道也有着负面效果，可以诱发犯罪，提供模仿，破坏社会秩序和司法公正，还容易引起审美和道德异化。

国内外新闻学术界一直对这一报道内容有着争议：犯罪新闻究竟应不应该刊登？刊登的比例是多少？以什么样的手法进行刊登？大多数人的看法是：犯罪新闻可以刊登，也应该刊登，但是应该有一个质和量的限定问题，关键在于要在法律和道德许可的范围内进行报道。

犯罪新闻因为涉及的多是违法现象，与法律密切相关，报道的过程及其结果也就容易引起各种法律纠纷。无论在我国还是在西方国家，都有相应的法律约束新闻报道。世界上大多数国家针对

---

① Pew Research Center (1999), *Columbine shooting biggest news draw of* 1999. Washington DC: *The Pew Research Center For The People& The Press.*

② Rodney A. Smolla, *Free Speech in an Open Society*, Alfred A. Knopf, Inc., 1992.

本国新闻媒介采取法律形式对犯罪新闻报道作了一定的限制。这些限制有多有少，执行过程也有宽有严，但国家安全法、诽谤法和隐私法却是大多数国家都有的。

中国目前没有单独的《新闻法》，而把新闻法规的有关条文写入《宪法》、《民法》、《刑法》以及其他的专门法律中。例如我国《宪法》第三十八条、第五十三条对诽谤、保密等作出规定等。此外，我国还在一些专门性法律，如《保密法》、《未成年人保护法》、《妇女权益保护法》等涉及国家安全和司法秘密、未成年人保护和妇女权益保护等方面的内容也对犯罪新闻报道作了一定的限制。除了上述法律，我国政府还制定了一些行政法规用于规制新闻传媒的新闻传播行为。

但法律也有不完善的地方，有很多漏洞可钻，再加上有一些新闻工作者不太懂法，犯罪新闻的报道确实引来不少官司。在西方国家，这已经是一种司空见惯的现象。在我国，这一趋势近年来也有明显上升之势，新闻单位和新闻工作者常常因为报道犯罪新闻被推上法庭。这就出现了两个值得探讨的问题：如何健全相关法制？如何提高新闻工作者的法律意识？对这两个问题探讨的人比较多，也有不少专著与论文。但这些专著与论文大多是就整个新闻法制建设来谈，很少有针对犯罪新闻报道这一方面的专门性论述，而且观点比较杂乱，不够系统化。因此，对犯罪新闻报道所涉及的法律问题很有整理、总结并提出自己新见解的研究价值。

笔者认为，犯罪新闻报道的价值目标和法的价值目标应该是一致的，主要是自由、秩序、效益和正义。犯罪新闻报道的价值是一个多元、多维、多层次的体系。其中包含着各种准则。不同的时代、国家、阶级、新闻机构、个人在犯罪新闻报道的实践和理论上可能具有不同的价值观念。不同的价值准则和价值观念各自内部和相互之间的矛盾，就是价值冲突。对各种价值冲突及其消解的研究有利于厘清认识上的混乱。

确立犯罪新闻报道原则也具有十分重大的意义。首先，犯罪新闻报道的原则可以指导整个犯罪新闻报道活动，确保犯罪新闻报道的合法、正确、高效地进行。其次，犯罪新闻报道的原则可以保障犯罪新闻报道的任务得以顺利完成。最后，犯罪新闻报道的价值目标也必须在犯罪新闻报道原则的保障之下来实现。从法学视野确立犯罪新闻报道原则，也是本书要解决的问题。

犯罪新闻报道要实现法律准则下的权利保护和权力制约，这就涉及到方方面面的权利和权力关系。从传播权利、人身权利和司法权力角度分析犯罪新闻报道，西方国家和我国港、澳、台地区已经有了相关的研究，有不少专门的法律法规，也有不少学术讨论、案例资料；而在我国大陆，还没有对这个问题的专门研究，仅仅是在一些谈新闻法、新闻伦理与新闻舆论监督的论述中略有提及，而且谈得不够全面、不够深刻。

从法学视野研究犯罪新闻报道，在学术上有两个有价值、能出新的地方：一是我国大陆还没有对犯罪新闻报道法律问题的完整的专门性研究；二是尚未有对我国和一些西方国家（主要是大陆法系和英美法系国家）犯罪新闻报道涉及的法律问题的比较性分析。研究这个问题，对新闻事业的发展有着一定的现实作用。其中涉及的价值原则、法律规定和报道手法研究，于理论于业务都大有裨益。西方资本主义国家和我国在政治体制、意识形态等领域有较大的差异，对犯罪新闻报道涉及的法律法规有着各自的特点。总地来说，西方法制相对我国更为健全，对于犯罪新闻报道的法律规范比我们更完善一些。对于西方的一些好的法律法规及其处理方法，我们可以吸收和借鉴，而对一些不适合我国国情的和不好的方面，我们可以批判并摒弃。只有对我国和西方国家这一问题的总体情况进行比较分析，才能实现“取其精华、去其糟粕”，才能意识到我国在这个问题上的薄弱环节，才能遵循法律规范犯罪新闻的采写，走出雷区和误区。同时，既可以保护新闻工作者的合法权益，又可以保护一般公民的合法权益，避免对双方造成物质和精神双重损害，从而保证新闻宣传的良好社会效益。

本论题将探讨记者如何通过犯罪新闻报道扬善惩恶、监督社会并对社会起净化作用，以及如何通过报道对犯罪行为的处置经过来监督司法部门的工作，真正发挥舆论监督的作用；同时，通过对犯罪新闻报道制定一系列法律和道德约束，发挥监督舆论的作用。因此，研究这个问题，还有助于实现舆论监督和监督舆论的双重作用。

1.2 研究概况及难点

这些年来，国内外对涉及犯罪新闻报道的法律问题的论述，主要分为四种：

第一种是对犯罪新闻报道的专门性论述。这里又分为两种：一种是西方和我国港、澳、台地区的专门论述。如在台湾地区的《报学》丛刊中，曾有王应机撰写的《犯罪新闻之报道及其法律责任》一文；在李瞻编写的《传播法》一书中，曾有一章专门论述犯罪新闻报道；在梅尔文·门彻的《新闻报道与写作》中，专门有一章涉及犯罪新闻的报道。这类论述比较全面、深刻地探讨了犯罪新闻涉及的种种问题，针对性强，能提供比较丰富的理论及其案例资料。但这类论述谈到的只是在资本主义体制下犯罪新闻采写的种种问题，而没有对在社会主义体制下犯罪新闻采写问题的研究；而且讨论的都是犯罪新闻报道的一般性问题，没有对犯罪新闻报道的法律问题做一个系统全面的总结研究。另一种是我国大陆地区的专门论述。如曹瑞林、李庆华撰写的《浅论公开审判与新闻报道问题》、陈章华撰写的《庭审报道要注意的一个法律问题》等。这类论述虽然谈的是在我国与犯罪新闻报道有关的问题（很多上了法庭的事件都是涉及违法犯罪的事），但它们并没有明确提出犯罪新闻这一概念，谈到的也只是犯罪新闻采写中的一小部分问题，不够全面，谈得也比较浅，严格意义上来说不算关于犯罪新闻采写的专门性论述。

第二种是一些专门的法学著作和论文中，对媒介权利、公民权利、司法权等等进行的论述。其中不少就涉及到犯罪新闻报道的法律问题。例如王利明等的《人格权法》、张新宝的《中国侵权行为法》、梁慧星的《民法学说判例与立法研究》等，这些论述从法学角度归纳和阐释了与新闻报道相关的法律条文、侵权构成和抗辩因素，但是缺乏和新闻学理论结合的分析，也没有对犯罪新闻报道的权利和权力问题进行归纳阐述。一些法理学、法的价值方面的著作和论文，例如卓泽渊的《法理学》、罗尔斯的《正义论》等，提供了法的价值取向和原则，但是没有结合新闻实践具体提到新闻立法的价值取向和原则。

第三种是在一些探讨新闻法律问题的专著与论文中，对犯罪新闻采写所触及的法律问题有所涉及。如美国柏姆勃尔（Don R. Pember）编著的《大众传媒法》、魏永征编的《中国新闻传播法纲要》、英国萨莉·斯皮尔伯利的《媒体法》及一些相关论文如陆云鹏写的《媒介传播中的法律问题》等。这类论著以谈整个新闻法为主，为犯罪新闻的研究构建了一个法律框架，提供各种法律规范与依据，理论性较强。但是，它们的针对性不强，对犯罪新闻报道这个问题未作专门研究。

第四种是一些新闻业务书籍和期刊上发表的一些有关犯罪新

闻的具体案例及相关文章。这类文章以业务性为主，探讨的多是业务问题，如记者如何采访、写作犯罪新闻、如何发挥主观能动性和如何用法律保护自己。这类文章给我们的研究提供了较丰富翔实的案例材料，他们在业务上的探讨也给我们以启示。如黄东黎写的《枪声、谎言、正义——一起惊世杀人案的采访回眸》、陈中原写的《“子杀母”案报道的反思》等等。但这类文章的不足在于与理论结合不够紧密，评论流于表面，未作深层次的挖掘。

选择犯罪新闻报道法律问题这个突破口进行研究，是一个很大的挑战。本书研究的难点有五：一是和新闻报道其他领域相比，犯罪新闻报道的研究在国内几乎阙如，这方面可供参考借鉴的资料很缺乏；二是国外的相关研究虽然很多，但很庞杂，缺乏系统性，且研究框架和本书不同，因之理论上没有可参考的坐标，写作有一定难度；三是国外的资料特别是有关案例虽然丰富，但需要大量的翻译和梳理工作，这要求有较深厚的外文功底，无疑会增加很多困难；四是犯罪新闻报道研究的实证分析成果较少，而这正是这一研究领域所缺乏的，由于条件所限，实证研究的实施存在很大难度；五是研究框架需要相关知识的融会贯通，短时间内较难深入把握，这会影响理论的深度。

1.3　研究方法

本书试图从新闻学和法学的交叉角度入手，对犯罪新闻报道的法律问题采取以下方法进行研究：

（一）概念分析法

任何一个学科体系从某种意义上讲，都是一组概念的结合、演绎、推理、展开，一个能够自圆其说的理论体系更是如此。概念分析的方法是法学研究最基础、最常用的。在本书中，笔者对一些基本的概念进行仔细地概念分析，试图从这个研究中发掘新的知识。本书最核心的概念是犯罪新闻报道，此外，还有权利、权力、知情权、表达权、舆论监督权、名誉权、隐私权、司法权等。当然，本书不仅仅局限于概念分析，还使用了其他有益的科学研究方法，以实现对概念法学的超越。

（二）比较研究法

1. 横向比较：将中国与西方国家的犯罪新闻报道触及的法律问题进行比较分析，结合我国国情对西方相关法律法规和媒介处理方式的分析，力求得到有助于我国新闻立法和完善刑法、民法的建设性意见，也为我国新闻媒介和新闻从业者提供法律借鉴，从而为我国的新闻法律建设、媒介制度建设出力。

2. 纵向比较：在研究过程中，不仅仅是对犯罪新闻报道的现状研究，而是进行“过去——现在——未来”的纵向比较，结合该问题的历史研究，探讨其演变轨迹，总结出其发展变化的趋势。

（三）动态性研究

在研究过程中，不仅仅是对过去、现在或将来中的任何一方面进行孤立地研究，而是既追溯过往，又联系实际，并展望未来，将犯罪新闻报道的法律问题放在动态背景下，总结出其发展变化的趋势。

（四）宏观研究与微观研究相结合

既有对世界犯罪新闻报道法律问题的总体研究，又有对不同国家的具体研究；既有对整个犯罪新闻法律问题例如法的价值、原则等的一般研究，又有对报道过程中某一方面权利保护的特殊要求；既把握宏观态势，又进行微观分析。

（五）法律解释与案例分析相结合

法律解释加上案例分析的方法是法学研究最基本和最常用的方法。法律解释一直是贯穿本书的方法，笔者对现行法律条文、规范的内容、含义以及所使用的概念、术语等进行归纳的同时提出自己的理解和建议。案例分析也具有较高的学术意义，不但能有助于理解法律，也有助于根据不同情况进行分析。因此本书在探讨各种权利、权力的冲突，以及讨论犯罪新闻报道侵权问题时，大量引用了国内和国外的案例，并且作了必要的分析。

1.4 主要内容

除了绪论和结语之外，全书共三大部分七章的内容。

第一部分也就是第二章的内容，是犯罪新闻报道一般性问题的概述，这是本书立论的逻辑基础。首先，本章结合法学和社会学角度对犯罪的定义予以厘清，在此基础之上给犯罪新闻报道下了定义；其次，从主客体不同角度将犯罪新闻报道划分为十种类型，概括其特点；再次，从正反两面探讨犯罪新闻报道的社会功能，并且对这些功能的产生原因进行分析；最后，对中国和国外犯罪新闻报道的发展历史进行扫描和现状分析，从中探索其发展规律。

第二部分借鉴法理学和法的价值理论，对犯罪新闻报道的价值目标和原则进行归纳阐释，涵盖了第三章和第四章的内容。在第三章中，笔者对犯罪新闻报道的价值目标进行探索，认为其主要价值目标是自由、秩序、效益、正义。本章围绕这四个价值目标进行一一阐述，首先，探讨犯罪新闻报道自由的保障和限制；其次，探讨其秩序实现的必要性、前提和手段；再次，从经济效益和社会效益的平衡讨论其效益追求；最后，探讨了其实现正义的方式和困境。同时，笔者还对各种价值目标的冲突原因及其消解进行分析。

第四章主要探讨的是贯穿于犯罪新闻报道全过程、确保其合法高效运行的三大基本原则：权利保障原则、权力监督原则和合法性原则。犯罪新闻报道不但要通过正确的选材、适当的用语、正确的采访途径来保障刑事被害人、犯罪嫌疑人、被告人、罪犯及其亲属、公安、司法人员及其他相关人员的权利，还要对各种权力机关进行新闻监督，防止权力的滥用和暗箱操作。同样，犯罪新闻报道还必须遵守国家的宪法、法律、法规、规章、行业与职业规范等规定的原则。

第三部分包括第五章到第八章的内容，对犯罪新闻报道涉及的各种主要权利、权力关系及其引起的法律问题进行讨论。第五章的主题是犯罪新闻报道的传播权利，主要有知情权、表达权与舆论监督权。这三种传播权利都是公民享有的基本权利，而新闻媒介的报道是这些权利实现的主要途径，因此，媒介也相应拥有了传播权利。这些权利在各国都受到了不同程度的法律保护，但是也受到相应的限制。本章就是对这些权限的一些探讨。

第六章和第七章谈到的是犯罪新闻报道中的人身权利，主要包括名誉权和隐私权。这是公民的基本人权，侵害名誉权和隐私权都要受到相关法律的制裁，成为引起新闻官司的主要原因。不同法系国家对于这两种权利的规定有所不同。一般来说，对这两种权利的侵犯包括四个构成因素：一是行为人实施了侵害他人名誉权的行为。二是行为人主观上有过错，包括故意和过失。三是侵权行为造成了受害人名誉受损的损害结果。四是侵权行为与侵害结果之间有因果关系。为了避免侵害到公民的名誉权和隐私权，为了保护自己免于新闻诉讼，记者必须学会事先的预防和事后的抗辩。第六章和第七章分别就这两种不同形式的侵权及其权利保护进行法律的梳理，从媒介角度提出相关的防范措施。

在第八章中，笔者从对司法权力的监督和保护入手，分析犯罪新闻报道与司法权冲突的原因、表现、应承担的法律责任。在我国，这种权利冲突在犯罪新闻报道中体现得非常明显，也引起了学界重视，但是这种冲突的相应法律规定不够完善，存在一定空白。笔者在论述法律不足的同时，同样从事先预防和事后抗辩两个方面为媒介恰当处理这种冲突提供一些借鉴。

第2章　犯罪新闻报道概述

2.1　犯罪新闻报道的定义

目前，以定义开始著作的做法已经非常不时兴了，而且下定义的工作是非常危险的工作，但是定义又是研究工作的逻辑起点，所以纵使难度很大也不得不以此开始。定义（define）的功能在于揭示概念的内涵，明晰其外延。定义有其自身的一般规范，英国法学家哈特将常见的定义概括为两类思维活动："通过提供一个代号或公式来把定义的词转换成其他易懂的用语"和"通过揭示该词所涉及的事物的特征（既包括此事物与同类事物的共有特征，也包括使之与其他种类事物区别开来的特征）来划定它的范围。"① 虽然哈特是特指法律概念定义的规则，但是它同样可以适用于其他学科的概念定义。从逻辑学上讲，定义可以分为两大基本类型："内涵定义"和"外延定义"。② 所以本书对犯罪新闻报道的定义也将遵循上述规则以实现界定犯罪新闻报道与其他相关概念之功能。

---

① ［英］哈特：《法律的概念》，张文显等译，北京：中国大百科全书出版社1999年版，第15页。

② 陈波：《逻辑学是什么》，北京：北京大学出版社2002年版，第207～209页。

2.1.1 犯罪的定义

犯罪一词在人类语言中的出现，始自人类社会的最初时代，从某种意义上讲，犯罪作为一种被视为野蛮的现象，恰恰出现在人类步入文明社会之后，并且随着人类文明的进步却没有变得更加易于应付，它所带给社会的烦扰也没有伴随着社会的发展而渐渐减轻。[①] 甚至有人无可奈何地称犯罪是文明社会的必然副产品。[②]

犯罪也是一个在日常生活中应用非常广泛的词汇，在多个学科领域频繁使用，因而具有多重含义和多层范围。那么究竟什么是犯罪呢？根据讨论的题目不同，这个词的意义也有所区别，如果这个概念指的是已经建立的法律制度，那么，犯罪就是指被立法者所禁止的行为，此是规范学意义上的犯罪定义，但是如果将犯罪作为一种社会现象来讲的话，它又将是另外一种含义。本书将在犯罪的法律定义和犯罪的社会学定义[③]的基础上给定新闻学学科中的犯罪定义，并在此基础上界定犯罪新闻、犯罪新闻报道的定义和犯罪新闻报道的范围。

一、犯罪的法律定义

犯罪的法律定义是从法律出发，把犯罪当作法律现象，研究法律规定的犯罪行为，所以主要体现在刑法学学科中，在刑法学中“犯罪”这个概念使用的频率非常高，刑法学的学科建设都是

---

① 李汉军：《论犯罪观》，北京：中国方正出版社 2001 年版，第 2 页。

② 富林克·唐宁布姆在 1943 年就曾写道：犯罪如同社会一样是永恒的，……社会变得越复杂，社会中的个人就感到越困难，社会中的不良现象往往就会越多。转引自赵可编译：《犯罪学概论》，徐州：中国矿业大学出版社 1989 年版，第 1 页。

③ 对不同的犯罪概念进行概括，可以将它们划分为两种定义，即犯罪的法律定义和犯罪的社会学定义。所以本书遵从研究习惯，结合这两种定义得出本书的犯罪定义，即新闻学学科中的犯罪定义。

围绕“犯罪”展开的，从某种意义上讲，没有犯罪就没有刑法。刑法学学科中犯罪是规范学意义上的概念，最简单的定义就是指：刑事法律所禁止的行为。纵观各国刑法理论对犯罪的定义，大致可以归纳为以下几种方式和代表性观点：形式意义上的犯罪概念、实质意义上的犯罪概念①和混合概念。②

1. 形式意义上的犯罪概念

形式意义上的犯罪概念，是仅仅从法律特征上揭示犯罪的概念，而不揭示为何将这样或那样的行为规定为犯罪。这是大陆法系国家如德国、日本等国家的主流定义。如大多数学者将犯罪定义为：“符合构成要件的违法并且有责任的行为。”③ 类似的定义还有：如果表示刑法中犯罪的一般定义的话，可以说“所谓犯罪，是符合构成要件的违法而且有责的行为”。④ 法国刑法学家盖洛同样认为：“犯罪乃是有事先制定法律规定由刑罚相威胁和禁止的行为。”⑤ 德国刑法学家，前国际刑法协会的主席汉斯·海因里希·耶塞克也有相似的表述：“犯罪是法秩序以刑罚作为制裁

---

① 在西方大陆法系国家的刑法理论中，学者一般将犯罪概念分为抽象的法律概念和现实的现象概念。对抽象的法律概念的定义，一般称之为形式意义上的犯罪概念；对现实的现象概念的定义，一般称之为实质意义上的犯罪概念。详见李居全：《犯罪概念论》，北京：中国社会科学出版社2000年版，第185页。

② 另外，国外刑法理论和刑事立法中的犯罪概念，还存在“混合概念”的表述，我国学者贾宇首次将形式和实质相结合的犯罪概念指陈为“混合概念”。详见赵秉志主编：《刑法争议问题研究》（上卷），河南：河南人民出版社1996年版，第159页。

③ ［日］木村龟二主编：《刑法学词典》，顾肖荣等译，上海：上海翻译出版公司1991年版，第98页。

④ ［日］大塚仁：《刑法该说·总论》（第三版），冯军译，北京：中国人民大学出版社2003年版，第90页。

⑤ 高铭暄主编：《刑法学原理》（第1卷），北京：中国人民大学出版社1993年版，第374页。

手段的人的行为。”[①] 此种定义在一些大陆法系国家的刑法典里面也得到了反映，如《西班牙刑法典》第10条规定：“蓄意或者过失的作为或者不作为为法律所处罚的，构成犯罪或过失罪”。[②]

形式意义上的犯罪概念，是资产阶级刑法学者首先提出来的，具有历史必然性和历史进步性，宗旨在于突出地强调了犯罪乃“刑法之明定”内容，其矛头直指封建刑法的罪刑擅断，追寻的是形式理性。但是，对于形式意义上的定义，有论者作出了正确的评价：形式意义上的犯罪概念“只是在法律形式上兜圈子，并没有回答犯罪究竟侵犯了什么，危害了哪个阶级的利益”。[③]

2. 实质意义上的犯罪概念

实质意义上的犯罪概念，不强调犯罪的法律特征，而试图从犯罪定义中揭示犯罪现象的本质所在，即从一种行为为什么会被刑法规定为犯罪这样一个角度来给犯罪下定义。实质意义上的犯罪概念从起源上讲，晚于形式意义上的犯罪概念，是在批判形式意义上的犯罪概念的缺陷的基础上提出来的，在刑事立法中规定实质意义上的犯罪概念的是前苏联。1919年的《苏俄刑法指导原则》第6条规定：“犯罪是危害某种社会关系制度的作为或不作为”，并得到了其后的刑事立法的认可和发扬。[④] 其他社会主义国家也继承了以“社会危害性”为核心的实质意义上的犯罪概念。

在刑法理论上，西方国家提出了许多颇有见地的实质意义上的犯罪概念。康德认为：“犯罪的本质就在于犯罪人为了实现个

① ［德］汉斯·海因里希·耶塞克、托马斯·魏根特：《德国刑法教科书》，徐久生译，北京：中国法制出版社2001年版，第64页。

② 《西班牙刑法典》，潘灯译，北京：中国政法大学出版社2004年版，第4页。

③ 高铭暄主编：《刑法专论》（上编），北京：高等教育出版社2002年版，第118页。

④ 高铭暄主编：《刑法专论》（上编），北京：高等教育出版社2002年版，第116页。

人的自由而实施侵害他人自由的行为。因此，犯罪是出于不道德的动机而实施的不道德的行为。”黑格尔说：“犯罪是对他人权利的一种侵犯行为，是对权利普遍性的否定，换言之，也就是对法律秩序的否定。”刑事社会学派的代表人物德国的李斯特认为，犯罪的本质在于对社会共同法益的侵害。[①] 现代法学派的创立者主张：“社会权力认为是犯罪的只能是这样一种行为，它违反了社会和个人应尽的义务，而这种义务将有益于维持社会秩序并应依法绝对执行。”[②] 英美法系国家也存在实质意义上的犯罪概念，主要有道德说、危害说。[③]

实质意义上的犯罪概念，是将犯罪置于法律之前或之上来给犯罪下定义，在认识角度上，与形式意义上的犯罪概念注重司法认定犯罪应如何寻找根据不同，实质意义上的犯罪概念注重的是刑事立法中应当如何设置犯罪，所以从某种意义上讲，实质意义上的犯罪概念其实与犯罪学学科中的犯罪概念具有某些天然的亲近性，更多的是将犯罪看成是一种社会现象，而不仅仅是从法律规范的角度考察。而且西方国家刑法理论中实质意义上的犯罪概念其实还存在着回避犯罪的真正阶级性质的问题。

3. 犯罪的混合定义

如前所述，形式意义上的犯罪概念和实质意义上的犯罪概念均存在一定的缺陷，基于此，理论界提出了犯罪的混合定义，试图弥补二者的缺陷而构建一个完善的犯罪概念。如塞西尔·特纳明确指出：“英国法中的诉讼规则，也未提供可据以把侵权行为

① 转引自高铭暄主编：《刑法专论》（上编），北京：高等教育出版社2002年版，第115~116页。

② 转引自［意］加罗法洛：《犯罪学》，耿伟、王新译，北京：中国大百科全书出版社1996年版，第63页。

③ 详见李居全：《犯罪概念论》，北京：中国社会科学出版社2000年版，第175~178页。

与犯罪分开的界线。即便是用成文法来变更这些规则，以便民事违法与刑事违法而能区分开来，这也不能给犯罪的性质下一个科学的定义，因为仅从对一个事物的无数特点中的一两个特点的说明是不能用来给这个事物下一个恰当的定义的。"[①] 因而需要结合形式意义上的犯罪概念和实质意义上的犯罪概念来下一个科学的犯罪定义。

如波金斯给犯罪下的定义是："犯罪就是由法律规定应受惩罚的任何危害社会的行为。"[②]《牛津法律大辞典》中"犯罪"词条亦采此种定义："出于威慑违法者及其他人的目的，并为了公共秩序、和平、安宁和社会利益，在法律上被定性为针对国家和社区或公众的违法行为，……一般说来，只要一种行为威胁到社会的安全、安宁或正常秩序，即会被认定为犯罪。"[③] 这是英美法系国家在混合定义方面的一些代表性观点。大陆法系国家较少有从混合概念上来定义犯罪的。

混合概念最为常见的是在我国刑事立法和刑法理论中，一般认为，我国现行刑法第十三条的规定就是一个典型的混合概念，既指出了犯罪的刑事违法性这一法律特征，又指出了犯罪具有的社会危害性这一本质特征。因此理论通说主张，所谓犯罪就是指具有社会危害性、触犯刑法并应受刑罚处罚的行为。

二、犯罪的社会学定义

犯罪学与刑法学一样，也是以犯罪为研究对象的科学，但是作为犯罪学研究对象的"犯罪"和作为刑法学研究的"犯罪"有

---

① ［英］J. W. 塞西尔·特纳：《肯尼刑法原理》，北京：华夏出版社 1989 年版，第 4 页。

② 储槐植：《美国刑法》（第二版），北京：北京大学出版社 1996 年版，第 48 页。

③ ［英］戴维·M·沃克：《牛津法律大辞典》，李双元等译，北京：法律出版社 2003 年版，第 283 页。

着明显的区别。刑法学研究对象的“犯罪”更多的是一种行为——刑事法律视野中行为或视为一种法律现象，突出强调犯罪的刑法的规定性，无刑法即无犯罪；犯罪学研究对象的“犯罪”则主要是指一种社会现象①，它既不能把一切违反刑法的行为都作为自己的研究对象，也不能把刑法没有规定为犯罪的行为都排斥在自己的研究对象之外。② 毕竟，法律作为社会控制的手段只是社会控制的手段之一，而非全部。

犯罪的法律定义不能深切适合于正在发展中的社会科学的需求。这种认识使得一些学者倾向于寻求合于社会意义的犯罪定义。③ 如加罗法洛受到意大利的人类学派犯罪学家，尤其是龙勃罗梭和菲利的影响，认为只有犯罪的法律定义以及法律的分类绝不能排除社会学的调查研究，社会学家不能把解决犯罪行为界线疑问的任务推给法律工作者，就像他应该去化学家那里了解盐和酸的特性，去物理学家那里了解光和电的概念一样，必须寻求犯罪的社会学定义。④ 并在寻求一个适合于任何时期和任何地方的犯罪定义，认为伤害怜悯感和正直感这两种情感之一的行为就是犯罪，加罗法洛称之为“自然犯罪”。⑤ 对于加罗法洛的定义，有学者对此表示了质疑，认为加氏的自然犯罪定义只是具有生物学

---

① 萨瑟兰说：“犯罪学是把犯罪当成一种社会现象来研究的知识体系。它的内容包括立法、违法和对违法作出反应的过程诸课题。”参见：E. U. 萨瑟兰：《犯罪学原理》，费城：J · B 利平科特出版公司 1934 年版，第 3 页。转引自［英］马林诺夫斯基、［美］索尔斯坦 · 塞林：《犯罪社会与文化》，许章润、么志龙译，广西：广西师范大学出版社 2003 年版，第 83 页。

② 张绍彦主编：《犯罪学》，北京：社会科学文献出版社 2004 年版，第 58 页。

③ ［美］约翰 · 列维斯 · 齐林：《犯罪学及刑罚学》，查良鉴译，北京：中国政法大学出版社 2003 年版，第 13 页。

④ ［意］加罗法洛：《犯罪学》，耿伟、王新译，北京：中国大百科全书出版社 1996 年版，第 19 ~ 20 页。

⑤ ［意］加罗法洛：《犯罪学》，耿伟、王新译，北京：中国大百科全书出版社 1996 年版，第 44 页。

上的基础，而不是真正的社会意义上的定义。并进而提出了自己的定义，认为犯罪是社会中有势力推行他们信仰的团体所认为有害于社会的行为。①

犯罪的社会学定义主要是从群体理论出发揭示犯罪问题，认为广义的犯罪是指被其所属的群体成员谴责的行为。不同的社会学有不同的犯罪定义。如迪尔凯姆认为，任何社会中都存在一定的社会成员之间的一致性，也就是“集体意识”，但在每个社会中，成员之间都不可能达到完全的一致，由于社会成员之间存在许多个别差异，所以，总是存在一定程度的不一致，这种不一致就会导致犯罪等越轨行为的产生。所以他认为，犯罪就是指为集体意识所禁止的行为。② 塔尔德也是把犯罪看成是一种社会现象，因为犯罪主要是由社会原因引起的，犯罪是一种产业，但却是一种消极性的产业。③ 在探求犯罪的社会学定义的时候，许多学者使用了诸如“背离社会行为”、“不良行为”、“脱离社会常规的行为”、“异常行为”、“越轨行为”等等。

尽管犯罪的社会学定义并不统一，但是，犯罪的社会学定义总的精神是从社会和社会学角度，从犯罪行为与社会的关系出发给犯罪概念下定义，认为犯罪是社会现实的产物。虽然在定义犯罪的社会学定义中，对于犯罪行为究竟是个体现象还是社会现象存有一定的争议，因为，犯罪毕竟与个性有着密切的关系，直接体现为个体现象，但是从本质和原因上说，犯罪是一种社会现

---

① ［美］约翰·列维斯·齐林：《犯罪学及刑罚学》，查良鉴译，北京：中国政法大学出版社2003年版，第14页。

② ［法］雷蒙·阿隆：《社会学主要思潮》，葛智强等译，上海：上海译文出版社1988年版，第349页。

③ 吴宗宪：《西方犯罪学史》，北京：警官教育出版社1997年版，第357页。

象，而不是个体现象。①

三、本书的犯罪定义

新闻学学科中的犯罪定义应该如何建立？是另起炉灶，独创一个新的犯罪定义，还是照搬已有的犯罪定义？新闻学学科中的犯罪定义与其他学科中的犯罪定义有没有明显的区别呢？这些问题都是在建立本书犯罪定义之前应该考虑的。笔者以为，新闻学研究的同样是一种社会现象，从宏观领域上看，属于社会科学，犯罪新闻报道所关注的犯罪既是一种法律现象同时也是一种更广意义上的社会现象。基于此，我们主张，新闻学学科中的犯罪定义应该兼顾犯罪的法律定义和犯罪的社会学定义，从而为犯罪新闻的范围划定一个合理而科学的界限。因此，我们有必要了解犯罪的法律定义与犯罪的社会学定义之间的关系。

犯罪的法律定义和犯罪的社会学定义之间存在着十分密切的关系，犯罪既是一个法律范畴，也是一个社会学范畴，是一种社会法律现象。在大多数情况下，这两个定义之间是一致的，统一的，确切地说它们是一个问题的两个方面，二者不过是研究角度上的差异。

但是，犯罪的法律定义和犯罪的社会学定义之间又存在着明显的区别：

首先，犯罪的法律定义是精确的，而犯罪的社会学定义却是模糊的。前者的精确是罪刑法定原则和现代刑法文明的要求。后者的模糊与犯罪学学科构建有着天然的关系，犯罪学是研究人类生命现象、心理现象和社会现象的学科，人类行为大多数是没有明确界限的，如虐待、不良结伙、逃学、乱交、颓废人

---

① 具体原因可参见张绍彦主编：《犯罪学》，北京：社会科学文献出版社 2004 年版，第60页。

生、行为放荡等等越轨行为，未犯罪但可能违法，对这类行为的分析在量与度上均比较宽，由于在罪因研究中所观察到的对象，大都属“犯罪先兆型”，故不可能作出非此即彼的断言，不易进行精确的界定和测量。①

其次，犯罪的法律定义是以刑事法律规范为前提，其范围限定在触犯刑法应受刑罚惩处的行为之内，“法无明文规定不为罪，法无明文规定不处罚”，这是罪刑法定原则的当然要求。但是犯罪的社会学定义则并不限于此，往往超出刑法规范的界限，犯罪学中的犯罪已不全然是刑法中的犯罪了。犯罪学研究犯罪，是从典型犯罪向外围扩展和追溯，注视接近法定犯罪的边缘时，犯罪前人的行为状态——大量的悖德与失范行为。犯罪学的注意力放在逃学、辍学、不良结伙、家庭学校教育、闲暇时间上，放在接近或类似犯罪的越轨行为上，放在人类犯罪的现时社会原因和一般性根源上。因此在某种意义上讲，犯罪的社会学定义的范围要大于犯罪的法律定义。

基于上述的分析，笔者认为，新闻学学科中的犯罪既不能完全抛开犯罪的法律规定性，又不能仅仅局限于犯罪的刑事法律规范限制之中，而只能兼顾二者，因此，本书所称的犯罪，是指国家作为公共管理机构，为了维护公共秩序和个体的合法权利而制定的刑事法律加以禁止且以刑事惩罚为威慑的、危害社会的行为。

对该定义有几点必要的说明：第一，能够宣布某项行为是犯罪的只能是作为公共管理机构的国家，任何个人或团体都不具有此项权力。第二，宣布某项行为是犯罪，其目的在于维护公共秩

① 任玲：《犯罪学与刑法学中犯罪含义之比较研究》，载《辽宁警专学报》1999年第4期。

序和个体的合法权利，此为保证法的“合法性”[①] 和正当性。第三，此处的刑事法律宜做最广义的理解，包括一切带有刑事法律规范色彩的法律，而非仅指刑法典及特别刑法等等。第四，此处使用“以刑事惩罚为威慑”而非“应受刑罚惩罚”，意指该行为只是具有一种受到刑罚惩罚的可能性，如有一些越轨行为可能不是法律意义上的犯罪，但是也有可能受到刑事惩罚的威慑，因为从某种意义上讲，越轨行为与法律意义上的犯罪其实只有一步之遥而非天壤之别，二者只有量和度的区别而无质的区别（其同质在于危害社会）。

2.1.2 犯罪新闻的定义

我们天天与新闻打交道，但是给新闻下定义，却不是件容易的事情。有人做过粗略的统计，国内的定义就有上百个。此处我们不一一列举。有学者根据新闻定义不同的落点情况，将这些新闻定义分为以下几种类型：事实说、活动说、功能说，并进一步提出了几个关于新闻的命题和论断：广义定义——新闻是公众关注的最新事实信息；次广义定义——新闻是报道公众关注的最新事实信息的社会传播活动；狭义定义——新闻是公众关注的最新事实信息的报道；最狭义定义——新闻是媒体报道的有关公众关注的最新事实信息的消息。并倾向于狭义定义。[②] 笔者以为该学者的新闻定义是准确和科学的，故本书将以此作为犯罪新闻定义的基础。

一、犯罪新闻定义的理论探索

在国外，犯罪新闻（crime news）作为新闻的一个种类，由

---

① 法的“合法性”中，第一个“法”指的是实定法，“合法性”中的“法”指的是自然法，即正义。

② 郑保卫：《当代新闻理论》，北京：新华出版社2003年版，第43~46页。

于现场感和纪实性强，在某种程度上满足或者迎合了部分受众的“猎奇”心理和收视欲望，受到了许多媒介的重视，也引起了学界的关注。他们开始探索犯罪新闻及其传播规律。

“犯罪新闻是提供对于个人犯罪事件详细叙述，提供给社会一系列关于正义和邪恶无限而又精彩的冲突的体裁。”①

“犯罪新闻是对犯罪事件前因后果及其法律判决、社会意义等相关问题进行报道。”②

“犯罪新闻是对违背普通刑法和特种刑事条例的犯罪行为的报道。”③

对于什么是犯罪新闻，国内理论界较少进行谈论，只有少数学者提出了一些可贵的探索。

1. 犯罪新闻是具有严重社会危害性的、触犯刑法应受到刑罚处罚的犯罪行为及其相关现象和事实。④

2. 刑事法制新闻，就是以刑事法制事件、法制问题、法制动态为依托的新近发生的刑事法制事实。⑤

3. 犯罪新闻是指具有严重社会危害性的触犯刑法应受刑罚处罚的犯罪行为及其相关现象和事实。⑥

---

① Katherine Beckett and Theodore Sasson, “*Crime in the Media*”, *Defending Justice: An Activist Resource Kit.* 【Online】 http://www.defendingjustice.org/overview/beckett_media.html.

② Joseph F. Sheley & Cindy D. Ashkins, “*Crime, Crime news, and Crime views*”, *The Public Opinion Quarterly*, Vol. 45, No. 4 (Winter 1981), 492 ~ 506.

③ 王应机：《犯罪新闻之报道及其法律责任》，《报学》丛书之《新闻法律问题》，台湾学生书局印行。

④ 孙淑霞：《新闻真实性与道德伦理规范的博弈——谈犯罪新闻报道中的实名与匿名》，【Online】 http://www.baoye.net/htdocs/ArticleShow.asp? classid = 83&ArticleID = 3043。

⑤ 王晓君：《刑事法制新闻报道与人文精神体现》，载《重庆广播电视大学学报》第 16 卷第 2 期。

⑥ 朱颖、汪武：《犯罪新闻报道的伦理问题》，载《新闻界》2004 年第 5 期。

可以看出，以上对犯罪新闻的定义基本上都是以前述“事实说”新闻定义加上刑法学中“犯罪”定义而成的，他们都将犯罪新闻限定在规范意义上的犯罪之内，也就是说都是把犯罪作为刑事法律现象来研究的。

二、犯罪新闻的定义

不难看出，理论对犯罪新闻定义的方法显然是将犯罪局限于前文所指称的“犯罪的法律定义”，而忽视了“犯罪的社会学定义”，即并未将犯罪主要作为一种社会现象来看。这种定义可能导致一个逻辑上的错误。根据“无罪推定原则”和“罪刑法定原则”，行为人（在我国和承认单位犯罪的国家，包括自然人和单位）的行为要被确定为犯罪，只能由法定的有权机关（现代文明社会中只能是独立的、中立的司法机关）经过正当程序依照刑事法律才能判决有罪。因此，在有权机关作出生效判决之前，该行为人的行为并非真正法律意义上的犯罪，也就是说，真正的犯罪新闻只能是该行为人的行为确定为犯罪之后，对该事件的报道才能称得上是犯罪新闻。如此，在此前对事件的报道都不能称之为犯罪新闻，必然人为地缩小犯罪新闻的范围。

所以笔者主张，我们对犯罪新闻下定义时不能仅仅局限于犯罪的法律定义，而应兼采犯罪的法律定义和犯罪的社会学定义。所谓犯罪新闻，是指对公众关注的、刑事法律加以禁止且以刑事惩罚为威慑的危害社会行为及其相关现象的最新事实信息的报道。

三、犯罪新闻与法制新闻的关系

与犯罪新闻密切相关的一个概念是法制新闻。我们注意到，对于法制新闻的定义，近几年来散见于一些文章和论著的说法主要有如下几种：

1. 法制新闻就是新近发生的重要的民主与法制生活的事实报道。①

2. 法制新闻就是以法制事件、法制问题、法制动态为依托的新近发生的法制事实的报道。②

3. 法制新闻主要是新近发生的、重要的、有价值的、有关立法、司法、执法、守法和各行各业、社会生活各方面与“法”有关的新闻报道。③

4. 法制新闻就是社会生活各方面新近发生的与法制相关的、有新闻价值的事实的报道。④

5. 法制新闻是对与法律有关联的新近发生事件的客观报道，是新闻的一个分支，是区别于经济新闻、娱乐新闻、体育新闻的另一种新闻形式，是与人们日常生活密切相关的一种常见新闻。⑤

6. 法制新闻是新近发生或发现的关于民主法制信息的大众传播。⑥

上述几种说法，存在如下问题。前面五种都采用了多数论者惯用的“新闻是……报道”的传统句式，第六种虽然用的是“大众传播”一词，但实质说的也是“新闻报道”。也就是说，上述说法沿用了传统的理论模式，即：法制新闻 = 法制新闻报道。误将客观本源等同于经过主观选择的反映，混淆了两个概念的不同内涵。

---

① 王强华主编：《法制报刊采编实务》，北京：中国法制出版社 1998 年版，第 7 页。

② 陈应革：《法制新闻的特点与功能》，载《中国记者》1999 年第 8 期。

③ 甘景山：《法制新闻写作纵横谈》，福建：海峡文艺出版社 1997 年版，第 14 页。

④ 蓝鸿文主编：《专业采访报道学》，北京：中国人民大学出版社 1997 年版，第 113 页。

⑤ 王前进：《如何做好法制新闻报道的相关思考：从南方周末〈还原马加爵〉说开》，载《湖北广播电视大学学报》第 21 卷第 4 期。

⑥ 肖义舜、何勤华：《法制新闻学》，北京：法律出版社 2001 年版，第 16 页。

因此，我们认为：法制新闻，是指新近发生的具有为受众及时知晓意义的法制信息。

从上述定义上看，法制新闻是属概念，而犯罪新闻是种概念，二者是属种关系，也就是说，犯罪新闻是法制新闻的一个分支，因此我们也可以将犯罪新闻称为刑事法制新闻。

2.1.3 犯罪新闻报道的定义

我们明确了什么是犯罪和犯罪新闻之后，对于什么是犯罪新闻报道就变得很简单了。有论者认为，重大犯罪案件报道，是指新闻媒介对新近发生的重大犯罪案件从采访到编辑到传播给受众的全过程。案件是指"涉及法律问题经司法机关立案的事件"。犯罪案件是指危害社会的、触犯刑律的、应受刑罚处罚的案件。[①] 该定义的不足之处如同前文所分析的犯罪新闻的理论缺陷一样，也是仅仅把犯罪当成是刑事法律现象而非社会现象。因此，笔者以为，犯罪新闻报道，是指新闻媒介通过声音、文字、图像等手段，对公众关注的、刑事法律加以禁止且以刑事惩罚为威慑的危害社会行为及其相关现象的最新事实信息的传播。

2.2 犯罪新闻报道的类型和特征

2.2.1 犯罪新闻报道的类型

犯罪新闻报道不但和法律关系密切，也和社会关系密切；不但根据犯罪及其案件处理的不同特点而相异，也受到记者不同态度、不同风格的影响。因此，有必要对犯罪新闻的类型进行梳理

① 董义昌：《试论市场经济条件下的重大犯罪案件报道》，载《甘肃政法学院学报》1997年第3期。

和归纳。按照不同的划分标准，犯罪新闻报道的类型具有多样性：

1. 按照犯罪内容来分，可以分为危害国家安全犯罪新闻报道、危害公共安全犯罪新闻报道、破坏社会主义市场经济秩序犯罪新闻报道、侵犯公民人身权利和民主权利犯罪新闻报道、妨害社会管理秩序犯罪新闻报道等。① 在这些种类下，还可以进行更细的划分。例如妨害社会管理秩序犯罪新闻报道，可以分为扰乱公共秩序犯罪新闻报道、妨害司法犯罪新闻报道、贩毒犯罪报道、组织卖淫犯罪报道等。

2. 按照犯罪程度来分，可以分为重度犯罪新闻报道、中度犯罪新闻报道和轻度犯罪新闻报道。有的犯罪，情节特别严重，社会危害特别大的，例如投毒罪、故意杀人罪等，属于重度犯罪；对他人进行诽谤、故意伤害他人身体等，属于中度犯罪；而非法拆开他人信件、非法窃听等，属于轻度犯罪。当然，犯罪程度除了根据犯罪性质不同之外，还和犯罪情节恶劣与否密切相关。对于不同程度的犯罪，新闻媒介往往采取不同的处理方式。

3. 按照案件进展来分，可以分为案件初期报道、案件中期报道和案件后期报道。犯罪事件刚刚发生，新闻媒介对案件进行的一般性报道，属于案件初期报道；在警方追查罪犯的过程中，新闻媒介进行的报道，属于案件中期报道；在罪犯落网之后，对法庭审理和判决的报道，可以算是案件后期报道。对于一些复杂有争议的案件，法庭审理和判决也可以划分到案件中期阶段去，而对案件结果的疑点、群众反映等，则成为案件后期报道

① 根据《中华人民共和国刑法》，犯罪分为10大种类，分别是：危害国家安全罪、危害公共安全罪、破坏社会主义市场经济秩序罪、侵犯公民人身权利和民主权利罪、侵犯财产罪、妨害社会管理秩序罪、危害国防利益罪、贪污贿赂罪、渎职罪、军人违反职责罪。

的内容。

4. 按照犯罪特点来分，可以分为一般性犯罪新闻报道、典型性犯罪新闻报道。一般性犯罪新闻报道指的是对案情相对简单的犯罪事件进行的、没有用大量篇幅或者特别方式突出的报道；典型性犯罪新闻报道指的是对案情相对复杂、具有典型性的犯罪事件进行的报道，这种报道不仅仅是拘泥于报道犯罪事件本身，而且注重挖掘事件所反映的社会意义、关系和影响。

5. 按照案件结果来分，可以分为定案性犯罪新闻报道、悬疑性犯罪新闻报道。有的刑事案件，公安部门已经破案，司法部门也已经进行了审理，对这些案件的报道，称为定案性犯罪新闻报道；而对一些还没有破案的犯罪事件进行的报道，称为悬疑性犯罪新闻报道。对一些已经定案，但是争议很大、疑点很多的案件进行的报道，也属于悬疑性犯罪新闻报道。

6. 按照报道手法来分，可以分为单一性犯罪新闻报道、连续性犯罪新闻报道、立体性犯罪新闻报道等。单一性犯罪新闻报道指的是对于一般案件进行的简单报道，往往就是一个案件只用一条消息甚至一条简讯进行报道；连续性犯罪新闻报道指的是对于一些群众比较关心的案件进行持续报道，不断反映案件最新的变化情况及其在社会上引起的反应，往往采取的是连续消息报道加上特稿、通讯；立体性犯罪新闻报道指的是对一个案件从多方位、多视角、多层次进行报道，力求客观展现案件的原貌及其各方面对案件的评价，这种类型经常采用的是解释性报道和调查性报道的形式。

7. 按照记者参与程度来分，可以分为被动性犯罪新闻报道和主动性犯罪新闻报道。被动性犯罪新闻报道指的是记者完全依据公安部门和司法部门提供的材料进行整理总结、加上一些简单的采访等进行的新闻报道，记者在报道过程中只是充当简单的“记录者”的角色；主动性犯罪新闻报道是指那些记者在获得公安、司法部门材料、知情者信息等的前提下，自己深入挖掘犯罪事件的真相进行的报道，记者在这个过程中充当的不仅仅是“记录者”的角色，还是“参与者”的角色。主动性犯罪新闻报道难度更大，记者也要承担相应的风险。

8. 按照报道表现来分，有客观性犯罪新闻报道、主观性犯罪新闻报道。客观性犯罪新闻报道全部在事实的基础上进行，记者一般不予以评论，或者用比较隐蔽和客观的手法进行评论；主观性犯罪新闻报道则是记者对事实进行一定的夸张，或者用煽情的手法对气氛进行渲染，从而引起人们情绪投入的报道。

9. 按照报道基调来分，有肯定性犯罪新闻报道、中立性犯罪新闻报道、否定性犯罪新闻报道。肯定性犯罪新闻报道，是对犯罪事件发生发展过程中出现的积极因素进行的、以肯定赞同为主要基调的报道，例如对公安干警的英勇、罪犯家属的大义灭亲等的肯定；中立性犯罪新闻报道指的是对犯罪事件发生发展过程进行的只阐述事实、不含感情色彩的报道；否定性犯罪新闻报道是最常见的一种，常常表现为对犯罪分子和犯罪现象的揭露和抨击，以否定谴责为主要基调。

10. 按照传播效果来分，有积极的犯罪新闻报道和消极的犯罪新闻报道。积极的犯罪新闻报道能够起到认识、警戒、疏导和建设的正面作用，而消极的犯罪新闻报道则起到诱发、模仿、破坏和异化的负面效果。这点在后面的犯罪新闻报道的传播功能里有进一步的论述，这里不再赘述。

2.2.2 犯罪新闻报道的特征

所谓特性，是指某一事物区别于其他事物的显著的征象和标志。要认识一种事物，首先就要了解它的特征，才能更好地利用它为自己服务。犯罪新闻报道作为新闻题材的一种，首先具备新闻的共性，即具备真实性、新鲜性、时效性、公开性、显著性、重要性、趣味性等特点。然而，作为新闻报道的一种特殊题材，它也有着自身的个性特点。其特点主要表现在以下几个方面：

1. 故事性

在传统新闻价值的五大要素中，趣味性被视为重要因素。美国学者庞德认为“读者的兴趣是新闻价值的试金石”，进而开列一大串兴趣要素：利害关系、金钱、性、斗争、奇突、英雄崇拜、关怀、人情味、影响大的事件、竞赛、犯罪。[①] 按照西方新闻事业的观点看来，“新闻是反常的事物”，要“大量刊登社会上的越轨行为和反常现象”，“新闻只有三个 W，女人（Women）、金钱（Wampum）和罪行（Wrongdoing）”[②]。

犯罪事件本身是社会的越轨和反常现象，涉及到金钱、犯罪、性、斗争、奇突等各项受众感兴趣的要素，而且往往过程曲折、引人入胜，加上记者经常刻意渲染，因此具有一种强烈的故事性，从而成为新闻报道的重头戏之一。

“新闻学的本质是故事”，[③] 美国新闻学者的这一新闻理念，使“新闻故事化”成为众多记者在新闻写作中频繁使用的一种表达方式。它以符合绝大多数人的喜好，容易与受众形成情感互动以至达到共鸣等显著优势同样引起中国记者的兴趣并付诸广泛实践，在新闻界兴起别样的新闻表现风格。这种新鲜、生动、细腻的新闻叙述方法改变了我国新闻报道中长期以来存在的单调、僵

① 项德生、郑保卫：《新闻学概论》，湖北：武汉大学出版社 2000 年版，第 53 页。

② 吴兴华、李松晨等：《新闻价值及真实性指导性》，北京：人民日报出版社 1984 年版，第 151 页。

③ 李希光：《畸变的媒体》，上海：复旦大学出版社 2003 年版，第 391 页。

化、枯燥乏味的状态，使新闻作品的可读性大幅提升。[①]“新闻故事化”成为现在媒介改革的举措之一，例如中央电视台在许多电视栏目中就明确提出要做到新闻故事化、故事情节化、情节细节化、细节人物化。“新闻故事化”在各种犯罪新闻报道中体现最为明显，为犯罪新闻报道增加了吸引力。在西方，犯罪新闻故事化的倾向更为明显，记者常进行煽情的报道。例如，《纽约每日新闻》曾经在头版显著位置用了两栏的篇幅报道一个逃犯被捕的消息，逃犯几次引人入胜的越狱过程、他的勇敢幽默、对妻子的深情都体现得淋漓尽致。[②]

当然，由于作为文学体裁之一的故事分别指向两种迥然不同的“真实”——生活真实与艺术真实，“新闻故事化”的笼统提法混淆了两种真实的界限，使新闻失实得以借机泛滥。[③] 犯罪新闻报道的故事化程度最高，因此更加容易引起新闻失实。

2. 刺激性

随着认知心理学的兴起，知觉被看作一种主动的和富有选择性的构造过程。在接受刺激的功能上和感觉相比，感觉是对刺激的觉察，知觉是将感觉信息组成有意义的对象，即在已贮存的知识经验的参与下，把握刺激的意义。因此，知觉是现实刺激和已贮存的知识经验的相互作用的结果。[④] 人在知觉时，接受感觉输入，在已有经验的基础上，形成关于当前的刺激是什么的假设，或者激活一定的知识单元而形成对某种客体的期望。[⑤]

奇怪、罕见、反常的新闻事实会构成感觉上和知觉上的强刺

---

① 谢常青：《新闻故事化与新闻失实》，载《新闻界》，2005年第3期。

② ［美］利昂·纳尔逊·弗林特：《报纸的良知——新闻事业的原则和问题案例讲义》，萧严译，北京：中国人民大学出版社2005年版，第170页。

③ 谢常青：《新闻故事化与新闻失实》，载《新闻界》2005年第3期。

④ 王甦、汪安圣：《认知心理学》，北京：北京大学出版社1992年版，第31页。

⑤ 王甦、汪安圣：《认知心理学》，北京：北京大学出版社1992年版，第35页。

激。犯罪行为是一种反常的社会行为，尤其是包含暴力、凶杀、色情的犯罪行为，具有强烈的冲突，因此对这种犯罪行为的报道能够给人们带来刺激。这种刺激性表现在两方面。第一重是浅层次的感觉刺激，感觉刺激通常由直接的外部刺激作用而成，犯罪新闻报道图片的视觉冲击力、文字的感觉冲击力可以达到这个效果；第二重则是深层次的知觉刺激，通常要结合人的已有知识对感觉信息进行选择产生，犯罪新闻报道的情节、细节、情感因素等能够通过这种选择过程渗透到人的知觉。

犯罪新闻报道的感觉强刺激可能造成两种结果，一是受众感到兴奋、激动、期待，二是受众感到压抑、反感、排斥；而它的知觉刺激也可能造成两种结果，一是受众结合自己的积极知识经验作出反应，从犯罪事件得到警示，二是受众激活自身潜意识里的犯罪想法，形成犯罪期望和动机。

3. 震撼性

犯罪是极具破坏力的极端行为，相对一般的违法行为更为严重，常常给人们的财产和生命安全带来威胁，因此犯罪行为的报道和传播能够引起人们心灵的震撼，尤其是那些情节恶劣的犯罪事件。“9·11”恐怖袭击，恐怖分子用飞机撞击世贸大楼，造成三千多人死亡，这场国际恐怖犯罪让世界为之震惊；大学生马加爵因为琐事纠纷，杀死同宿舍4位同学后藏尸逃跑，手段恶劣，全国震惊……震撼之后，人们开始对这些犯罪事件进行反思，从中获得经验和教训。

警方经过仔细调查、周密部署、英勇涉险最后把罪犯抓住的过程同样也是极具震撼力的。震撼受众的是警方的英勇和案情的复杂。如果警察在追捕过程中牺牲，所造成的震撼性更大。2000年12月，江西省南昌市公安局刑侦大队长潘堃，在抓捕持枪抢劫绑架人质犯罪分子的战斗中英勇牺牲，电视台播放了随队宣传干事拍下的现场录像，潘塑冲向歹徒，歹徒持枪射击的情景让受众心惊肉跳之余，对英雄也产生了万分的敬意和惋惜。

4. 腐蚀性

刺激的诱惑力不是恒定不变的。我们接触刺激的机会越多，刺激就会失去某些效力。[①] 面对过多的刺激，人们容易产生麻木。犯罪新闻报道过多的暴力内容会使受众对暴力的恐惧感上升，增加对他人和对社会的不信任程度。[②] 这种认识信念一旦形成，人们会以冷漠无情的方式对待周围的人和事。据新华社《新华纵横》报道：2005 年 4 月 27 日晚 10 点左右，在河南省宝丰县城西，一名女青年在街边被人强暴。虽然女青年奋力反抗不断呼救，然而过往的人们却无一人伸手相救。这种例子并不少见。这种反复暴力灌输对青少年儿童的影响危害更烈。中外学者的研究一致认为，"暴力文化给人灌输的观念是对别人的苦难反应付之一笑，它使得青少年儿童变得麻木不仁、凶残、冷酷、失去爱心"。[③]

犯罪新闻报道的暴力、色情内容及其相关内容还将导致人们价值观的裂变，形成一种"灰色文化"，这种"灰色文化"主要内容是将金钱作为首要价值标准，耻辱感下降，滋生腐朽的性观念，以及极端的个人主义。在这种"灰色文化"的影响下，人们的道德感将下降，为了实现错误的价值目标，还不惜以身试法。

---

① ［美］约翰·P·霍斯顿：《动机心理学》，孟继群等译，辽宁：辽宁人民出版社 1990 年版，第 190 页。

② 美国天普大学著名学者乔治·哥勃纳曾与其助理追踪研究过看电视者对社会反应的情况。他们发现，每天看电视超过 5 个小时以上的人，比看电视 3 个小时的人更要疑神疑鬼。电视看得越多的人，总觉得自己有可能是罪案的受害人；他们比较提防别人，并且晚上不爱出门。

③ 董士昙：《"灰色文化"与青少年犯罪》，载《公安大学学报》2000 年第 4 期。

5. 法律性

犯罪新闻报道涉及的是法律问题，因此，它从报道目的到选材到制作到效果，都具有鲜明的法律特性。从报道目的来说，犯罪新闻报道是为了传播法律信息，维护法律尊严；从报道内容来说，犯罪新闻报道选择的是和法律密切相关的而且是矛盾最为突出的犯罪现象进行报道；从报道制作来说，犯罪新闻报道要严守与法律的规范性和严肃性相适应的法律语境，使用规范的法律语言，过程也要遵循“以事实为依据，以法律为准绳”的原则，按照法定程序进行报道；从报道效果来说，犯罪新闻报道主要起到的是普法护法的作用。

犯罪新闻报道还是最容易引起新闻官司的一种报道形式，在报道过程中容易侵犯到特定人或机构的法定权利，例如侵犯名誉权、侵犯隐私权、破坏司法公正等。因此，犯罪新闻报道应受到严格的法律规范。

2.3 犯罪新闻报道的传播作用

但凡一种工具或力量，其作用往往可以分为正反两方面，这种工具或力量的效力越大，对人类的利弊与影响也就越深。“水能载舟，亦能覆舟”，作为思想传播利器的新闻媒介，对文明的影响也同样具有正面与反面两种可能。善用新闻媒介，发挥其沟通民意以及促进人类精神文明建设的功能，它将成为促进社会的进步与繁华之力量；反之，新闻媒介因经营不当或被别有用心者恶意利用，而忽视了自己应有的使命，背离社会教育的原则，则将成为毒害心灵、摧毁道德、制造暴动的罪魔，其危害社会之巨也是难以预计的。

由于犯罪新闻与民众的生活、人身安全以及道德伦理等息息相关，因而永远是受众关注的热点。此类报道处理得好，于社会文明的发展会大有好处；反之，则会给社会生活带来负面的后果。正如美国宗教自由主义者华盛顿·格拉登所说："我们经常被告知，曝光是救治社会邪恶的良药，在某种程度上这是对的。但曝光也能够成为堕落和罪恶的宣传工具。"①

下面我们来谈谈犯罪新闻报道的正负两面的传播作用：

2.3.1 犯罪新闻报道的正面传播作用

1. 认识作用

从浅层次的认知角度来说，犯罪新闻报道可以让受众知道社会上种种犯罪行为的存在，以提高警觉，防止自己的生命财产及家庭受到损害；可以让受众知道犯罪行为发生的各种诱因及其状况，知道如何避免引发犯罪行为和在犯罪事件中如何更好地保护自己；还可以让受众知道犯罪行为的处置经过，从而评断治安和执法机关是否负责，是否公正。

从深层次的认知角度来说，犯罪新闻报道的认识作用主要体现在对社会、对人生的积极思考和认识上，即我们所说的反思。把丑陋、罪恶的犯罪现象披露出来，我们思考为什么会出现这种现象，如何避免这种现象的发生，如何保护弱小和善良、打击罪恶，人的认识在这个思考的过程中会得到不断的提升。

犯罪新闻报道不但可以让人们了解到犯罪事实本身，还可以让人们了解造成犯罪的社会弊病和权势者的失职。对贪污腐败案件的报道，我们认识到造成腐败者犯罪的多方面原因和社会不正之风的严重影响；对警察持枪杀害无辜百姓的报道，我们认识到当前的公安系统缺乏严格的制度约束和规范，助长动辄使用暴力

① ［美］利昂·纳尔逊·弗林特：《报纸的良知——新闻事业的原则和问题案例讲义》，萧严译，北京：中国人民大学出版社2005年版，第198页。

的风气；对佘祥林等蒙受的冤假错案的报道，我们认识到目前司法系统的漏洞，证据不足的情况下草率结案和刑讯逼供是司法系统的两大硬伤。

处理得当的犯罪新闻报道对人的道德认识也有积极作用。人们能够通过犯罪新闻报道的引导，清醒地认识到什么是违法什么是合法，什么是有益于社会的行为什么是破坏社会的行为；当各种犯罪行为被媒体披露时，无异于一面面镜子，人们可以对着镜子反省自己的行为，拷问自己：当自己欲望超过限度应该怎么办？是以人性为本，追求至善，控制自己的不正当欲望，还是像新闻报道中的人物那样违法犯罪？在不断反思的过程中，人的思想得到净化，道德得以提升。

2. 警戒作用

任何社会都有特定的规范，违反这些规范都要受到或轻或重的制裁，这就是社会对违反其规范的人所作的否定评价。新闻传媒具有传播公开、传播面广的特点，因此新闻传媒对违反法律和道德的犯罪分子的公开报道，具有巨大的影响力。经过媒介曝光的犯罪分子，往往会受到人们的鄙视、排斥，处于众叛亲离的状况，这种来自群体的惩罚使犯罪分子羞愧和痛苦，以后不敢再触犯法律；对于有犯罪倾向的人来说，对犯罪事件的严厉处理能够产生吓阻效果，让他们有所警惕，不敢以身试法。

惩罚的必然性是阻止犯罪的最有效武器。如果在发现罪行、逮捕罪犯、迅速公正做出审判这几个方面都能保证较高的效率，没有因受到某种影响而饶恕罪犯的情况，就能在任何社区创造低犯罪率。反映这种惩罚必然性的报道越多，报纸在保证社会秩序方面起的作用就越大。有位律师曾经在一个编辑协会呼吁报纸多多关注惩罚犯罪的报道，他说："除非能把犯罪的惩罚公开，否则惩罚就完全、彻底地没有意义，只有报纸能完成这个任务。报纸在履行这个义务方面有多不彻底，它对这个国家在国际上出了名的违法犯罪新闻就负有多大责任。同样，报纸在展示惩罚和犯罪方面做得有多好，它就能多有效地阻止犯罪，并促进对法律的尊重，创造极低的犯罪率。”①

对罪犯坦承的在精神上或肉体上受的压力，或者他们对自己实施犯罪的后悔的报道，也是对犯罪最有效的警告。杀死四名室友的马加爵被捕后承认自己逃亡生活非常痛苦，吃不好睡不好提心吊胆，被捕对自己来说是个解脱，在法庭上马加爵流下悔恨的泪水，媒介对此类反应的报道，是非常有益的。

从某种程度上说，犯罪新闻报道对社会起着一定的预警作用。约瑟夫·普利策曾经把国家比喻成一艘船，把记者比喻成站在船头的瞭望者。这位瞭望者要观风云，察动向，随时将海平面上出现的各种值得注意的情况向船长和船员发出警报，以便使航船能顺利地绕过暗礁，渡过险滩，驶向胜利的彼岸。② 正如有的学者指出的，新闻传媒“不敲警钟是危险的，它不仅完全丧失环境监视功能，而且会使大众忽视客观环境中可能存在的危险，造成一切平安无事的错觉，从而成为麻痹大众的工具。”③ 犯罪新闻报道让受众意识到身边的危险并且保持警惕，给相关政府部门也敲响了警钟。

3. 疏导作用

社会学家将安全阀原理引入社会学说，提出所谓社会安全机制就是设置人们发泄不满情绪的经常化的、制度化的通道，以避免灾难性冲突的出现，它可以保障社会运行的安全。社会学家还

---

① ［美］利昂·纳尔逊·弗林特：《报纸的良知——新闻事业的原则和问题案例讲义》，萧严译，北京：中国人民大学出版社2005年版，第183页。

② 郑保卫：《当代新闻理论》，北京：新华出版社2003年版，第591页。

③ 郑兴东：《新闻传播的客体属性与传播心理》，载《新闻传播学术报告会论文集》，北京：中国人民大学出版社1997年版。

发现，个人的心理和行为对整个社会的运行具有相当的影响力，当个体的心理行为趋向与社会倡导的价值取向发生冲突，就会形成一股强大的心理压力，因此，需要有交流感受、诉说委屈、发泄情绪、提出建议的渠道。安全阀机制由于能够及时、适当地让不满情绪和不同意见得以宣泄，防止矛盾和冲突的过度压抑和聚集，从而防止了矛盾和冲突的总爆发，避免了社会秩序的大混乱，保证现代化所需要的社会相对稳定。①

新闻舆论监督是这一机制体系中最具普遍意义的，可以对社会心态、社会意见进行调节、疏导和重新整合。使分散的集中，使复杂的单一，使非理性的理性，同时摒弃了许多的愤慨、抱怨和不满。②

舆论监督的社会调整功能还常常表现为充当社会公众的“排气阀”和“导气管”功能，传达呼声，宣泄积郁，平衡心理，从而使整个社会在心态上维持在一个理想的安全值上。

犯罪新闻报道是舆论监督的重要实现途径之一。犯罪行为往往引起公众强烈的愤慨和不满，如果新闻媒介不予以及时报道，公众的不满就会日益累积，久而久之，公众要么就会变得麻木冷漠，要么就会偏激暴戾，这两者都将造成社会不稳定。而新闻媒介对犯罪事件进行谴责和对其制裁结果及时通报，可以使公众产生心理的平衡，一定程度上起到了疏导民愤、抚慰民心的作用。

2001年10月10日，辽宁省大连市、抚顺市，江苏省南京市等地人民法院分别对沈阳市原市长慕绥新、沈阳市原常务副市长马向东等16名贪官进行了宣判。贪官们得到了应有的惩处。“慕马案”的总涉案人员达100多人，其中副省级1人，副市级4人，仅党政“一把手”就有17人。这是一起建国以来罕见的腐败案，

① 杨明品：《新闻舆论监督》，北京：中国广播电视出版社2001年版，第40页。
② 何梓华主编：《新闻理论教程》，北京：高等教育出版社1999年版，第179页。

涉案人数之多、影响之恶劣、后果之严重，举国震惊。各大新闻媒介都对“慕马案”的处理进行了详细的报道，不少老百姓声称这些报道“大快人心”，“看到了中央和政府反腐败的决心”。四川绵阳市小学教师卢雷利用担任班主任老师、任课老师之便，猥亵未满14周岁的女学生达32人，其中12名女学生被其强奸20余次，其罪行令人发指，最后被判处死刑，新闻媒介对处理结果的报道也一定程度上平息了群众的愤怒。

4. 建设作用

犯罪新闻报道的建设功能表现在其对社会变革、对司法公正、对道德建设的促进上。

促进社会变革：新闻媒介对犯罪新闻背后的政治和社会问题进行的深入挖掘有利于促进社会变革。这种对新闻事件开展的搜索式调查报道实践，被称为行动主义新闻事业（Activist Journalism）。[①] 约瑟夫·普利策是实践者之一，他向他的主编提出以新闻揭露社会的不公和错误行径，以新闻促进社会变革。英国的斯蒂芬·劳伦斯被杀案的报道是典型的行动主义新闻实践。1993年4月22日晚，18岁的黑人青年斯蒂芬·劳伦斯在街上无缘无故被几个素不相识的白人青年残忍地杀害。1996年，伦敦刑事法院以“证据不足”将三个疑犯无罪释放。1997年2月，英国最著名的全国性报纸之一《每日邮报》发布了详尽的调查性报道材料，指认五个白人青年就是杀害斯蒂芬的凶手，言之凿凿，并且庄严地宣称：“如果我们错了，你们就以诽谤罪起诉我们吧！”《泰晤士报》、《金融时报》、《每日电讯报》、《每日镜报》等全国性报纸也纷纷发表评论，舆情激烈。新闻媒体的介入，打开了重新调查斯蒂芬案的大门，导致司法部门对案件的改判，而且，新闻媒介

① ［美］梅尔文·门彻：《新闻报道与写作》，展江主译，北京：华夏出版社2003年版，第732页。

进一步将斯蒂芬之死反映出的积淀经年的种族主义问题层层剥落，在全社会引发出一场大讨论，从而改善了长期以来黑人在西方司法界一贯受到不公正待遇的状况。

促进司法公正：新闻记者参与犯罪案件调查，除了它能够引导受众对事件真相、事件产生的深层背景，以及方方面面的原因有更全面、更深入的了解，它还影响着事件的调查和处理，成为对国家司法的一种监督机制。集社会责任感和正义感的新闻记者介入到调查之中，可以使司法人员在处理犯罪案件的过程中时刻感觉到有一双公正的眼睛在盯注着他们，因而增加司法的公正。记者介入调查，由于观察事物的角度和调查方式与司法人员不尽相同，他们往往能挖掘出事件背后深层的社会问题，他们甚至能促使一些悬而未决的案件得到破获，使一些不公正的法庭判决得到改判，使一些逍遥法外的罪犯落入法网，使一些清白的无辜者脱离苦海。

促进道德建设：人们借助传媒，对犯罪现象进行谴责、鞭挞，对犯罪事件中涌现的先进人物进行颂扬、褒奖，可以唤起人们的良知，激发其正义感，进而促使高尚行为的产生。尤其是新闻媒介对那些在犯罪行为面前不畏强暴、挺身而出、勇于斗争的人物的英雄事迹所做的频繁报道，对国家政府乃至整个国际社会惩治犯罪所作的努力的广泛宣传，能够激励更多的社会大众积极行动起来，向英雄学习，自觉加入到防治犯罪的行列中，从而起到弘扬社会正气的良好作用。青年徐洪刚见义勇为，与歹徒搏斗，身受重伤，倒在血泊中……中央电视台推出了《人民崇尚这颗星》——徐洪刚的报道，弘扬正气，满腔热情地为广大受众介绍徐洪刚的事迹，给罪犯以无情鞭笞的同时，将报道的重点集注在人们救英雄、颂英雄、学英雄的过程中。这一感人至深的报道在全社会引起了强烈反响，堪称推动精神文明建设的大手笔。

2.3.2 犯罪新闻报道的负面传播作用

1. 诱发作用

弗洛伊德认为，个体的人格由三部分组成，即本我、自我和超我。本我是人格中最原始和深层的部分，由本能和欲望的强烈冲动所填充，受“惟乐原则”支配；自我是现实化了的本能，受“惟实原则”的驱使，在避免痛苦的情况下帮助本我实现欲求；超我，是道德化了的自我，表达的是伦理道德、价值观念。他认为，人之所以成为人，是因为具有超我的本质，受“惟善原则”指导，能够指导自我去限制本我的心理冲动。在他看来，健康的人格就是以超我的控制能力在合理范围内指导自我协调、平衡本我的欲求和冲动，达成人格的正常状态。①

大卫·亚伯拉逊（David Abrahamso）认为，犯罪行为与个体具有的犯罪倾向、一定的客观状况及个体对冲动的心理抗力有着密切的关系。为此他设计了一个公式来说明它们和犯罪行为的发生之间的关系。②

$$C（犯罪）=\frac{T（犯罪倾向）+S（客观状况）}{R（对冲动的心理抗力）}$$

根据这个公式，对冲动的心理抗力在犯罪行为的产生过程中有着极其重要的作用。对冲动的心理抗力，也就是弗洛伊德所强调的超我的控制能力。这种控制能力的调节分为主动调节和被动调节，主动调节是个体本身产生的，而被动调节则是由外部力量的作用——其他人的评价和暗示发生。

易受影响和暗示是人类最基本的天性之一，外部的积极暗示

① 参见［奥］西格蒙德·弗洛伊德：《弗洛伊德后期著作选》，上海：上海译文出版社 2005 年版。

② 魏健馨、张学林：《犯罪心理学》，天津：南开大学出版社 2003 年版，第 57 页。

力量能够增强人的控制能力，而消极的暗示力量则会减弱甚至消除人对冲动的心理抗力，打破行为的平衡。新闻媒介被视为是犯罪行为的外部驱动力，媒介的消极暗示力量是刺激犯罪行为发生的主要外因之一。报纸的犯罪报道被心理学家当作研究对象，因为这些报道“是一些念头的最初形象的源头，这些念头可能要么构成当前行为的次要组成部分，要么构成其中心，导致一个人犯罪并教给他方法”。①

对于有犯罪倾向的人来说，他们对不道德的犯罪行为缺乏本能的厌恶，只需要一点点的外部影响就能打破其行为平衡，因此暗示的影响是尤其具有决定性的。一个投毒杀人案件的罪犯在审讯过程中承认，他之所以投毒是看到电视上的一则投毒新闻受到的启发。而另外一个性犯罪案件中的罪犯也承认，自己一直对漂亮年轻的女大学生感兴趣，而最终导致他借招聘家教为名奸淫数名女大学生行为的原因，是受到媒介一篇类似案情新闻报道的影响。

一位在大城市里做过检控官和法官的经验丰富的律师说：“在我的观念中，毫无疑问，报纸那种犯罪新闻的报道方式无意之间在青少年、意志薄弱和有犯罪倾向的人群中诱使和鼓励了犯罪。那些报道让这类人相信，犯罪非常简单，而且比较安全。”②

2. 模仿作用

模仿学习理论（也叫社会学习理论，social learning theory）认为，模仿学习是主体自觉、不自觉地效仿榜样的言行举止而引起的与之相同或相似的行为活动。学习的产生是通过模仿过程而

---

① ［美］利昂·纳尔逊·弗林特：《报纸的良知——新闻事业的原则和问题案例讲义》，萧严译，北京：中国人民大学出版社2005年版，第166页。

② ［美］利昂·纳尔逊·弗林特：《报纸的良知——新闻事业的原则和问题案例讲义》，萧严译，北京：中国人民大学出版社2005年版，第169页。

获得的，即一个人通过观察另一个（模型）的行为反应而学得。美国社会学习论创始人班杜拉指出，包括人的攻击行为在内的社会性行为是通过观察和模仿而习得的。在观察学习中，有决定影响的是环境，如社会文化关系及榜样等客观条件。[①] 模仿学习论还指出：别人的行为受到赞赏还是遭到惩罚，对自己的行为起着强化作用。人们观察到别人的行为的后果学会识别行为的好坏，并知道在什么情况下发生的什么行为是适宜的，可以效法的，在什么情况下发生的什么行为是谬误的，应该鄙弃的。[②]

法国社会学家、犯罪学家塔尔德进一步提出了犯罪模仿理论（imitative theory of crime），认为所有社会生活的重要行为和现象，都是因模仿而引起，犯罪行为也是模仿而来的。[③] 班达瑞在1970年提出，许多犯罪行为是人在环境中观察后模仿的，并提出这一行为模仿的三个来源，一是家庭里的暴力，二是环境里的暴力，三是影视里的充满暴力性的描述。[④]

随着信息社会的到来，大众传媒在个人的观念、态度、行为规范、社会技能和社会目标等方面的社会化过程中发挥着越来越大的影响。人的社会化过程中充满了模仿的意识和行为，传媒暴力为犯罪行为的“模仿”提供了几乎所有可以想像的行为样式和象征符号。受众，尤其是青少年很容易把大众传媒中的暴力角色作为榜样来学习，造成其社会化障碍，形成犯罪人格倾向，并进而造成犯罪恶果。

媒介模仿的负面问题，主要体现在电视暴力对受众的影响上。受众在收看暴力电视节目时，也许会觉得电视中的情境很令

---

① 罗大华、何为民：《犯罪心理学》，浙江：浙江教育出版社2002年版，第64页。

② 参见时蓉华：《社会心理学》，浙江：浙江教育出版社2002年版。

③ 罗大华、何为民：《犯罪心理学》，浙江：浙江教育出版社2002年版，第60页。

④ 刘杰：《传媒暴力对犯罪的影响及控制的社会心理学分析》，浙江公安高等专科学校学报《公安学刊》，2004年第2期。

他们向往，因此去模仿电视中的不当行为，虽然有时暴力节目中声明他们强调“善有善报、恶有恶报”，但是心智发展尚未健全的儿童们，可能会因为电视中“英雄主义”的假象，而错误地模仿不良行为者的言行举止，以及处理事情的手法等等。更有人会因为是自己所崇拜的偶像所演的电影，而为了想要和自己的偶像做相同的事，就在现实生活中做出偏差的行为，而铸下无可弥补的大错，目前电视中有太多的节目，已经将价值观扭曲，人们更难判断到底什么是对的，什么是错的。

在行为理论中费希柏奇（Fishbach）提出反抑制说（disinhibition），也就是在电视中有时坏人做了坏事，却没有被惩罚，受众也就抱着这种侥幸的心理去做坏事，因为他们认为电视中的坏人都可以逃过一劫了，自己也是有可能不被抓到的，因此电视中的行为就有可能被受众模仿。如果受众发现电视上用暴力来解决问题是令他们欣赏的，他们就极有可能应用在他们的日常生活中。犯罪率因此就会上升。1997 年 6 月，美国肯塔基州发生一起银行抢劫案，几个戴头套、穿风衣并且用声音转换器改变原声的持抢匪徒在当地一家银行进行抢劫，抢走三百多万美金，并凶残地向银行工作人员及在场储户开枪射击，造成两死两伤。美国的大小媒体对此案进行了大篇幅的报道，将犯罪过程以及细节描写得十分详细，并将有犯罪分子形象的照片和录影带反复刊载和播放。不料在此劫案之后，美国接连发生数起类似的抢劫案，作案手法皆模仿肯塔基州劫案，劫匪的装束也与肯塔基州劫案类似。[①]于是，我们看到了这样一个问题：新闻媒介在对肯塔基州劫案的报道中，无形中起到了传授犯罪技巧的负面作用，使后几起劫案的匪徒成为了肯塔基州劫案匪徒的“徒弟”。

---

① 参见 *The New York Times*, National Pages, July-Sep, 1997.

3. 破坏作用

破坏社会秩序：犯罪行为本身就是破坏社会秩序的行为，如果媒介的报道没有进行正确的引导，而是用大量刺激性内容进行渲染，诱发犯罪，就会造成对社会秩序的破坏。近两年来，对恐怖袭击这种恶性国际犯罪事件的报道，不少媒体热衷于追逐与宣传耸人听闻的恐怖活动新闻，将犯罪分子如何精心策划、选择地点和时机及袭击过程进行了详细的描写，实际上已经在很大程度上成为恐怖主义的义务宣传代理人。美国这两年来受到很多恐怖袭击，当然其中有大量的政治方面的因素，但不可否认新闻媒介对这类事件的报道存在不当之处也具有一定的影响。所以，撒切尔夫人曾经非常气愤地指责西方传媒是恐怖活动存在和发展的氧气；美国和英国分别有90%和80%的人认为，传媒的过分报道是引发恐怖活动的重要原因。有的专家甚至提出，传媒报道是恐怖分子最有效的弹药库。①

破坏司法活动：犯罪新闻中对于犯罪活动所有细节和警方活动的刊登，等于告诉罪犯不利于他的证据，使得逮捕罪犯更为艰难。这也使得后面效仿的犯罪分子获得大量的反侦查技巧，严重干扰了警方的破案。在一起杀人碎尸案件中，罪犯设计了一个天衣无缝的方案，有不在场证明，把被害者碎尸埋好后盖上水泥，让警方找不到尸体等。虽然这个计划因为罪犯恐惧没有实施完全而使警方破案，但事后刑事专家听到该方案后都很震惊。被捕后罪犯承认，这个方案是他研究了很多对碎尸案件的新闻报道总结出来的。

每一个嫌疑人都有受到公平审判（fair trial）的权利，即能够要求对他的案件进行审理和裁决的人对他的前科、性格等足以引

① 参见［英］苏珊·L·卡拉瑟斯：《西方传媒与战争》，张毓强等译，北京：新华出版社2002年版。

起偏见的情况一无所知，以避免他们在已经存在偏见的前提下作出不公平的裁决。而媒介对犯罪事件的报道容易形成媒介审判(trial by media)，即在法院还没有作出判决以前，新闻媒介就对犯罪事件和嫌疑犯进行带有偏见或暗示嫌疑犯有罪的报道，从而影响到法庭的审判和公众对犯罪事件和嫌疑犯的看法。媒介审判会破坏嫌疑人公平审判的权利，从而破坏司法公正。

破坏公众生活：对恶性犯罪事件进行血腥恐怖描绘的文字和图像会对受众造成严重的侵权和伤害，造成受众心理上的不愉快感受。一位受众谈到她一天早上看到报纸头条是一条被砍断的血淋淋的人的大腿图片时的感受，“像吞了一只苍蝇在喉咙里一样难受。”对恶性犯罪事件的渲染报道也会给受众造成心理恐慌，曾经震惊全国的连环铁锤敲头案，因为媒介夸张的大量报道，就使受众笼罩在恐怖的阴云中，街头巷尾人心惶惶，女同志夜间不敢单独出门。

对犯罪事件的新闻再现对受害者个人及其家属将带来严重的伤害。这主要表现在新闻媒介对犯罪事件和现场的真实再现使他们回忆起案件过程，在心理上又重复了一次或者更多次受害的经历，造成再次伤害。一个叫约西卡·荷德里的女孩因为目睹了血腥的校园枪杀案成为犯罪事件的间接受害者，也成为摄影记者报道的主角，摄影记者拍到的她极为痛苦地仰面祈祷的图像被媒介广泛传播后，对她造成了极大的伤害，她不但要因此而反复回忆起可怕的凶杀案过程，承受心灵的恐惧和颤栗，还因此成为公众人物，受到人们异样目光的注视。一起残忍的分尸案受害者的父母，承受住了儿子死亡的打击，却因为受不了新闻媒介对案件过程用极其夸大渲染恐怖气氛的笔调进行描写，和将尸体残块与现场血迹的特写镜头反复刊载、播放而崩溃。这样的例子并不少见。

4. 异化作用

审美异化：新闻事实和新闻都不同程度地具有审美功能。它们都是审美对象，体现着审美价值。受众内心的价值观念和行为模式得到所接触到的信息内容的印证，从而自我肯定和自我欣赏，或者传播者在传播信息时渗入的情感使受众引起共鸣，达到一种情绪的宣泄，这些都是新闻报道审美功能的具体表现。犯罪新闻虽然以报道丑为主，但是通过对丑恶事物的揭露与抨击，同样能使读者产生精神上的满足，也就是当受众用全部情感和理智，认同传播者的分析和判断，以及对丑恶事物进行谴责和痛斥时，一样能获得审美的快感。犯罪报道审美功能的失落主要表现在对其中血腥、暴力、色情等细节不加评判地加以渲染，造成视听污染，刺激受众感官，受众感受不到对丑恶事物的否定评价，因而在审美取向上感到茫然，甚至以丑为美。① 导致一些不健康的审美心态得以发展，受众的品位大大降低。

在报道中对本应谴责的犯罪分子给予同情无形中也会造成受众审美的错位。例如曾经轰动一时的诗人顾城杀妻案，有的报纸在报道这一案件的时候对顾城杀妻表示出理解、同情的倾向，对诗人表示无尽哀思。在这种错误的审美氛围中，诗人无端杀妻的罪行被忽视了，剩下的是对他自杀的同情、悲悯。② 这种失衡的审美也是一种异化表现。

道德异化：现在有些犯罪新闻报道，对新闻事实的挑选，没有考虑整体真实和报道的社会效果，单纯追求细节真实，为迎合受众的猎奇心理，将犯罪细节不加评判、非常详细地予以报道，更有甚者，对犯罪过程的描写带有玩味和欣赏的意味，对为什么会出现这种现象、它所导致的不良后果甚少涉及。这种对丑恶现

---

① 潘晶安：《犯罪新闻报道的犯罪学思考》，载《公安研究》2002年第7期。

② 邓利平：《负面新闻信息传播的多维视野》，北京：新华出版社2001年版，第220页。

象自然主义的“客观”描写，使媒体的教化功能和指导性大大弱化，不仅干扰受众对社会阴暗面的正确认识，还在一定程度上起到降低人们道德感的负作用。

这种道德异化的主要表现之一就是犯罪新闻报道中宣传的“犯罪英雄主义”，新闻报道中的犯罪分子形象得到美化，犯罪事件也因此变得情有可原，甚至有的犯罪行为还成了“正义之举”。以写犯罪新闻而一举成名的美国《圣保罗先驱报》著名记者约翰·史蒂芬（John Stephen），在其1996年10月采写的犯罪新闻《心灵捕手》中，将杀死33名妇女的罪犯杰里·维尔描写成一个头脑冷静、追求完美的卫道者形象，报道中引用罪犯的部分心灵告白，指出罪犯的犯罪动机是“毁灭一些丑恶的东西”，追求的是“纯洁”，把那些无辜受害的死者说成是“存活于世的荡妇”。记者本身没有下此结论，但报道对犯罪分子毫无悔意、“正义凛然”的“合理”说辞直接引用，又没有对此进行批判，很容易造成道德评价标准的紊乱，从而对受众造成误导。

2.4 犯罪新闻报道的历史扫描和发展现状

2.4.1 中国犯罪新闻报道的历史扫描和发展现状

1. 中国古代的犯罪新闻报道

中国古代的犯罪新闻和现代意义的犯罪新闻有着很大的区别，主要的区别在于古代犯罪事件和政治事件经常混杂在一起，对于犯罪的界定和现代意义的犯罪也不一样。例如北齐河清三年（公元563年）制定的《齐律》十二篇，“又列重罪十条：一曰反逆，二曰大逆，三曰叛，四曰降，五曰恶逆，六曰不道，七曰不敬，八曰不孝，九曰不义，十曰内乱。其犯此十者，不在八议论赎之限。”[1] 这就是中国古代的“十恶大罪”，被后面的朝代沿用下来。因此，在中国古代，最大的犯罪就是谋逆叛乱。

最早的对犯罪事件的记载主要涉及的就是一些臣子谋反的事情，做记载的主要是一些史官。春秋战国时期时局动荡，就有不少大臣谋反的罪行及其报道，如《左传》中记载着齐太史将书有“崔杼弑其君”的简册“示于朝”的事，但是又有史家认为其实当时不仅崔杼杀齐庄公的事，就连太史兄弟秉笔直书连连被杀的事，朝野都已知道，齐太史当众公布的已不是新闻，而是这一次政变的性质。[2]

到了汉朝，也有史家记载大臣谋反的罪行，如班固在《汉书》中就有如下记载：

“九月，鄂邑长公主、燕王旦与左将军上官桀、桀子票骑将军安、御史大夫桑弘羊皆谋反，伏诛……诏曰：“左将军安阳侯桀、票骑将军桑乐侯安、御史大夫弘羊皆数以邪枉干辅政，大将军不听，而怀怨望，与燕王通谋，置驿往来相约结。燕王遣寿西长、孙纵之等赂遗长公主、丁外人、谒者杜延年、大将军长史公孙遗等，交通私书，共谋令长公主置酒，伏兵杀大将军光，征立燕王为天子，大逆毋道。故稻田使者燕仓先发觉，以告大司农敞，敞告谏大夫延年，延年以闻。丞相征事任宫手捕斩桀，丞相少史王寿诱将安入府门，皆已伏诛，吏民得以安。”[3]

---

① 《隋书·刑法志》，转引自高绍先：《中国刑法史精要》，北京：法律出版社 2001 年版，第 254 页。

② 方汉奇主编：《中国新闻事业通史》第一卷，北京：中国人民大学出版社 1992 年版，第 22 页。

③ 班固：《汉书·前汉书》卷七，河南：中州古籍出版社 1991 年版，第 34～35 页。

讲的是汉昭帝刘弗陵继位时年仅八岁，遵照武帝遗诏，由霍光辅政，故“政事一决于光”。因霍光大权独揽，与很多大臣结怨。左将军上官桀、桑弘羊和霍光不和，多次设法陷害霍光，有一次，他们勾结燕王旦密谋杀霍光，废刘弗陵，由刘旦即位，霍光侦知这一阴谋后奏告刘弗陵，刘弗陵立即命田千秋发兵以谋反罪诛杀桑弘羊、上官桀等，迫使刘旦自杀，避免了一场政变。

报纸出现之前的对犯罪事件的记载，虽然已经具有一些新闻报道的特征，比如讲究真实性、记录事件手法类似新闻报道、反映社会时局等，但是不能算是严格意义上的犯罪新闻报道。因为这些犯罪事件是史官记载在史书上的，时效性较差，发布的时候已经是朝野皆知，不算新闻。

中国古代报纸出现之后，报纸成为记录新闻的主要工具，各种犯罪新闻开始出现并且在古代报纸上都有反映。对于我国古代报纸的产生，从现在已经掌握的材料来看，新闻史学家普遍认为是唐朝。唐朝已经设有沟通信息机构进奏院，进奏院设有专门的进奏官，既为所代表的地方长官呈递章奏，下达文书，办理需要和政府中枢各部门请示汇报联系交涉的各项事宜，也为地方了解、汇集和通报各项政治消息。经由进奏官传发给各藩镇和地方诸道，用来介绍朝廷政事动态和各项消息的报告，称为“进奏院状报”、“状报”、“报状”等，已经具备一定报纸的作用，算是原始状态的报纸了。进奏院状报的主要内容是皇帝的活动、诏旨、官吏任免、大臣奏疏及其他政治、军事内容。臣子叛乱及其诛灭当然也是进奏院状报的主要内容之一。《河东先生集》中《贺诛淄青逆贼李师道状》云：“右今月三日得知进奏官某报前件，贼以前月九日，克就枭戮者”①，就记录了当时进奏官对叛乱

① 方汉奇主编：《中国新闻事业通史》第一卷，北京：中国人民大学出版社1992年版，第43页。

30年的强藩淄青镇被荡平，叛贼被诛杀的事件。

到了宋代，已经出现了邸报这一名称。邸报实际上就是进奏院状报的别称。宋代的邸报除了刊登皇帝的活动、诏旨、官吏任免、大臣奏疏等内容之外，还大量刊登犯罪及其刑罚的内容。如王明清《挥麈后录》卷二所载："孙叔易近为先人言：大观（徽宗年号）中，自南京教授差作试官，回次朱仙镇，阅邸报，吴侔兄弟以左道伏诛。"此外，还有新近制颁的法令条例，三省枢密、六曹、寺、监、司的宣札符牒，以及根据皇帝或宰辅的意见，要求条布报行的有关材料，以服务于通报情况、维护治体、严肃封建纲纪和"勉励天下之为吏者"的办报目的。①

宋代还出现了中国新闻史上最早的非官方报纸——小报。小报经常报道一些官报上不登的消息。在中原动荡，外侮频繁之际，小报会刊登一些主和派官员的卖国罪行并且进行谴责，起着积极的作用。

到了明清时期，新闻传播手段更加发达，新闻内容也逐渐丰富，作为新闻报道之一的犯罪新闻，也从比较单一的叛乱罪、卖国罪、煽动罪等的报道，转向更多层次的内容，例如盗窃、凶杀、抢劫、越狱等等消息。

明代的邸报抄本《万历邸钞》里面就记录了不少犯罪新闻，如：

乾清宫门伪阉章伏诛。是日早，乘舆出乾清宫，有男人伪着内使中服，由西阶下趋而前，为守者所执，索其衣，得刀剑各一，具缚两腋下。诘之，但道其姓名，为王大臣，系清武人，余无言。司礼监太监冯保奏状，

① 方汉奇主编：《中国新闻事业通史》第一卷，北京：中国人民大学出版社1992年版，第82页。

奉旨下东厂究问，的名章龙。

——《万历邸钞》第 1 页

大学士申题：本月（二十）二日出阁，不知何人开锁，盗去文渊阁印一颗。有旨："此印乃先朝钦降，以防奸伪。今被盗去，事有可疑。即便着厂卫衙门，严行访拿，务在得获。"印系宣宗钦降，六月朔日，补铸赐阁。

——《万历邸钞》第 321 页

山东青州安丘城陷，群盗并起。本月十五日，攻陷安丘，劫库焚狱。巡抚钱士完报：强盗梁闯子数百余人，横行青兖济南诸郡，蒙阴、昌乐、费县、沂州等乡村，劫掠几遍，杀人拒捕，僭号称王云。

——《万历邸钞》第 2277 页①

第一条报道的是一个人身着皇室内使的服装混进朝廷重地乾清宫，被守卫抓获并从其身上搜出兵器，这个人大概是要行刺。第二条报道的是一起宫廷盗窃案，盗贼十分大胆，居然偷了先朝皇帝钦降的印，引起皇帝震怒。第三条报道的是造反者打家劫舍、杀人拒捕的事情。三条都是涉及犯罪事件的报道，而且可读性较强，情节生动。

清代官报的发布方式和渠道与明代十分接近，但是在清代的邸报发行过程中，提塘起了非常重要的作用。提塘主要负责抄录传送皇帝谕旨和臣僚章奏到地方，明代就已经存在这种机构，但是到清代，提塘除了发行官报外，还发行一种小报，又称小抄，所刊载的主要是提塘官们和提塘报房的刷写报文者们自行采录的

① 所引《万历邸钞》资料，均转摘自尹韵公：《中国明代新闻传播史》，重庆：重庆出版社 1990 年版。

消息。目的在为有关省份的官员们提供更多的朝廷信息。小报的传播速度非常快，往往先于官报到达地方，带有某种通风报信的意味，有时候泄漏了司法机密，使一些地方获罪官员闻讯后逃避刑罚。例如雍正五年，四川按察使程如丝，因为贪污和牵涉人命案，刑部奉旨下令将其处斩，在刑部发抄的京报到达之前几天，程如丝就已经从小报那里得知自己被判处斩的上谕信息，提前畏罪自杀了。①

除了报纸之外，犯罪新闻的传播还有一种重要的形式：告示。告示是一种古老而充满活力的传播工具，最早产生于战国和秦汉时代。当时由于各国交往增多，战事频繁，商业交流增强以及国家政治生活的需要，促成了告示的诞生和发展。荀子《荣辱》篇说："陋也者，天下之公患也，人之大殃大害也；故曰仁者好告示人。"这里说的"告示"就含有晓示、通知的意思。告示还有一些别称和近似词，如告喻、布告、布露、露布等，均见于古籍。告示就其性质来说，是一种以封建官方名义公开发布的公报，发布的目的在于维护治体和稳定民心。告示不是报纸，但它能为公众提供一定的信息，因而具有新闻传播工具的性质。例如明代的告示中，就专门发布有刑狱的内容。如余继登在《典故纪闻》中所说的："成化年间，因擒获妖人，追其妖书图本，备录其名目，榜示天下。"② 万历七年以后还有"凡决过斩绞罪犯，将招罪略节刊刻榜文，行五城张挂晓谕"③ 的规定。

2. 中国近现代的犯罪新闻报道

① 参见方汉奇主编：《中国新闻事业通史》第一卷，北京：中国人民大学出版社1992年版，第201页。

② 余继登：《典故纪闻》，第266页。转引自尹韵公：《论明代告示》，《新闻研究资料》第47辑。

③ 《明会典》卷一七九，刑律。转引自尹韵公：《论明代告示》，《新闻研究资料》第47辑。

中国近代报纸的创办是由外国人拉开序幕的。1815年，英国传教士马礼逊和米怜在马六甲创办了第一份近代中文报纸《察世俗每月统纪传》，随后，《特选撮要每月纪传》、《天下新闻》、《东西洋考每月统纪传》、《上海新报》、《申报》等一系列中文报刊，相继出现在中国人面前。这些报纸主要的目的是为了宣传西方教义和洋人来华经商，但是也有少数披露中国社会问题和重大案件的报道及其对一些重要法令的介绍和宣扬。例如，《中国丛报》就曾经将中国官吏贪赃枉法的情况和手法做过考察和报道。《上海新报》开辟了“会审案件”、“英华案件”等专栏，成为最早报道政法新闻的中文报纸之一。

在外国人开办的中文报纸的带动和刺激下，中国人自办的第一批近代报纸相继涌现，如《循环日报》、《述报》、《万国公报》、《时务报》、《民报》等。在近代国人的办报热潮中，专门从事法制新闻报道的记者、编辑也应运而生。1864年香港出版的《华字日报》，设有专门的“法院记者”，专门从事法制案件报道。清末民初，不少著名记者就对法制新闻投入了极大的关注，比如，黄远生写了反映武昌起义领导人被袁世凯杀害的系列报道《张振武案始末记》、《张振武案一礼拜之经过》、《张振武案之研究》等[①]。著名记者邵飘萍也为《申报》采访到刺宋案主凶洪述祖被捕判刑消息等。

1919年5月4日，“五四”运动爆发，揭开了中国现代历史的新阶段，也揭开了中国现代新闻事业发展的新篇章。《大公报》、《申报》等报纸揭露了北洋军阀政府卖国的罪行，并且详细报道了学生的爱国救亡活动。该时期的进步报纸，主要揭露政府的卖国和腐败罪行以及帝国主义的侵略罪行等。邵飘萍主办的

---

① 参见刘斌、李矗：《法制新闻的理论与实践》，北京：中国政法大学出版社2005年版，第101页。

《京报》关于“五卅”惨案中日本人和英国巡捕对中国人犯下的屠杀罪行的报道，《大公报》揭露的北洋军阀政府及其后来的国民党政府官员的贪污腐败罪行，影响都非常大。

1921 年中国共产党成立后，创办了《向导》周报、《热血日报》、《晋绥日报》、《新华日报》等，也有不少关于犯罪新闻的报道。抗日战争时期，共产党人的报纸对日本侵略者对中国的战争罪和屠杀、奸淫、抢劫等罪行进行了大量的报道；抗战胜利后，这些报纸又对国民党特务暗杀和殴打爱国人士的罪行进行报道，例如著名的“下关事件”、闻一多和李公朴被杀事件等；解放战争时期，这些报纸揭露地主罪行，积极宣传土改，《晋绥日报》曾经对汾县地主破坏土改、杀害农民郭四颗的惨案作了连续报道，并且发动群众查找和提供破案线索。

由于政治斗争需要，这个时期的犯罪新闻报道同样和政治密切相关，不少犯罪新闻的采写受到政治势力的压力，有的媒介进行歪曲事实的报道，而有的媒介却敢于冲破阻力揭示事实真相。1946 年 12 月 24 日晚，美国兵皮尔逊在北平东单广场强奸北大女学生沈崇。北平当局下令禁止各报刊载，但是《新民报》等几家报纸还是披露了这一暴行。合众社、美联社、中央社等竭尽造谣诬蔑之能事，于 28 日发出“沈崇似非良家女子”、“美军是否与沈女士认识，须加调查”的歪曲报道。甚至说受害者系延安派来的女间谍实施的“苦肉计”，是“浪荡女子”故意“挑逗”美军的。对于美蒋通讯社的造谣，北平各大专院校学生无比气愤。《燕京新闻》记者经过多方调查和深入采访接连在报刊上发表了《沈女士访问记》、《重访沈女士》等新闻通讯，详细介绍了沈崇的家世和外貌举止，用大量事实证明她是一个“朴实沉静”的“大家闺秀”，还报道了她拒绝出席美军行使治外权的单方面开庭的真实情况，彻底揭穿了美蒋新闻机构的造谣诬蔑。《燕京新闻》

的记者出席了美军驻华当局的“法庭审判”，并采写了旁听记，揭露“审讯”的真相。《燕京新闻》对“沈崇事件”的报道在全国各地有广泛的影响，解放区、国统区、香港报纸都予以转载。①

这一时期的犯罪新闻在传播技巧、表达方式等方面都有了较大的发展，主要有以下几方面的表现：

（1）采访和写作方法上，它不停留在公堂审讯报道上面，而是根据审讯所提供的线索进行采访，对被告人身世、案情由来和曲折经过进行详细报道。它有时也采用一些笔记小说中的笔法，但和上面所说的人物故事不同，它所着眼的主要是事实的报道和真相的揭示，而不是为了猎奇和追求情趣。文字一般比较朴实、浅显，易于阅读。这样，它既不像公堂审讯报道那样刻板呆滞，又避免了某些新闻那种离开报道事实的要求而舞文弄墨的倾向，是新闻文体发展中的新收获。②

（2）出现了连续报道和立体报道的形式。《申报》对“杨月楼”案件和“杨乃武与小白菜”案件的报道，就属于这一类。杨月楼案始于1873年11月，历时一年半有余。杨乃武案也发生在1873年间，历时近4年之久。这是两起当时轰动上海的冤案。《申报》多方进行采访，以所掌握的大量材料对两案的全过程作了如实的报道。在“杨月楼”案件中，《申报》刊登的有记者实地采访、公堂审讯记录、读者来信、外国报纸评论等，多方面多层次的报道使读者对这个复杂而且影响大的犯罪新闻有了全面清楚的了解；在“杨乃武案”中，浙江官府对《申报》施加压力，阻止其报道，《申报》顶住压力，不断调查采访，将真相向社会

① 方汉奇主编：《中国新闻事业通史》第二卷，北京：中国人民大学出版社1996年版，第1030页。

② 方汉奇主编：《中国新闻事业通史》第一卷，北京：中国人民大学出版社1992年版，第415页。

披露。一直到1877年4月11日，该刊刊出《清廷对杨乃武与小白菜葛毕氏冤案平反昭雪》的报道，该系列报道才结束，历时4年之久。

（3）不仅仅满足于对犯罪事件的表面报道，已经在依托事实的基础上，对犯罪新闻进行评论，使新闻的意义升华。这种评论包括两种：一是直接发表的评论，如给犯罪新闻加上短评、社论、编者按语等。如《京话日报》刊登南昌县知事被刺的照片，就加编者按语："江西南昌县知县江大令召棠，被天主教请酒谋杀，凶手便是劝人为善的教士。教士既下毒手，又肆毒口，捏造情形，说是自刎……"二是用事实说话，前面谈到的南昌县知事被杀的事件，《京话日报》刊登了被害者遗体的颈部以上遇害部位血肉模糊的特写照片，指出："请大众看看，有这样自刎的没有？"①

（4）犯罪新闻的报道量大大增加，而且因为手法不当引起不良社会效果。辛亥革命后，为了满足军阀官僚买办政客和半殖民地半封建城市市民的需要，不少报纸还刊登了大量低级趣味的色情新闻和黑幕新闻。上海的《时事新报》于1916年设立"上海黑幕"一栏，不加批判地刊载各种犯罪作恶活动的内幕。一时吸引了不少读者，其他各报纷起效尤，造成了不好的社会效果。

3. 中国当代的犯罪新闻报道

建国初期，中国新闻界有一个比较好的发展形势，新闻媒介和新闻工作者担负着普及法律知识、推动新中国法制建设的重任，作为普法宣传一个重点部分的犯罪新闻报道，也掀起了一个小高峰。在镇压反革命运动的过程中，新华社和其他新闻媒介，就镇压反革命活动的意义、法律依据、政策界限等问题，发表了

① 参见邓利平：《负面新闻信息传播的多维视野》，北京：新华出版社2001年版，第63～66页。

大量的报道，同时，有针对性地刊登了一些重大典型的案件，公开揭露反革命分子的罪行。在1951年底开始的“三反”、“五反”运动[①]中，报纸、电台报道了许多大贪污分子及不法资本家的罪行。如轰动一时的天津地委书记刘青山和天津行署专员张子善的特大贪污案，上海奸商王海年用破旧棉冒充药棉暗害志愿军等丑恶行为等，影响很大，对于打击破坏国家经济建设的行为、提高群众法律意识起到了积极的作用。

从1957年反右斗争到“文革”结束的20年，是新中国新闻史上的低潮时期，新闻事业的发展遭受了前所未有的挫折。特别是在“文革”期间，林彪、“四人帮”为了夺取政治权力，疯狂践踏法律，犯下种种罪行。这一时期的新闻媒介，也进行了大量是非颠倒、黑白混淆的报道，完全与民主法治精神背道而驰，诬陷大量领导干部、知识分子、爱国人士等犯有反革命罪行，造成了无数起冤假错案。

“文革”结束后，中国进入改革开放时期，新闻媒介进入全新的飞速发展时期，犯罪新闻报道也迎来了高峰。改革开放时期，依法打击各种严重的刑事犯罪活动和经济犯罪活动，成为法制建设的重头戏，因此，新闻媒体也开始密切关注我国公安机关、纪检监察机关的执法活动，这个时期的犯罪新闻报道出现了新的特点：

（1）传播的方式多样。从传统的报纸报道，发展到报纸、期刊、广播、电视、网络等多个媒体多方位的报道；出现了专门的法制新闻媒介；综合类新闻媒介也纷纷设立法制专版和专栏。

（2）报道的领域拓宽。不仅仅局限于报道与政治紧密相关的犯罪事件，各种大大小小的犯罪现象都得到了关注，从官员腐败

---

① “三反”、“五反”运动是1951年底到1952年10月，在党政机关工作人员中开展的“反贪污、反浪费、反官僚主义”和在私营工商业者中开展的“反行贿、反偷税漏税、反盗骗国家财产、反偷工减料、反盗窃国家经济情报”的斗争的统称。

受贿、企业偷税漏税到个人诈骗、杀人、贩毒、抢劫等，都有了报道，很多新时期产生的职务犯罪，也及时被媒介报道出来。

（3）报道的力度加大。随着中央和媒介自身对舆论监督功能的重视，犯罪新闻报道从最初的极少数报道发展到现在的成为新闻报道重头戏之一，它的数量和分量都在加大。报道力度加大，还体现在对一些大案要案的报道中，被报道的犯罪分子职务越来越高、犯罪事件越来越严重。例如，对于厦门、湛江等海关特大走私案的报道，对于胡长清、成克杰受贿案的报道等。这些重拳出击的犯罪新闻报道，有力地震慑了犯罪分子，彰显了社会主义法治的威力。

（4）报道的手法主要是负面新闻正面报道手法，起到了很好的引导作用。我国目前犯罪新闻的主要报道角度是公安部门在案件破获过程中的英勇忘我、人民对犯罪事件的痛恨及其配合公安部门的行动、对罪犯的惩戒、罪犯的后悔等等，在社会效果上是本着群体的利益，报道一些有利的因素，而对群体造成伤害、惊吓的因素，媒介一般不予报道。

（5）报道不仅仅是被动反映事实，而是记者主动进入到案件调查过程；不仅仅是简单地报道单个案件处理情况，而是记者通过报道推动法制建设。例如对孙志刚事件的报道，新闻媒体从孙志刚在收容过程中被收容人员打死的事件入手，揭露出收容所的诸多黑幕，报道了一系列恶性案件，使人们认识到了收容遣送制度的历史、功能以及演变过程中的种种弊端。2003 年 6 月 20 日，国务院发布第 381 号令，自 8 月 1 日起施行《城市生活无着的流浪乞讨人员救助管理办法》，同时废止 1982 年的收容遣送办法。

2.4.2　外国犯罪新闻报道的历史扫描和发展现状

1. 外国犯罪新闻报道的萌芽

据记载，世界上最早的古代报纸是古罗马的官方公报。公元前59年，古罗马执政官尤列乌斯·恺撒下令公布元老院及公民大会的议事纪录，用尖笔书写在罗马议事厅外一块涂了石膏的特别木板上，后人称之为《每日纪闻》。公报的内容有议事纪录、帝国法令、战争消息、司法案件、官员任命、宗教活动，以及贵族的结婚、生育、死亡等等。除了缮写在布告牌上面，还抄写、颁发给各地驻军。[①] 就是在这份官方公报上，出现了最早的犯罪新闻报道。

最早的报纸都是采取手抄的形式的，例如意大利威尼斯的“手抄新闻”、德国法兰克福的“新闻书”等，这些早期报纸里面都有一些犯罪和其他负面新闻的报道。但是，这些早期报纸因为是手抄的，发行量很小，不是近代报纸那样的大规模发行，所以社会影响也不大。

印刷术的应用和推广，在人类传播史上揭开了新的一页。中世纪后期，东方的印刷技术渐渐传到中亚和欧洲。1450年前后，德国工匠谷登堡，改进了金属活字印刷技术，提高了印刷的质量和效率。从15世纪末叶起，一些印刷商已经开始印刷某些记事性的小册子，记述近期发生的大事，例如重大战役、自然灾害、司法案件之类。这些小册子虽然缺乏时效性，但是一些内容对读者来说不失为新鲜的信息，带有新闻性。1609年，德国出现世界上第一份近代印刷周报《报道与新闻报》，新闻事业正式诞生。

近代报纸诞生伊始，封建统治者和教会就严格控制新闻传播，设立种种法令限制新闻传播。例如在英国，英王亨利八世设立了出版特许制，玛丽女王下令设立“皇家特许出版公司”，后来又成立“星法院”，颁布实施了9条命令控制出版，人民的言论自由受到空前的禁锢。经济地位日益上升的资产阶级打着“出

---

① 张允诺、高宁远：《外国新闻事业史新编》，四川：四川人民出版社1996年版，第5页。

版自由”的旗子，向封建统治发出了挑战，并且发动了资产阶级革命。

最早提出“出版自由”口号的是英国著名政治家、诗人约翰·弥尔顿，1644 年，他发表了著名的《出版自由请愿书》，指出：“让我有自由来认识、抒发己见，并根据良知作自由的讨论，这才是一切自由中最重要的自由。”① 他的思想奠定了西方自由主义新闻理论的基础，最终在资产阶级法律上得到确认。之后的西方资产阶级新闻媒介，就用自由主义理论指导他们的新闻活动。这种理论在反封建斗争中起到了进步作用，但是后来却为“黄色新闻”的兴起埋下伏笔，成为西方媒体上犯罪新闻泛滥的借口。

2. 外国犯罪新闻报道的兴起

犯罪新闻报道的真正兴起是伴随着西方进入“大众化报纸”时期而出现的，尤其是美国的“黄色新闻”大竞赛时期，它发展到顶峰阶段。

19 世纪 30 年代，大众化的廉价报纸（或称“便士报”）适应自由资本主义发展的需要大量涌现，使报纸从少数人手中解放出来，让普通老百姓有了看报纸的机会。为了在竞争中求生存和发展，大众化报纸竭力迎合读者兴趣，大量报道暴力、凶杀、灾难等反常的内容。

本杰明·戴（Benjamin Day）所创办的《纽约太阳报》是第一份成功的大众化报纸，擅长报道犯罪和暴力新闻，吸引了许多读者，打开了报纸销路。小说家狄更斯（Charles Dickens）也是采访犯罪新闻的老手。1846 年，他曾在自办的《每日新闻》上刊登一系列夸大死刑残忍的文章。

詹姆士·戈登·班内特 1835 年创办了《纽约先驱报》，他认

① ［英］约翰·弥尔顿：《论出版自由》，吴之椿译，北京：商务印书馆 1958 年版，第 45 页。

为警察局新闻是很重要的，应当以认真负责的态度去采写，不应当像《太阳报》等便士报把警察局新闻写成轻松幽默的闹剧。他在报纸开始出版时曾刊登广告，征聘一名“有天才的、有教养的记者”采访警察局新闻。该报逐日刊登警察局新闻，它于1836年4月12日开始刊登的一件凶杀案，引起极大的轰动，是它最成功的警察局新闻报道。妓女朱厄特被人杀害，她当天最后一个客人是商人约瑟夫·霍克西的年轻雇员理查德·鲁宾逊。在朱厄特的屋里发现有鲁宾逊的上衣，人们认为是他匆匆逃走时遗留下来的，但是除此以外没有鲁宾逊是凶手的证据。班内特亲自到妓女家查看，并作了一些侦查工作，他认为鲁宾逊是无辜的，朱厄特是由一个妇女出于嫉妒而杀害的。案件审理过程中，《纽约先驱报》接连以主要篇幅，大量加以报道。纽约其他报纸也都详加报道，甚至波士顿和费城的报纸也都报道这一案件。纽约各报都认为鲁宾逊是杀人犯，它们指责班内特受了商人霍克西的收买，而为其雇员鲁宾逊开脱罪责。《太阳报》甚至捏造说，有一富商当晚在朱厄特家里，班内特向他勒索了1.3万美元而为之隐瞒。法庭最后宣告鲁宾逊无罪开释。班内特不仅为他的判断正确而高兴，而且还高兴地看到，《纽约先驱报》在报道此案期间，销数猛增到1.5万份。①

将犯罪新闻带上一个高峰的是普利策的《世界报》。1883年他买下了不景气的《世界报》，对该报进行了一系列改革。为了使报纸打开销路，普利策让约翰·柯克里尔作他的主要助手（主编助理）。“柯克里尔给他带来了不好的名声，因为柯克里尔喜欢采用关于谋杀事件、犯罪行为和两性问题的消息，并且喜欢用耸

---

① 张隆栋、傅显明：《外国新闻事业史简编》，北京：中国人民大学出版社1988年版，第65页。

人听闻的手法描写殴打、私刑、绞刑和暴死等类新闻……”[①]《世界报》用大量煽情的手法刊登大量犯罪、灾难新闻，并配以耸人听闻的标题，如“华尔街的恐怖”、“血的洗礼”、“救命的呼声”等。因此，该报获得了成功，销量大增，几年之内成为纽约最畅销的报纸。

犯罪新闻报道在威廉·鲁道夫·赫斯特的《纽约日报》上发展到另一个高峰。1895 年，赫斯特买下《纽约日报》，同普利策的《世界报》展开了激烈的竞争。为了击败《世界报》，赫斯特在《纽约日报》上更大数量地刊登暴力、犯罪、色情、灾难的新闻，并且极尽夸大渲染之能事进行直接、露骨的描写，格调低下，甚至引起受众不健康的情绪。例如 1898 年 2 月 11 日《纽约日报》晚刊的头版，头条新闻是第 4 栏到第 7 栏的 4 栏题。主题：死尸的大腿被发现，副题：东河秘密有了新线索，本报为破案悬赏 1000 元。其下又有小附题：《纽约日报》晚刊将付给破案者奖金。头条新闻中有尸体木刻插图 1 幅。第二条新闻是第 1 栏的 1 栏题：多名儿童被杀。副题：哈莱区最近发现尸体 20 具，警察缉捕杀人犯。第 3 栏上端 1 栏题：（法国）德莱弗斯被诬陷案发现新线索。此外头版还有骚乱、抢劫和人情味新闻数则、大小木刻 7 幅。[②]

“黄色新闻”一词来自于《世界报》和《纽约日报》的竞争，二者都采用“黄孩子”漫画，而且它们刊登的文章又大多属于刺激、煽情新闻，因此被人称为“黄色新闻”。这两家报纸的巨大销量引起了其他报纸的效仿。“黄色新闻”在 1899～1900 年

---

① ［美］埃默里：《美国新闻史》，展江、殷文主译，北京：新华出版社 2001 年版，第 297 页。

② 张隆栋、傅显明：《外国新闻事业史简编》，北京：中国人民大学出版社 1988 年版，第 220 页。

达到高峰，它主要内容之一的犯罪新闻报道，也达到了高峰。

“黄色新闻”之风后来蔓延到整个欧洲大陆和其他国家，犯罪新闻成为当时报纸最着力渲染的题材，例如法国的《新闻报》、《世纪报》，英国的《世界新闻》、《太阳报》和德国的《柏林午报》、《柏林地方新闻》等。“黄色新闻”报纸为世所诟病，有“阴沟报纸”的恶称。英国前首相丘吉尔曾说，大众报纸是“舰队街”（舰队街是伦敦报社密集的一条街）流出的一股汹涌的污泥浊水。[①]

3. 外国犯罪新闻报道的现状

（1）新闻实践：严肃报纸——调查性报道

《纽约时报》在遏制西方新闻界的黄色风潮方面起了重要的作用。亨利·雷蒙 1851 年创办《纽约时报》指出报纸要出于真正对公正、福利的责任心。1896 年，阿道夫·欧赫斯接办时宣布办报方针是：“报道新闻、报道一切新闻……公正地报道新闻，无所畏惧，无所偏私，不顾政党、集团的利益。”该报从 1896 年起在“报眼”刊登新闻方针是：“报道一切适合刊登的新闻。”这句话有两层意义：一是充分报道新闻。二是庄重报道新闻，不刊登污秽的报道（该报说“不污染早餐的餐巾”）。[②] 为此，《纽约时报》成为面向上层读者的严肃型现代报纸的先驱，为美国报业跨入现代阶段设立了另一个重要标志。[③] 之后，《华盛顿邮报》、英国《每日电讯报》、《独立报》等报纸纷纷走上严肃化道路，抵制低级趣味的“黄色新闻”，新闻媒介整体格调开始回升。犯罪新

---

① 张隆栋、傅显明：《外国新闻事业史简编》，北京：中国人民大学出版社 1988 年版，第 332 页。

② 张隆栋、傅显明：《外国新闻事业史简编》，北京：中国人民大学出版社 1988 年版，第 267 页。

③ 张允诺、高宁远：《外国新闻事业史新编》，四川：四川人民出版社 1996 年版，第 151 页。

闻作为“黄色新闻”的重点内容，数量有一定减少，表现手法有所改善，开始强调社会意义而不是完全注视在犯罪事件本身上面。

20世纪初，一场被称为“扒粪运动”（Muckraking）的黑幕揭发运动轰轰烈烈地开展起来。黑幕揭发新闻事业的主要实践者之一是约瑟夫·普利策。他虽然是煽情新闻的实践者，也引发了黄色新闻大潮，但是后期他开始注重媒介的责任和新闻专业主义。他主张“有力的写作和讨伐性新闻”，强调报纸应该揭露贪污腐败。他说：“在这个日益发展的大都市里，这样的一份报纸是有用武之地的：它不仅便宜，而且通俗易懂……揭露丑恶的欺诈现象，鞭挞一切社会罪恶和弊端；真挚地、诚心诚意为人民服务和战斗。”①

黑幕揭发运动也被人称为“行动主义新闻事业”（Activist Journalism）②，特点是敢于对权贵开展搜索式调查，以新闻揭露社会不公。他们所进行的报道也就是我们所熟悉的调查性报道。调查性报道最成功的一例是记者对“水门事件”进行的报道，其导致了总统尼克松辞职。在对犯罪事件的报道中，调查性报道也成为主要的一种形式。调查性报道不但报道整个犯罪事件的来龙去脉，更重要的是，它能够揭露与此适应的社会体制的种种弊端，推动社会改革。

调查性报道揭露违法犯罪活动，材料很难搜集，内情很难了解，采访要秘密进行，并且记者的活动不但会受到官方的压制，记者也会遭到犯罪组织的暗害。例如美国《亚利桑那共和报》记

---

① ［美］W. A. 斯旺伯格：《普利策传》，陆志宝、俞再林译，北京：新华出版社1989年版，第380页。

② ［美］梅尔文·门彻：《新闻报道与写作》，展江主译，北京：华夏出版社2003年版，第732页。

者唐·博尔斯，在调查该州的有组织犯罪活动时，惨遭杀害；密西西比州两份周报的主编黑兹尔·布兰龙·史密斯因为报道一位警长枪杀一名年轻的黑人男子的行为，并且谴责该行为是“亵渎了公正、文明、权利等一切理念”，她的报纸被抵制，生命受到威胁，最后，她和丈夫都失去了工作，死于穷困。

令人欣慰的是，调查性报道不但没有因为困难和危险而让记者们望而却步，而是使更多记者投入到这个挑战中。唐·博尔斯的惨遭杀害激起美国新闻界公愤，1976 年他们组织了全国性的“调查性记者与编辑公司”（非营利性组织）。该组织以纽约长岛《新闻日报》记者罗伯特·格林为首的 36 名广播和报纸记者，追究黑手党杀害记者事件。这个小组发表了一系列调查性报道，共 23 篇 11 万字，促使亚利桑那州与地方当局采取了一些行动，继续追究唐·博尔斯采访的罪案。这乃是警告罪恶组织不要以为谋害记者，就可以扼杀调查。[①] 对调查性报道的重视已经成为全球新闻界的主流，调查性报道在对犯罪事件的报道中作用越来越明显。

近些年的调查性报道在揭露犯罪事件的同时还开始深入探讨政治、经济、文化根源并且对行政、立法等方面的解决途径进行分析。例如，2006 年 4 月新出炉的“普利策新闻奖”调查性报道奖获奖作品就是关于腐败和贿赂犯罪的调查。美国国会“超级说客”杰克·阿布拉莫夫公开承认自己犯下共谋欺诈和逃税等 3 项重罪后，国会的丑闻并没有因此止息。媒体对此进行了大规模的调查性报道，众多涉嫌收取贿赂的国会议员浮出水面，纷纷离职并且接受警方调查。对这个选题的系列报道引起了人们对于国会政治腐败的强烈关注，有关部门不得不着手制定相关法律和政策

---

① 张隆栋、傅显明：《外国新闻事业史简编》，北京：中国人民大学出版社 1988 年版，第 411 页。

防止类似犯罪事件发生。

（2）理论基础：自由主义——社会责任理论

“黄色新闻”的泛滥是西方自由主义新闻思想发展到顶峰的产物。自由主义在 17 世纪奠定了自己的思想基础，18 世纪付诸实践，19 世纪达到顶峰，并从顶峰开始跌落。[①] 到了 20 世纪初，这种新闻自由思想导致媒介权力的放任，严重侵蚀了自由主义最初的思想精髓，自由被加以滥用，人们对自由主义失去了往日的坚定信念感。至 20 世纪 40 年代，取代这一思想的社会责任论的新闻自由观在美国诞生。

社会责任理论主要是针对自由主义理论缺乏责任的缺陷和新闻自由被滥用的状况而提出的。1947 年 3 月，美国芝加哥大学校长罗伯特·哈钦斯领导的“新闻自由委员会”，经过 3 年时间对全国新闻自由状况进行调查，提交了一份名为《自由而负责的报刊》的研究报告。报告指出：“新闻自由的危险，部分源自新闻业经济结构的变化，部分源自现代社会的工业制度，在某种程度上，更是由于操纵新闻的人不能洞见一个现代化国家对新闻业的需求以及他们不能判断责任和不能承担肩负的责任所造成的。”[②] 这份报告系统阐述了新闻自由是附有义务的道德权利的思想，阐释了自由和责任的关系，从根本方向上奠定了大众媒介社会责任理论的基础，标志着社会责任理论的诞生。[③]

西德尔·彼德森在他所著的《新闻事业的社会责任论》（The Social Responsibility Theory of the Press）一文中阐释：“每一种自由，都有一项相当的责任，如果自由的新闻事业不适当负责公众

---

① 项德生、郑保卫：《新闻学概论》，湖北：武汉大学出版社 2000 年版，第 139 页。

② 徐耀魁：《西方新闻理论评析》，北京：新华出版社 1998 年版，223～226 页。

③ 郑保卫：《当代新闻理论》，北京：新华出版社 2003 年版，第 500～501 页。

的利益，报道真实，对历史事实作公正和平的解释，便将危害自由社会本身的基础。”① 这一文章被施拉姆收集在《报刊的四种理论》一书中，这一理论也为施拉姆所推崇。社会责任论者把对新闻自由的重新理解作为自己理论的起点，对自由主义的新闻自由观念做了修正。他们认为，新闻自由应该承担起道德责任；应该追求积极自由，扩大和发展新闻自由的权利。因此，又有人将这种理论称为“新自由主义”。责任概念的提出是该理论的精华，但也正是对这一概念理解的分歧和含糊，造成其脆弱性，以至于使该理论显得有些纸上谈兵的味道，社会上新闻自由泛滥的现象还是没有得到根本的遏止。这一理论的运用情况反映在西方现有的犯罪新闻报道中，就是既存在承担道德责任的严肃报纸进行的调查性或者客观性犯罪新闻报道，也存在不愿意承担道德责任的低俗报纸进行的大量煽情、误导性犯罪新闻报道。

① ［美］韦尔伯·斯拉姆等：《报刊的四种理论》，中国人民大学新闻系译，北京：新华出版社1980年版，第116页。

第3章　犯罪新闻报道的价值目标

犯罪新闻报道的价值问题是研究者比较容易忽视的一个重大理论问题，虽然这个问题比较形而上，似乎离新闻实践比较遥远，但是犯罪新闻报道的价值目标的确定和价值诉求的途径将会对新闻实践起到至关重要的指导作用，因此我们认为应该关注这个基础性的理论问题。

手抄报纸从诞生那天起便将新闻作为满足社会需要的“商品”出售，在“报道者”和“发行人”那里已有了新闻是有价值的观念，这可以说是新闻价值的萌芽。西方学者对“新闻价值”是从探讨构成新闻价值的“素质”入手的，结论丰富多彩，有的说有五种，有的说有二十多种，但比较一致公认的有如下六种：及时性、接近性、显要性、异常性、冲突性、人情味。①

我国最早研究新闻价值理论的人是新闻学者、新闻教育家徐

---

① 一、及时性。曼切尔认为，及时性是指“事件刚刚发生或最近发生”所具有的新闻价值。二、接近性。是指“在报纸发行的区域内发生的事件”最具有新闻价值。三、显要性。是指新闻报道“涉及知名人士和机构”。四、异常性。是指对“明显偏离常规和日常经验的事件”的报道。五、冲突性。是指“反映人们或机构之间相互交锋的事件”的报道。六、人情味。美国学者麦道格尔认为，“人们对自己本身以及对其他任何人都可能遇到的、涉及男男女女的各种事件的兴趣，就叫人情味。”构成人情味的新闻价值因素有同情、悬念、人物、动物。详见唐定：《“新闻价值”理论的形成与发展》，载《阅读与写作》2003年第4期。

宝璜。他在《新闻学大意》中，首次详尽介绍了西方的新闻价值观点，并谈了自己的看法。他认为，“新闻之价值云者，即注意人数的多寡与注意深浅之问题也。”[①] 改革开放后，人们又开始对新闻价值理论进行科学的探讨。20 世纪 80 年代以来，我国对新闻价值理论的研究掀起了一股热潮。对“新闻价值”概念的探讨更是众说纷纭，但归纳起来大体分为四种类型：

1. 素质说。新闻价值是指一个事实所包含的足以构成新闻的特殊素质或各种素质的总和。[②] 这些特殊素质包括“时新性、重要性、显著性、接近性、趣味性”。类似的观点还有：新闻价值是客观事实所具有的足以构成新闻的诸要素的总和。它标志着事实能给人们带来新信息的数量，反映着社会对传播事实的需求程度。[③] 新闻价值是选择和衡量新闻事实的客观标准，即事实本身所具有的足以构成新闻的特殊素质的总和。素质的级数越丰富越高，价值就越大。[④]

2. 标准说。该说认为，新闻价值是“选择和衡量新闻事实的客观标准”。[⑤] 他们的理由是新闻采写和编辑在前，新闻传播在后，新闻价值首先应该是选择和衡量新闻事实的标准而不是其他。

3. 效果（功能）说。甘惜分教授则认为，新闻价值是指“一则新闻所产生的社会效应”。“社会效益强烈的新闻，其新闻价值较大。社会效益小，其新闻价值就小。”[⑥] “新闻价值是新闻

---

① 转引自程栋：《新闻价值新论》，http：//chengdong. blogchina. com/。

② 王泽华：《新闻价值规律与市场经济》，载《河北学刊》1995 年第 3 期。

③ 周哲：《从不同角度深挖新闻价值》，载《新闻前哨》2005 第 11 期。

④ 余家宏等编：《新闻学词典》，浙江：浙江人民出版社 1988 年版，第 62 页。

⑤ 赵玉明、王福顺主编：《广播电视辞典》，北京：北京广播学院出版社 1998 年版，第 54 页。

⑥ 甘惜分主编：《新闻学大辞典》，河南：河南人民出版社 1988 年版，第 9 ~ 10 页。

事实在传播过程中所履行的引起社会效果的功能”。新闻价值在理论研究者那里有N种定义，最易理解的定义是这样的一条：“新闻价值是新闻事实适用社会需要的功能。”这个定义里“新闻事实”和“社会需要”两个概念实际上告诉我们，新闻价值必须从“社会需要”和“新闻事实”两个方面去考察。[①] 此说与效果说没有什么区别，因而常常将二者合为一说。

4. 程度（作用）说。该说代表观点是认为：“新闻价值就是新闻机构发布的新闻在群众中受到重视的程度”[②] 或者“新闻价值是某些事实所具有的在满足受众新闻需要方面所具有的显在和潜在的作用”。[③]

吴高福教授认为，“四说”都在一定的程度上反映了“新闻价值”的规律，但都不够全面。他认为，新闻价值应是“受众的需要、要求同足以构成新闻的那些特殊素质的统一”。因为新闻价值不单是事实客体或受众主体的问题，只有将二者结合起来，“新闻价值”才可能存在和实现，目前，赞成此观点的人较多。[④]

笔者以为，上述新闻价值的概念存在一定的缺陷，主要原因在于未能科学地把握价值的含义，从而导致新闻价值理论的基石不稳，所以我们有必要先从澄清概念开始。

价值，作为价值哲学的逻辑出发点，“决定着价值哲学理论的全部推论”，“对价值本质的不同理解，就有不同的价值哲学”。[⑤] 对于新闻价值同样如此。

---

① 吴国辉：《“三度”和“两知”：新闻价值判断之我见》，载《青年记者》2005年第8期。

② 王泽华：《新闻价值规律与市场经济》，载《河北学刊》1995年第3期。

③ 丁柏铨：《论新闻的双重价值标准》，载《新闻界》2000年第4期。

④ 唐定：《“新闻价值”理论的形成与发展》，载《阅读与写作》2003年第4期。

⑤ 张书琛：《西方价值哲学思想简史》，北京：当代中国出版社1998年版，第11页。

马克思指出："'价值'这个普遍的概念是从人们对待满足他们需要的外界物的关系中产生的"。[①] 这段话告诉我们，价值表明的是主体（人们）与客体（外界物）之间的关系，即需要满足与满足需要之间的关系。客体能够满足主体需要的功能和效用是价值的客观基础，主体对客体的需要是价值的主观条件。价值的实现既不能脱离它的客体基础，也不能脱离主体的需要。价值是人们所利用的并表现了对人的需要的关系的物质属性，因此价值具有客观社会性。同时价值又只有在主体的需要中才得以体现，因此价值不能脱离开主体而存在。所以说，价值是主体和客体之间的一种特殊关系，是客体对于主体所具有的意义，它的大小也就是作用、效用的大小；同时，它也是人的本质力量或主体性的对象化，是客体对增强人的本质力量或主体性所具有的作用和意义。

哲学中的价值，是客体对于主体的某种有用性，或者说是客体对主体某种需要的满足。哲学中价值的定义应该是界定新闻学中"新闻价值"的逻辑基础，基于此，我们认为，新闻价值是指新闻价值客体对于新闻价值主体的某种有用性或者说新闻价值客体对新闻价值主体某种需要的满足。新闻价值包括三个方面的构成要素：新闻价值主体、新闻价值客体[②]和新闻价值目标。其中新闻价值主体包括新闻从业者、新闻受众等等；新闻价值客体则主要是指新闻事件（以及蕴含在新闻事件中的新闻信息）、新闻

---

① 《马克思恩格斯全集》第19卷，北京：人民出版社1963年版，第406页。

② 关于新闻价值主体和新闻价值客体问题，杨保军博士对此展开了详尽而深入的分析，详见：杨保军：《新闻价值论》，北京：中国人民大学出版社2003年版，第73页及以下页。虽然笔者对此问题的思考可能与杨保军博士的有所不同，但限于主题和篇幅，本书将不对"新闻价值主体和新闻价值客体"展开论述，本书仅对新闻价值的各个目标进行论述。

事实①和新闻文本等等；新闻价值目标则是指新闻传播活动整个过程所要实现的、对新闻主体的需要满足的效应目标，新闻价值目标是一个多方面、多层次的体系，并且是一个历史的范畴。本书以为新闻价值目标中最为主要的价值目标应当是自由、秩序、效益和正义。

3.1 犯罪新闻报道的自由诉求

3.1.1 自由与新闻自由

一、自由的定义

自由是一个极为美好的词汇，也是人们最为向往的境界。诗云："生命诚可贵，爱情价更高。若为自由故，二者皆可抛。"自由是人生而具有的属性，是人们生存和发展的渴望。没有人真正地不希望自由，那些反对自由的人最多也只是反对别人的自由。马克思在《第六届莱茵省议会的辩论（第一篇论文）》中反复论述："自由确实是人所固有的东西，连自由的反对者在反对实现自由的同时也实现着自由；他们想把曾被他们当做人类天性的装

---

① "事实是人对呈现于感官之前的事物或其情况的一种判断，是关于事物（及其情况）的一种经验知识亦即是关于客观事物的某种判断的内容，而不是客观事物本身。"（彭漪涟：《事实论》，上海：上海社会科学院出版社1996年版，第3页。）因此事实不是事物本身，它是认识主体对认识客体即事物的主观判断。而事件根据《辞海》的解释，是指历史上或社会上所发生的大事。（《辞海》（上），上海：上海辞书出版社1979年版，第130页。）此解释中其实还暗含了另外一个待解释的词："大事"之"事"，事又可以指称为"事情"，事情是指人类生活中的一切活动和所遇到的一切现象。（汉语大词典编撰处：《汉语大词典》（第一卷），上海：上海辞书出版社1986年版，第544页。）据此，我们可以清晰地知道，事件是客观实存的，事件与事实均有着明显的区别，因此本书严格将新闻事实与新闻事件作了区别，即新闻事实指称的是主观范畴，而新闻事件则指称的是客观范畴。

饰品而否定了的东西攫取过来，作为自己最珍贵的装饰品。”“没有一个人反对自由，如果有的话，最多也只是反对别人的自由。可见各种自由向来就是存在的，不过有时表现为特权，有时表现为普遍权利而已。”①

《现代汉语词典》中对“自由”的解释是：“在法律规定的范围内，随自己意志活动的权利。”② 霍布斯认为，“自由者，无阻碍之谓也。”③

自由也并非无节制和任意的自由，它也必须有一定的限制，如《牛津法律大辞典》则认为：“对人身自由的某些限制是必要的，而且随着社会的更加发达以及对保护他人的更多的关心，这些限制也会增加。”④ 任何自由都容易为肆无忌惮的个人和群体所滥用，因此为了社会福利，自由就必须受到某种限制，而这就是自由社会的经验。⑤ 从某种意义上讲，绝对的自由就意味着绝对的不自由。

所谓自由，就是指一定社会中人们受到法保障或得到法认可的按照自己的意志进行活动的人的权利。这一定义包含着以下几层内容：1. 自由是人的权利，属于人权的范畴；2. 法的自由受到法的认可或得到法的保障；3. 法的自由是人按照自己的意志进行活动的权利。我们要明确的是，此处所指自由主要是指行为自由，而非思想自由或意志自由，思想和意志本身就应当是自由

---

① 《马克思恩格斯全集》第1卷，北京：人民出版社1956年版，第63页。

② 中国社会科学院语言研究所词典编辑室编：《现代汉语词典》（修订本），北京：商务印书馆1996年版，第1769页。

③ ［英］霍布斯：《利维坦》（中译本），北京：商务印书馆1934年版，第139页，转引自卓泽渊：《法的价值论》，北京：法律出版社1999年版，第395页。

④ ［英］David M. Walker：《牛津法律大辞典》，李双元等译，北京：法律出版社2003年版，第443页。

⑤ 转引自［美］E. 博登海默：《法理学：法律哲学与法律方法》，邓正来译，北京：中国政法大学出版社1999年版，第281页。

的，思想或意志无需法或者其他社会规则来调整，法或者其他社会规则也无法调整思想或意志。

二、新闻自由的含义

自由和新闻的关系极为密切，离开自由，新闻传播就失去了基础，无法正常进行，新闻自由是媒介追求的目标；新闻又是传播自由观念的重要渠道，媒介借助对自由的宣传实现自身的利益。新闻自由是主要的公民自由权之一，[①] 新闻自由这一概念首先产生于资产阶级革命时期，资产阶级政治家、诗人约翰·弥尔顿主张出版自由，他在《论出版自由》中说的，“让我有自由来认识、抒发己见，并根据良心作自由的讨论，这才是一切自由中最重要的自由。”[②] 美国的开国元勋之一，《独立宣言》起草人托马斯·杰斐逊坚信：“我们自由权利的保证，基于新闻自由。不能限制，也不能丢失。”[③]

对于新闻自由，理论和实践提出了诸多思考，人们主要是通过五种方式界定新闻自由的，[④] 一是从其外延的角度解释（如日本新闻协会的新闻自由定义[⑤]、国际新闻学会提出的定义[⑥]）；二

---

① ［英］David M. Walker：《牛津法律大辞典》，李双元等译，北京：法律出版社 2003 年版，第 446 页。

② ［英］约翰·弥尔顿：《论出版自由》，北京：商务印书馆 1958 年版，第 45 页。

③ 转引自顾理平：《新闻法学》，北京：中国广播电视出版社 1999 年版，第 100 页。

④ 详见甄树青：《论表达自由》，北京：社会科学文献出版社 2000 年版，第 48 页及以下页。

⑤ 日本新闻协会的新闻自由定义是：第一，符合事实的报道和评论的自由；第二，接近新闻出处、采访新闻的自由。

⑥ 1951 年，国际新闻学会提出，新闻自由的涵义包括：第一，自由接近新闻；第二，自由传播新闻；第三，自由发行报纸（包括电台、电视台等）；第四，自由表达意见。转引自朱传舆：《中国民意与新闻自由发展史》，台湾正中书局印行，1974 年版，第 21 页。

是从媒介和外延相结合的角度解释①；三是从其权利属性的角度解释②；四是从其借以实现的媒介或手段的角度解释③；五是从其他角度解释④。

我们认为新闻自由应该是指，一定社会中人们受到法保障或得到法认可的按照自己的意志进行新闻活动的权利。此处的新闻自由是建立在前述自由定义的基础上形成的，一方面强调新闻自由与法的关系，必须得到法的认可和保障，另一方面新闻自由主要是指新闻主体按照自己意志从事新闻活动的权利，即可以为或者可以不为一定新闻活动的自由以及可以要求他人为或者不为一定行为的自由。新闻自由应该包括创办新闻媒体的自由、采访自由、写作自由、传递自由、发表自由、报道或评论自由、印制自由、发行和销售自由、获知自由、使用计算机互联网络的自由。新闻自由既是一种民主权利，也是一项新闻工作原则，涉及公民在新闻传播领域所应享有的各种自由权利，包括报刊出版、意见表达和新闻传播与收受等多方面的自由权利。

当然新闻自由同样也需要一定的限制，伴随着这种民主权

---

① 如有学者指出，广义的新闻自由，除报纸、杂志、通讯社以外，尚包括广播、电视、电影自由和采访自由、传递自由。朱传舆：《中国民意与新闻自由发展史》，台湾正中书局印行，1974 年版，第 19 页。

② 有学者认为，新闻自由是我国宪法规定的公民言论、出版自由在新闻活动中的体现，它是广大新闻工作者基于人民的委托所享有的依法自由从事采访、写作、发表、出版新闻作品并不受他人非法干涉的权利。王利明：《论人格权保护与舆论监督的相互关系》，载《法学家》1994 年第 5 期。此种观点认为新闻自由既是新闻媒介的权利，也是公民的权利。

③ 如有人认为新闻自由就是通过报纸、广播、电视、通讯社等新闻工具来实现的言论出版自由。孙旭培：《论社会主义新闻自由》，载于中国新闻学会编：《新闻自由论集》，上海：文汇出版社 1988 年版，第 1 页。

④ 有人从新闻或者信息流通的自由角度解释新闻自由，认为狭义的新闻自由仅指新闻或消息的流通自由。朱传舆：《中国民意与新闻自由发展史》，台湾正中书局印行，1974 年版，第 18 页。

利，新闻传播者也要承担相应的责任和义务并禁止新闻自由权利的滥用。

3.1.2 犯罪新闻报道的自由灵魂

一、犯罪新闻报道与新闻自由

新闻自由是公民重要的宪法权利之一，是表达自由的最为重要的实现途径。表达自由及新闻自由也得到了国际公约的充分肯定。如《世界人权宣言》第19条规定："人人有权享有主张和表达自由；这种权利包括持有主张而不受干涉的自由，和通过任何媒介并不分国界寻求、接受和传递信息和思想的自由。"《公民权利和政治权利国际公约》第19条第二项[①]以及1953年9月3日付诸实施的《欧洲保护人权和基本自由公约》第10条都将表达自由作为一项基本人权加以规定。[②] 由此可以看出，表达自由包括新闻自由作为公民最为重要的民主权利之一，已经成为国际社会的共识并得到了法律的切实保障。

犯罪新闻报道是近现代社会新闻活动中非常重要的一个分支，因此，我们承认了新闻自由，也就意味着有从事犯罪新闻报道的自由。新闻自由在现代社会中的社会功能主要表现于对民主的保障和对法治国家建立的促进，犯罪新闻报道同样起着非常重要的

---

① 莫纪宏：《表达自由的法律界限》，北京：中国人民公安大学出版社1998年版，第126页。

② 欧洲人权公约第10条具体由以下两款组成：1. 人人皆有表达自由权。此权利应当包括持有意见的自由、接受和输出信息和观念的自由，不受公权干涉，不受疆界影响。该条不应当妨碍国家要求广播、电视或影视实业获得许可证。2. 行使这些自由伴随一定的义务和责任，故应当受制于一定的形式、条件、限制或刑罚。此类制约应该为法律所规定，为民主社会所必需，并且有利于国家安定、领土完整或公共安全，服务于防止秩序混乱或犯罪、维护健康或道德、保障其他人的名誉或权利，防止披露保密获得的消息或者维护司法的权威和公正无偏。参见张志铭：《欧洲人权法院判例法中的表达自由》，载《外国法译评》2000年第4期。

作用。

民主一词源于希腊文，其原意是指“人民的权力”。民主的含义是一个历史范畴，它随着社会的变迁而不断更新和丰富自己的内涵。但现代意义上的民主与自由有着天然的亲近关系，资产阶级革命时期新兴的资产阶级就提出了民主、自由、博爱的口号并进而将民主理论写进了其历史文献，诸如美国的《独立宣言》、法国的《人权与公民权宣言》和早期的宪法。民主意味着政府以保证人民享有自由为追求目标，而从另外一方面来讲，民主也意味着人民作为国家权力的源泉自然应当有权对国家的管理进行监督和参与管理，而这就需要国家通过各种方式来保证人民这种监督，表达自由包括新闻自由则是人民行使这种权利的重要途径。公开讨论公众关注的问题对民主是至关重要的，而且，这种关心对公众成员敢于吐露他们对各种事务的心声具有重大意义。① 大众传播媒体在民主国家拥有不可或缺之地位，在多元文化社会中大众传播媒体兼扮舆论中介者与主导者之角色，透过媒体之报道使民众知的权利得以满足，公权力之行使得受到大众之监督，媒体除反映舆论外亦主导舆论之形成，大众媒体传播自由之尺度已成为国家民主化之指针。② 因此，新闻自由能积极地保障民主的实现。

自由在法治国家的建立中就具有了极为重要的地位。法治国家具有民主完善、人权保障、法制完备、法律至上、司法公正、依法行政等特征。③ 而在此中，新闻自由的充分行使能够促进以

① Barfod V. Denmark（1989）13E. H. R. R. 245（para. 63），转引自陈欣新：《表达自由的法律保障》，北京：中国社会科学出版社2003年版，第74页。

② 张永明：《大众传播媒体在多元文化社会之法律地位》，http：//www. cae. pku. edu. cn/TEXT/MTLL/XWZL/。

③ 详见卓泽渊主编：《法理学》，北京：法律出版社1998年版，第377页及以下页。

上目标的实现，并保证公民充分享有宪法赋予的言论自由权、批评建议权和知情权，媒介则是公民实现上述三种权利的重要载体，从而在客观上，新闻自由能够起到促进法治国家建立之功效。①

新闻媒体在构建社会主义和谐司法中显示其舆论导向功能的同时，也在发挥其特有的监督功能，也就是新闻舆论监督。所谓的新闻舆论监督，是广大人民群众通过新闻媒介，对党、政府、社团和司法活动中的不良现象提出的批评和建议，促使其向好的方向转化的社会监督活动。新闻舆论监督是广大人民群众关注犯罪事件和犯罪现象的一条重要形式，是广大人民群众对犯罪事件的评价和犯罪事件中人物所表达的意见，进而促使民主制度的健全和法治国家的建立。

二、犯罪新闻报道中自由的保障

犯罪新闻报道中自由的保障，各国法律很少单独作出规定，犯罪新闻报道自由的认可和保障体现在新闻自由这一总规则之中。

1. 国外犯罪新闻报道自由的保障

对新闻自由规定最为完善的当属美国。早在美国独立之前，有识之士就认识到了英国当时的法律制度对言论自由的保障欠缺完整性，容易给专制政权迫害进步人士、操控舆论界创造可乘之机。他们于 1791 年制定了《宪法第一修正案》，规定："国会不得制定法律，去涉及任何宗教组织或禁止其自由活动，或剥夺言

① 对于传媒对法治发展的功能机制问题，有学者借用美国政治学家谢茨施耐德（E·E·Schattschneider）的"冲突理论"进行了颇有创见的阐释。详见程竹汝：《传媒的公共问责功能与司法独立》，载《政治与法律》2002 年第 3 期。

论或出版自由，或剥夺人民和平集会与请愿政府给予伸冤之权利。”① 对新闻自由作出了明确而庄严的保障，但是由于历史的局限性，当时尚未形成清晰、完整的新闻自由的涵义，第一次世界大战后，言论自由（新闻自由）的问题进一步在美国的社会生活中显现出重要性。美国联邦最高法院通过 Gitlow v. NewYork 一案的判决使联邦宪法第一修正案的约束力得到第十四修正案的有力支持。② 美国第十四修正案规定了法律正当程序（Due Process of Law）和法律的平等保护（Equal Protection of Law）两个原则，再次强调了任何人的自由（当然包括新闻自由）的法律保障。1881年7月29日颁布的《法国出版自由法》第一条：“印刷和出版是自由的。”③ 这是世界上比较早对新闻自由作出的法律保障，成为世界各国新闻自由立法的蓝本。

绝大部分国家法律对新闻自由给予了保护。如瑞典《出版自由法》（瑞典《宪法性文件》之一）第一条用三款对出版自由做了详细的规定：“出版自由系指凡瑞典国民，不受任何部门或其他公共机构预先设置的障碍的限制，均有权出版任何书面材料，随后不得因出版物的内容而受指控，但在法院提出的不在此限……根据本条前款规定的人均享有出版自由的原则，为保证自由交换意见与看法并启发群众，每一瑞典国民在遵守本法令为维护个人权利及公众安全而制定的各项规定的条件下，有权在出版物中表达自己的思想和意见，出版正式文件，并就任何主题进行

① 保罗·布莱斯特、桑福·列文森、杰克·巴尔金、阿基尔·阿玛：《宪法决策的过程：案例与材料》（第四版·上册），张千帆、范亚峰、孙雯译，北京：中国政法大学出版社 2002 年版，第 9 页。

② 268 U. S. 652, 45 S. Ct. 625, 69 L. Ed. 1138（1925）. 转引自陈欣新：《表达自由的法律保障》，2003，第 165 页。

③ 《各国新闻出版法选辑》（续编），北京：人民日报出版社 1987 年版，第 199 页。

陈述及交流情报资料。”[①] 又如《塞内加尔新闻刊物和记者职业法》（1970 年 4 月 11 日 79—44 号法）中指出：“共和国宪法第八条第一款承认每个公民有‘言论自由和通过口头、书面和图片发表意见的自由’，‘这些权利只能在各项法律法令规定的范围内，并在无损于他人名誉的情况下行使。’”[②] 塞内加尔用国家根本大法确认了新闻自由，使其具有了最高的法律效力。

2. 我国犯罪新闻报道自由的保障

新闻自由实现的方法主要是通过立宪、立法方式和行宪、司法方式来保障。前者要么是通过制定宪法直接保障或者间接保障新闻自由[③]，要么是通过制定特别法（新闻专门性法律）或者一般性法律予以保障。后者是通过行宪、执法尤其是司法等途径将宪法、法律的潜在价值转化为现实价值。世界各国在长期的行宪、司法实践中总结出了许多颇有价值的新闻自由的保障原则与措施，主要包括：禁止事先约束原则、绝对主义原则、优先地位原则、双重基准原则、内容中立原则、较少限制手段原则、禁止法律模糊和限制过宽原则、公职人员、公众人物隐私权适当减损原则、批评非诽谤原则、明显而即刻的危险原则[④]。

我国宪法对新闻自由的保障主要是间接保障，我国现行宪法第三十五条规定：“中华人民共和国公民有言论、出版、集会、结社、游行、示威的自由。”同时在第五十一条也规定：“中华人民共和国公民在行使自由和权利的时候，不得损害国家的、社会

① 《各国新闻出版法选辑》（续编），北京：人民日报出版社 1987 年版，第 22 页。

② 《各国新闻出版法选辑》（续编），北京：人民日报出版社 1987 年版，第 169 页。

③ 直接保障就是宪法明文规定不得通过立法来限制新闻自由，如美国联邦宪法第一修正案。间接保障就是宪法原则性地规定保障新闻自由，但又规定了限制新闻自由的例外情况，并允许制定专门性法律来限制新闻自由的行使。如前联邦德国基本法。

④ 详见甄树清：《论表达自由》，北京：社会科学文献出版社 2000 年版，第 211 页及以下页。

的、集体的利益和其他公民的合法的自由和权利。”第三十八条规定：“中华人民共和国公民的人格尊严不受侵犯。禁止用任何方法对公民进行侮辱、诽谤和诬告陷害。”我国现行宪法虽然没有明确提出新闻自由这个概念，但是言论、出版自由的规定已经暗含了新闻自由的精髓。

我国现在还没有专门的《新闻法》，在新中国建国之后很长时间里，也没有重视新闻立法，但是在建国前和初期已经引起了有识之士的关注。在人民政协建立之初，中国人民政治协商会议《共同纲领》第四十九条就规定：“保护报道真实新闻的自由。禁止利用新闻以进行诽谤，破坏国家人民的利益和煽动世界战争。……”这样的规定虽然禁止性规范的色彩还比较浓，并且带有较明显的时代烙印，但是，就明文规定“保护报道真实新闻的自由”这一点而言，其价值已是不言而喻的了。

虽然我国专门的《新闻法》并没有出台，但是对于新闻自由的保障散见于其他部门法，如民法、刑法等，但是毫无疑问，这种立法状况会影响到新闻自由的保障。

我国香港特别行政区比较重视对新闻自由的保障。香港《人权法案》第十六条用三款对新闻自由作出了非常详尽的规定：（一）人人都有保持意见不受干预之权利。（二）人人有发表自由之权利；此种权利包括以语言、文字或出版物、艺术或自己选择之其他方式，不分国界，寻求、接受及传播各种消息及思想之自由。（三）本条第（二）项所载权利之行使，附有特别责任及义务，故得予以某种限制，但此种限制以经法律规定，且为下列各项所必要者为限：（甲）尊重他人权利或名誉；或（乙）保障国家安全或公共秩序，或公共卫生或风化。① 根据香港《人权法案》

① 陈欣新：《表达自由的法律保障》，北京：中国社会科学出版社2003年版，第282～283页。

第十六条的规定，表达自由包括三方面的自由：即寻求、接受和传播各种消息及思想的自由。这个规定之中深深蕴含着新闻自由的实质，即消息的寻求、接受和传播的自由。

3.1.3 犯罪新闻报道中自由的限制

一、新闻自由的限度

新闻自由的保障与限制是一对矛盾的统一体，二者既对立又一致，相辅相成，是一种辩证的关系。具体地说，过分、非法地限制新闻自由，就无法保障新闻自由；保障新闻自由也内含着限制新闻自由的滥用。而限制新闻自由的滥用是为了更好、更有效地保障新闻自由，为了保障新闻自由也必须限制新闻自由的滥用。当然，在这一对矛盾中，保障应该是矛盾的主要方面，限制是矛盾的次要方面，从某种意义上讲，限制是手段，保障才是目的，因此，对新闻自由的限制不能是随意的，而应该是合理、必要和有限的。

对新闻自由的限制就是要确立一个新闻自由行使的必要的、合理的界限，这就是我们所谓的新闻自由的限度。

关于新闻自由限度的理论依据或者说限制的必要性，学界大概有三种观点：

第一是流弊说。该说着重从新闻自由的实际表现的角度，挖掘、论证限制新闻自由的理由，认为新闻自由在实际运用中存在着很多流弊，如新闻媒介屈从于素质不高者对金钱、性和犯罪的低级、盲目追求，置公共利益于不顾，表现为煽情主义思潮严重；同时，新闻自由的流弊还表现为：歪曲真相，侵犯隐私，泄露机密、干扰审判，煽动混乱甚至战争等等。[①] 新闻自由的种种流弊，决定了对其予以限制的必要性和必然性。

第二是相对说。该说是从自由与责任或者权利与义务的关系之角度论证新闻自由限制的理由的，如《公民权利和政治权利国际公约》将新闻自由称为“可克减的权利”，并明确规定了对新闻自由予以限制的依据和范围。美国学者和新闻出版界人士提出的社会责任理论就特别强调自由与责任的相伴性，主张享有新闻自由必须相应地履行一定的责任。如有人认为：“新闻自由并不是绝对的，而是有限制的。控制报刊是法律的任务。”[②] 这种观点得到了许多国家的宪法和法律以及国际公约的支持。

第三是服务说。该说主要是从新闻自由的目的或功能的角度来阐述新闻自由受限制的理由。服务说又可以分为两个分支：其一是绝对君权、神权或个人统治权服务说，其二是国家或民族利益服务说。[③]

上述三种观点中，笔者比较认同第二种观点即相对说。如同前文所述，自由本身就暗含着限制的因素，世界上并不存在绝对的无限制的自由，新闻自由同样需要限制，存在限度。

哥伦比亚议会 1944 年 12 月 5 日颁布的《哥伦比亚新闻法》第一条就做了明确规定：“和平时期，新闻在宪法约束的范围内享有自由。”[④] 本法条明确承认了新闻自由，但是其中同时也暗含

---

① 如 19 世纪末、20 世纪初，美国报业大王郝斯特主办的《纽约新闻报》曾经掀起过一阵黄色新闻大潮，他和普利策主办的《世界报》则大肆渲染美国与西班牙的矛盾，挑起大众的战争狂热，由此大发横财。详见方兰生：《新闻自由与新闻自律》，台北：允晨文化实业股份有限公司 1984 年版，第 30～31 页。

② ［美］威尔伯·施拉姆等：《报刊的四种理论》，中国人民大学新闻系译，北京：新华出版社 1980 年版，第 57 页。

③ 详见甄树清：《论表达自由》，北京：社会科学文献出版社 2000 年版，第 260 页。

④ 《各国新闻出版法选辑》（续编），北京：人民日报出版社 1987 年版，第 190 页。

了对新闻自由的限制。限制有二：一方面，新闻自由只存在于和平时期，非和平时期新闻活动必然要受到严格的管制；另一方面，新闻自由只能在宪法约束的范围内存在，并不存在超法律的自由和无限制的自由。英国有几项法律限制新闻自由，1911 年公务秘密法第2（1）（b）和（c）项规定，新闻媒介发表属于1978 年和 1980 年公务情报法案所涉及的情报要受追诉。①

二、犯罪新闻报道中自由的限制

对于新闻自由的约束或限制，根据学者的概括主要包括以下途径：对特别主体的限制（如军人、政党等），对政治表达的限制（如对表达政治观点的限制、对政治性活动的限制、对批评政府的表达的限制、选举中的表达限制等等），对批评司法的限制，对商业性表达的限制（如防止不公平竞争的新闻、商业广告的限制、就公共利益问题进行辩论的广告的限制等等）。②

对于犯罪新闻报道自由的限制，具体而言，主要体现在以下几个方面：

第一，司法权对犯罪新闻报道自由的限制。从宪政体制的角度看，司法权是相对于立法权、行政权的第三种国家的权力。司法权具有两个基本的特征：一是司法权的独立性；二是司法权的程序特征。前者是司法权的典型特征，无论是司法机构还是个体司法官员，在从事司法裁判活动时都必须在证据采纳、事实认定及法律适用等方面保持独立自主性，不受来自司法机构外部或内部的任何压力、阻碍和影响。但因司法权相对弱小且法官极易受

① ［美］哈里·L·玛希：《1960 年至 1989 年美国与其他国家报纸犯罪报道的比较分析》，李兴安译，原文载于美国《刑事司法杂志》，1991 年第 19 卷第 1 期，译文载于法律论文资料库网，http：//www. law-lib. com/lw/lw_ view. asp？ no = 1584。

② 详见陈欣新：《表达自由的法律保障》，北京：中国社会科学出版社 2003 年版，第 110 页及以下页。

到外部控制，而使其独立性得到强调①。目前在中国，司法权出现了行政化、官僚化，甚至地方化，如何使司法机构摆脱来自行政机构、地方政府、新闻传媒的非法干预和控制是我们今日的司法制度面临的一个严峻问题。新闻从业者在进行犯罪新闻报道的过程中也必须注意自由与司法权独立的界限，不能逾越，否则就可能构成对司法权的非法干预。关于犯罪新闻报道与司法权的关系，下面将会详细阐述。

第二，人身权对犯罪新闻报道自由的限制。犯罪新闻报道最为容易侵犯的就是公民的人身权，包括被告人、犯罪嫌疑人或者罪犯，被害人及其亲属，甚至证人等其他诉讼参与人的人身权。虽然我们都承认人身权并非绝对权，亦有一定限度，但是作为公民的重要权利之一，犯罪新闻报道同样需要把握界限，应该尊重上述人员的人身权。限制犯罪新闻报道自由的人身权利主要有名誉权和隐私权。

第三，公共利益对犯罪新闻报道自由的限制。我国宪法第五十一条明确规定，中华人民共和国公民在行使自由和权利的时候，不得损害国家的、社会的、集体的利益和其他公民的合法的自由和权利。公共利益是一个社会能够得以维持和延续的重要前提之一，因此，我们在行使自己的权利和自由的时候，必然要受到公共利益的限制，犯罪新闻报道的自由亦不例外。

第四，秩序价值对犯罪新闻报道自由的限制。自由价值是终极性价值之一，秩序价值只是手段性价值，因此，从某种意义上讲，自由价值要高于秩序价值，但是并不意味着任何时候，秩序价值都要让位于自由价值。犯罪新闻报道由于本身存在一定的流

① ［美］汉密尔顿等：《联邦党人文集》，程逢如等译，北京：商务印书馆 1995 年版，第 390～411 页。

弊：可以传播犯罪信息、犯罪手段、犯罪经验等等①，给良好的社会秩序带来一定的负面影响，因此，为了维护人类社会长期以来所形成的良好秩序，我们需要对犯罪新闻报道的自由进行一定程度上的限制。

3.2　犯罪新闻报道的秩序维护

3.2.1　秩序与新闻秩序

一、秩序的内涵

秩序是自然、社会存在的基础，也是自然和人类社会发展的条件。对秩序的理解，既可以把它看成为一种既定的状态，即指自然和人类社会的一切事物按一定规律的安排所形成固定的、有规则的合理关系状态，也可以把它看成是自然、社会运动过程的一致性、连续性和确定性。它包括自然秩序和社会秩序，此处我们主要指社会秩序。人类的一切活动都要遵守社会秩序，它是人类生存、社会发展、阶级统治和人们追求自由、平等、效益、人权等价值目标的基础。

社会秩序在很大程度上是依靠社会规范建立的，但并不意味所有社会规范在社会秩序的建立中都发挥同样的作用。当社会需要一种具有强制性和权威性的秩序时，法这种特殊的社会规范便从整个社会规范系统中脱颖而出，显示出了它与其他规范不同的社会价值——建立一种符合统治者意志和社会需求的强制秩序。

法的秩序价值就是指法能够用它特定的方式建立和维护强有力的社会秩序，来满足社会的需要。法既是社会秩序的象征，又

---

① 详见李锡海：《文化传播与犯罪》，载《山东社会科学》2005 年第 8 期。

是社会秩序的手段。法的秩序价值主要表现为法在政治、经济、社会领域所建立的秩序，即政治秩序化、经济秩序化和社会生活秩序化。秩序是人类生存、社会发展、阶级统治和人们追求自由、平等、效益、人权等价值目标的基础。正如有的学者所称："法律追求秩序又不满足于秩序，才能获得真正的秩序。"

二、新闻秩序的内涵

秩序是与无序相对应的。秩序是一种具有一致性、连续性和确定性的现象，无序就是一种不具有一致性、连续性和确定性的现象。"秩序的概念，意指在自然界与社会进程中都存在着某种程度的一致性、连续性和确定性。另一方面，无序概念则表明存在着断裂（或非连续性）和无规则性的现象，亦即缺乏智识所及的模式——这表现为从一个事态到另一个事态的不可预测的突变情形。"① 正是由于人类需要秩序，人类的秩序又时常遭到破坏，所以人类才对秩序倍加珍视。

新闻秩序（order of press），是指人们在新闻活动中按一定规律的安排所形成的固定的、有规则的合理关系状态。新闻传播作为一种社会活动，不可避免要遵守社会秩序、承担社会责任、接受新闻控制。新闻控制的实质，是按新闻资产所有者的意志对传播行为加以规范，用以防止新闻自由和媒介权力的滥用。对新闻传播实行的控制包括经济、政策、法律、行政、伦理等方面。合理的新闻控制能建立起良好的媒介秩序，促进媒介发展。

3.2.2 犯罪新闻报道中秩序价值的实现

秩序价值的实现，是指人们有效地调整社会秩序，实现了所

① ［美］E. 博登海默：《法理学：法律哲学与法律方法》，邓正来译，北京：中国政法大学出版社 1999 年版，第 219 ~ 220 页。

预定的秩序目标，并使依据各种社会规则建立的秩序得以维持、巩固和发展。秩序价值的实现，在社会中表现为秩序的建立、维持、巩固和发展。

一、犯罪新闻报道中秩序实现的必要性

任何社会，从秩序意义上讲，都要追求并保持一定的社会有序状态。“所有秩序，无论是我们在生命伊始的混沌状态中所发现的，或是我们所要致力于促成的，都可从法律引伸出它们的名称。”① 虽然论者主要是从法与秩序的关系角度论述的，但是我们不难看出，秩序对于社会的巨大意义。

社会是人与人结合并相互作用而形成的统一整体。从某种意义上讲，人类社会从形成之初，就有了秩序的存在。有了社会，慢慢产生了包括法在内的社会规则。随着社会的发展，也只有在各种社会规则的综合作用之下，才可能使一个社会得以维系和演进。而这些社会规则对于社会的意义，首要的也就是建立起最必要的人际秩序，使人与人能够共存。只有有了秩序，社会才能够得以延续和存在，难怪西方法学家普遍认为“与法永相伴随的基本价值，便是社会秩序。”② 秩序对于社会的意义体现为以下几个方面：

第一，它为人类社会提供抑制社会冲突而使社会处于和平状态的有效手段。

第二，它使日常的、大众的社会生活处于稳定的、安全的、安宁的状态。

第三，它使作为整个社会生活根基的物质资料的生产活动，

---

① ［德］拉德布鲁赫：《法学导论》，米健、朱林译，北京：中国大百科全书出版社 1997 年版，第 1 页。

② ［美］彼得·斯坦、约翰·香德：《西方社会的法的价值》，北京：中国人民公安大学出版社 1989 年版，第 38 页。

使产品的分配、商品的交换或流通，使今天这种愈益联成一气的市场经济的正常运行，使国家对于社会经济活动的宏观调控，使各种经济主体之间的经济关系，使各种经济现象之间的关系，获得一种确定的、强有力的规制和保障，使所有危及正常经济生活的异端行为得以抑制以至受到有效的制裁和打击。

犯罪新闻报道本身存在着传播犯罪信息、犯罪经验和犯罪手段的流弊，可能导致对现行良好秩序的破坏，因此，更加需要维护秩序价值。

二、犯罪新闻报道中秩序实现的前提

秩序从其本质上讲，必然需要规则。诚如马克思所说："这种规则和秩序本身，对任何要摆脱单纯偶然性或任意性而取得社会的固定性和独立性的生产方式来说，是一个必不可少的要素"①。规则与秩序是相伴而生的，正如学者所言："规则不仅与秩序一样为要摆脱单纯偶然性或任意性而取得社会的固定性和独立性的生产方式必不可少，而且还是秩序必不可少的依据。"② 在原始社会中社会规则主要体现为习俗，文明社会以降，社会规则主要体现为宗教规则、道德规则、法的规则，尤其是法的规则，成为维护人类社会秩序的主要控制手段。

犯罪新闻报道中秩序的实现需要以下几个前提：

第一，良好社会规则的存在。秩序需要规则，但是规则本身应该是良好的、尽量完善的，没有规则，秩序无从形成。对于犯罪新闻报道，要实现秩序价值，就必须努力建立良好的、完善的规则，主要包括法律规则和新闻行业规则。前者以《宪法》为基础，包括专门的新闻法律法规等。目前，我国并没有专门的《新

① 《马克思恩格斯全集》第25卷，北京：人民出版社1974年版，第894页。
② 卓泽渊：《法的价值论》，北京：法律出版社1999年版，第181～182页。

闻法》，这是文明的一个缺憾，许多有识之士早已意识到了，并进行了卓有成效的研究和思考，我们期待在不久的将来能制定出完善的《新闻法》。后者则主要体现为行业内部制定的规则，比如新闻从业者的职业道德规则等等，这些规则是新闻从业者在长期的经验中形成的、得到了绝大多数同行认可的约束新闻从业者的一系列规则。

第二，人们遵守规则的意识的形成。有了规则，并不能保证一定就能够维护秩序，正所谓“徒法不足以自行”。规则要发生效力，必然需要人的参与。因此有了规则之后，我们还必须重视培养人们遵守规则的意识，而这正是秩序形成的必要前提之一。遵守规则意识的形成将会是一个比较长期的过程，绝非一朝一夕能够成就的。

第三，规则值得人们遵守，或者说规则没有超过人们的最低容忍限度。规则作为约束人们行为的社会规范，必将对人们的自由有所限制，因此，规则要得到人们的遵守，首先而且最为重要的是规则本身值得人们遵守，规则应该是良好的规则。值得遵守的规则的最低标准就是规则对人们的约束没有超过人们所能容忍的限度。

以上是秩序价值实现的三个必要的前提，三者相辅相成，共同构成一个整体。

三、犯罪新闻报道中秩序实现的路径

1. 总的路径：通过规则的社会控制

秩序价值从总体上说，都是通过规则的社会控制得以实现的。规则的社会控制是人们通过社会（含国家、社会群体）的力量，迫使社会成员遵从法律规范等社会规则，维持社会秩序的过程。它既包括社会（含国家、社会群体）对社会成员行为的指导、约束和制裁，也包括社会成员相互间的影响、监督和批评。

广义上的法的社会控制是指社会、国家、社会群体等为了达到维持社会秩序的目的采取的法的控制手段及其具体控制过程。狭义上的法的社会控制，则是指社会、国家、社会群体等对偏离法律规范的越轨行为所采取的法的限制措施及其限制过程。不论是广义上的或是狭义上的社会控制，法都是其必要的工具。法学家认为："在近代世界，法律成了社会控制的主要手段。"[①] 通过法的社会控制是创立和保障社会秩序的重要路径。

2. 具体路径：通过犯罪新闻报道的具体控制

秩序价值在犯罪新闻报道中的实现，具体路径主要是控制犯罪新闻报道的几个流弊。

第一，提高新闻传媒舆论引导水平。在当代中国，新闻媒介和新闻从业者从事的不仅仅是单纯的传播新闻，他们肩负着"以科学的理论武装人，以正确的舆论引导人，以高尚的精神塑造人，以优秀的作品鼓舞人"的重大使命，尤其是在现代文明社会里，新闻媒介的影响力和控制力已经越来越强，成为现代社会中文明的象征，也成了民主政府和人们追求的重要目标。正如美国联邦最高法院布莱克大法官所言："言论自由与公平审判是我们文明中两种最为珍贵的权利，实在难以取舍。"[②] 其中言论自由的主要表现就是新闻自由，新闻自由是公民表达自由的最为集中的体现和最佳的实现途径。所以，新闻媒介必须要努力提高自身的舆论引导水平，尤其是对犯罪新闻报道本身固有的流弊，如果处理不好，没有较高的舆论引导水平，很容易将其本身固有的流弊或负面影响无限放大化，从而破坏社会秩序。

---

① ［美］庞德：《通过法律的社会控制　法律的任务》，沈宗灵译，北京：商务印书馆1984年版，第10页。

② 转引自张剑秋、郭志媛：《传媒与司法的辩证关系》，载《学习与探索》2003年第3期。

第二，适当过滤新闻文本的信息，控制犯罪信息、犯罪手段和犯罪经验的传播。犯罪信息是实施犯罪行为的依据，所以，很多犯罪人在实施犯罪前会有意识地收集有关的犯罪信息，而现代大众传媒，包括图书、报刊、电影、电视、网络等等在人们心目中威信较高，容易为受众接受，包括它们所传播的犯罪信息等而形成的所谓“听觉污染”和“视觉污染”，从而向社会提供了不良的社会暗示，导致一些人的社会认知发生偏离，欲望得到极大地膨胀，诱发违法犯罪行为的发生。犯罪手段是实施犯罪行为的途径和方法，大众传媒对犯罪手段的肆意传播，间接地导致了社会犯罪上升的态势。犯罪经验是实施犯罪行为的一个重要因素，犯罪人掌握了一定的犯罪经验，一般比较容易达到犯罪目的并且增加了犯罪者反侦查的能力。所有这些，都会直接或间接地破坏社会秩序，所以媒介在选择传播的信息、形成新闻文本时，要适当地过滤掉容易诱发人们违法犯罪的信息、手段和经验。

3.2.3 犯罪新闻报道中秩序价值的非终极性

秩序价值是犯罪新闻报道追求的基本价值之一，但是我们绝对不能把秩序价值视为犯罪新闻报道的唯一价值。借用卓泽渊教授的话：“仅以秩序价值的实现为目标的法是目光短浅的法，是没有前途的法，也是不可能创设良好秩序的法。法追求秩序又不满足于秩序，才能获得真正秩序并又可能实现法的所有价值。”①

犯罪新闻报道在追求秩序价值的时候同样如此。原因在于秩序是犯罪新闻报道的价值，但并不是它的终极价值。除了秩序以外，犯罪新闻报道还追求公平、正义、自由、平等、人权、民主、法治、文明、发展等等价值。秩序价值与其他价值之间，秩

① 卓泽渊：《法的价值论》，北京：法律出版社 1999 年版，第 186 页。

序价值是其他价值的前提和基础，其他如自由、公平、正义等等价值是秩序价值的目的和发展。我们追求秩序并非是约束、限制人们，而是为了人们能更好地实现公平、正义和自由。

正因为秩序价值的非终极性，所以我们在进行犯罪新闻报道中就不能仅仅追求秩序价值从而忽视其他价值的诉求，诸如自由价值、正义价值、公平价值等的诉求。这个问题的提出在现代中国也具有现实紧迫性，在有些地方，部分地方官员或者有关人士对新闻自由的非法限制甚至是非法剥夺，最为主要和经常的借口就是维护社会秩序或曰社会稳定。如广西南丹矿难事件中（涉及重大责任事故犯罪）对新闻媒介介入的阻拦即是适例。

3.3 犯罪新闻报道的效益追求

3.3.1 效益的含义

一、效益的定义

效益是当代西方社会科学界，尤其是当代西方经济分析法学派等学派特别重视的一种价值。社会科学应当以效益为追求的价值目标，已成了许多社会科学家的口号。效益的原初意义只具有经济学上的意义，是指以最少的资源消耗取得较大的经济效果。效益可以表现为数量的增加，也可以表现为速度的加快，还可以既表现为数量的增加也表现为速度的加快。

效益，是指有效产出减去投入后的结果。有的学者从纯粹数值的视角进行考察，基于这一结果有可能为正，也可能为负，认为效益是一个中性概念。也有的学者认为，效益只能是正数，如果出现负数的情况，即为无效益，其结果就不能称为效益。其实，“效益”的词素结构本身就表明了其有益的性质，并不是中性的。许多学者都认为，效益是指以较小的投入获得较大的产出。总之，“效益”这个语词的词素结构本身和人们赋予效益的含义都说明效益应当是正向的，是有益而无害的。效益包括经济效益，但不限于经济效益，不管是以什么形式存在的效益，必须是有效的而不是无效的；对主体是有益的而不是有害的。

犯罪新闻报道追求的效益就是指以最少的新闻资源消耗取得较大的新闻效果，包括经济效益和社会效益。犯罪新闻报道的经济效益，是指犯罪新闻报道宣传过程中所创造出来的经济成果。犯罪新闻报道的社会效益，从广义上讲就是犯罪新闻报道宣传在传达党和国家方针政策、配合思想政治工作、加强社会主义精神文明建设方面、推进我国的法治进程中所取得的社会成果。新闻传媒既具有意识形态属性又具有产业属性，因此它既具有事业性质又具有企业性质。新闻传媒所具有的事业性质要求媒介尽量追求好的社会效益，不屈服于市场的压力；新闻传媒所具有的企业性质又决定它必然要在法律和道德允许的范围内追求经济效益的最大化，两者之间存在着深层次的矛盾。

二、效益的现实意义

目前，我国生产力水平较低，经济并不发达，我国经济的许多困难，都是由生产力水平低下，效率不高，效益太差造成的。我国效益低下不仅表现在经济上，而且表现在社会生活的其他方方面面。行政工作效率低下，更不说其效益，已经成为我国机构运行中的严重弊端，成为改革中必须解决的重大问题。司法机关对案件久拖不决，严重超过法定审限的事件，时有发生。因此，发展就成为了我们国家和社会的重要任务。在这一时期，强调效益就必然具有更为重要的意义。而且效益在相当长的时间内都会是我国社会普遍的价值追求。

在社会主义市场经济条件下，新闻事业的产业性质体现得越来越明显，媒介要发展，必然要追求经济效益。经济效益是媒介生存和发展的基础；但是另一方面，新闻媒介也不能仅仅追求经济效益，因为新闻事业除了具有信息产业实体的经济属性之外，还具有社会文化事业的社会属性和阶级舆论工具的政治属性，并承担着传播新闻、引导舆论和服务社会之功能①，我国社会主义的新闻事业更是在共产党领导下的人民政府和广大人民群众传播新闻、引导舆论、服务社会的舆论工具，它既是党和政府的耳目喉舌，也是人民的耳目喉舌。② 新闻事业的经济属性决定了新闻必然追求经济效益，而其具有的社会属性和政治属性又注定了新闻事业还必然兼顾社会效益。

3.3.2　犯罪新闻报道中的效益构成与实现

在效益的“成本—收益（效果）”公式中有两个关键性的要素，即成本与收益（效果）。下面我们将分别对犯罪新闻报道中成本与效果的构成进行详细的分析。

一、犯罪新闻报道的成本分析

1. 经济成本分析

在经济分析中的“成本”是指类市场主体为获得一定的社会效益而投入“类市场”中的一定生产要素的总和。成本一词也可以用“费用”、“开支”、“资本”等词语来表达。因为成本是为了获得一定的收益，所以成本可以叫做代价。英文“cost”（成本）的含义有：成本、费用、损失、价格、诉讼费用等。

经济成本的主要构成是投入市场或“类市场”中去的费用，这可称为生产成本。经济分析中的“生产成本”包括资金、物资

① 关于新闻事业的性质和功能，详见郑保卫：《当代新闻理论》，北京：新华出版社2003年版，第188页及以下页。

② 郑保卫：《当代新闻理论》，北京：新华出版社2003年版，第216页。

和劳动力，即我们通常意义上讲的财力、物力和人力。对于犯罪新闻报道而言，其生产成本包括新闻机构进行犯罪新闻报道所需要的财力、物力和人力及其所有相关费用。这是犯罪新闻报道的直接成本，它是新闻机构为维持机构有效运作所必须支付的资源总量。具体而言，包括固定成本和可变成本，前者是指不随信息产品生产、传播数量变化的支出。如媒介开始运作前购置的印刷机、电视采编设备、有线电视传输的骨干网、购买或租用的办公场所和聘用骨干采编、经营人员预先支付的费用等；后者是指随着信息产品生产、传播的数量而发生变化的成本，如可增减的采编经营人员、报社印刷厂用的纸张，有线电视网络接入用户的成本等。

成本中第二个重要概念是机会成本。机会成本是指出于将资源用于某一方面而不能用于其他方面时所放弃的收益，具体到犯罪新闻报道，其机会成本是指媒介将资源投入生产、传播信息产品的过程中而不得不放弃的另外可能带来的最高价值。媒介运行的经济成本尤其强调机会成本。

成本中的第三个子概念是边际成本。边际成本是由单位产量的变化引起的总成本变化，换言之，即是指最后单位产出的成本——每少生产一单位产品即能避免的成本。犯罪新闻报道的边际成本是指媒介增加生产、传播一个单位信息产品所带来的成本。

2. 社会成本分析

成本中的另一个重要的子概念是社会成本。社会成本也叫做外部成本。由于存在社会成本等外界不利因素的干扰，因此行为人的交易行为就存在一种外部经济。社会成本是指市场主体或“类市场”主体在市场交易中所受到的外部不利因素干扰所造成的损失。经济分析的目标是如何使社会成本降至最小，以使社会效益增至最大。社会成本是一种不必要的交易费用，是行为主体之间在信息短缺、交流发生障碍等因素的影响下所支出的额外的费用。社会成本减少了社会总体财富。社会成本包括私人成本（私人成本是指外部不利因素的强加者的成本）和强加给第二方的额外费用之和。

二、犯罪新闻报道的效果分析

犯罪新闻报道的效果或者收益，简单地讲就是指犯罪新闻报道机构的设置及其运作所带来的社会物质财富和精神财富的增进或减损。

1. 经济效果分析

任何一个产业组织都具有其独特的表现形式，媒介传播价值的外在表现是为社会提供有效信息服务，并在服务中获得利益。传播活动提供有效服务是市场法则的作用。媒介产品不只是为政府提供了有效服务，任何有效形式都必须由接触媒介信息的市场来认定。对经济、文化、政治的有效服务与媒介价值的认证，也是现阶段媒介产品商品化和产业化的理论认定。

媒介的主要产出之一就是信息。媒介收集、加工并向社会公众传播各类信息产品。就本书所主要研究的三种媒体而言，它们的主要信息产品可分为新闻、娱乐、教育和其他实用信息等类别。犯罪新闻报道的信息产品就是犯罪新闻及其相关的信息。从经济效益来看，收视率和发行量是广告商选择传媒的主要依据，也是各大新闻传媒的至高追求。

2. 社会效果分析

犯罪新闻报道的社会效果可以从以下几个方面来看：

第一，宣传、贯彻党和国家的方针、政策。依法治国已经成为我国的治国方略，通过法制新闻的报道（包括犯罪新闻报道）可以使普通受众更加深入地了解依法治国的方针政策。

第二，拉近公众与公权力机关的距离感，监督权力的有效行使。公权力机关在普通公众眼中，容易形成一个高高在上的感觉，尤其是公安、司法机关及其工作人员。通过犯罪新闻报道，我们可以认识公安司法机关及其工作人员的工作机制，拉近公众与这些公权力机关的距离。同时，可以更好地行使媒介本身具有的新闻监督权，使权力的行使置于阳光之下，使权力有效地行使。

第三，满足公众对犯罪新闻信息知情权的要求。犯罪事件是对公众的安全感造成巨大影响的最为重要的因素之一，如果犯罪事件不能通过权威机构公布，公众不能了解犯罪态势，很容易被社会不良人员利用，从而给公众的安全感带来更大的威胁。而合理和合适的犯罪新闻报道能够使公众了解事实真相，并经过适当的引导，降低公众的不安感，有利于社会秩序的正常化。

第四，传播法律知识，匡扶正义，促使全社会形成一个与犯罪做斗争的社会氛围。犯罪新闻报道，可以传播法律知识，并通过对犯罪案件的侦破、诉讼、判决，惩处犯罪，匡扶正义，促使全社会形成与犯罪行为做斗争的社会氛围。

第五，预防和降低犯罪的发生。通过犯罪新闻报道，人们可以了解犯罪分子惯常使用的手段等等，使人们提高警惕，加强防卫，从而可以间接降低犯罪的发生。更为重要的是，通过犯罪新闻报道，可以警告社会上的一些危险分子和潜在的犯罪人员，预防犯罪的发生。

三、犯罪新闻报道中效益价值的实现

影响传媒经济发展的因素很多，包括：政府的传播政策导向与对建立意识形态的控制程度；社会大众文化的状况；社会资源的紧缺程度；市场化程度；竞争状况；规模的大小和创新能力的强弱；等等，这些都是影响媒介经营的重要因素。实现传媒经济利润最大化的途径也很多。但若从长远发展和媒介运营扩展实力的角度来看，发展媒体集团，降低生产成本和减少人员成本；开

发新媒介和新的消费市场是扩大传媒利润的基本途径。在媒介市场资源投入的强度和速度达到一定程度后，创造了社会需求，伴随而来的是信息资源流动带来的效益。

第一，成本控制是犯罪新闻报道中效益价值实现的最佳途径。

媒介经济学理论把成本最小化作为从信息产品的生产、传播方面对效率状态加以定义的基本条件之一，因此，任何新闻媒介要提高自身的效益，就必须努力控制它们的成本，包括对犯罪新闻报道的经济成本和社会成本的控制。

第二，提高有效产出（即效果）是犯罪新闻报道中效益价值实现的重要方法。控制成本是最佳的途径，但是提高有效产出也是犯罪新闻报道中效益价值实现的重要方法，概言之，就是提高犯罪新闻报道中经济产出和社会产出。

总之，犯罪新闻报道中效益价值的实现，就是尽量地减少成本投入，在相同成本的投入时，尽量地产出高质量、有效的信息产品。当然，无论是社会效益还是经济效益，都是通过市场得以实现的。没有市场就没有新闻产业，只有通过市场的具体运作，实现了新闻产品和新闻服务的经济价值，社会效益才能得到体现。因此，两个效益应该统一在新闻产品和新闻服务这个载体中，实现在市场经营中。当然，这里所说的新闻产品，不包括那些需要国家重点扶持和保护，着重强调社会效益，不能以市场的大小、经济效益多少来衡量的某些文学艺术门类。要使新闻产品和新闻服务取得两个效益的统一，生产者必须既遵循艺术生产规律，又遵循市场经济规律，克服生产目的和消费对象不明确，为创作而创作、为领导而生产的不正常现象，根据群众多样化、多层次的新闻需求去决定新闻产品的生产与否。如果新闻产品和新闻服务在市场上不受欢迎，没有销路，自身的经济价值实现不了，还谈什么社会效益！所以，衡量一个新闻媒介成功与否的重要标志就是看它有没有受市场欢迎、消费者接受的、好的新闻产品和信息服务。

3.3.3 犯罪新闻报道中经济效益与社会效益的关系与平衡

一、犯罪新闻报道中经济效益与社会效益的关系

经济效益是效益价值的重要内容。经济效益是生产力水平的重要表现，是衡量生产力水平的客观标准之一（就犯罪新闻等新闻活动而言，此处的生产力主要是指文化生产力，下文的生产力如无特指，均为文化生产力，笔者注）。促进文化生产力的发展，是犯罪新闻报道的重要目标。新闻对于经济，对于生产力的作用，在很大程度上都是通过新闻报道之下的生产力发展水平来体现的。促进经济发展的新闻活动，必然是提高经济效益的新闻活动。

效益价值，并不仅仅体现为经济效益的增加，还体现为社会效益的获得。社会效益的外延十分广泛。就犯罪新闻报道的效益价值来说，其社会效益至少包括公共文化服务效率的提高和社会公正的维护等等，同时，犯罪新闻报道还对司法权力运作进行监督，使之置于阳光之下，防止权力的废弛，确保权力运行始终处于高效状态之中。社会公正，对于任何社会都是必不可少的，一个缺乏公正的社会必然是一个舞弊的社会、黑暗的社会和动荡的社会。维护社会公正是犯罪新闻报道的追求，属于公正价值的内容，同时也是其效益价值的体现。

经济效益价值和社会效益价值，共同构成效益价值。从新闻媒介本身性质来看，新闻媒介具有经济属性、社会属性和政治属性，后二者从广义上讲均属于社会属性，这几者之中，社会属性

是新闻媒介的本质属性①。因此经济效益和社会效益的关系概括地说，可以解释为经济效益是媒介发展的手段，而社会效益则是媒介存在和发展的目的。

二、犯罪新闻报道中经济效益与社会效益的平衡

一般精神文化产品既有商品的属性又有其自身的本质特性。这种双重属性决定了精神产品必须注重两个效益，即经济效益和社会效益。在经济效益和社会效益二者并不矛盾的时候，任何一个方面的增加都是效益价值的成果，都应当被肯定。但在二者矛盾的时候，就必须注意：完全忽视经济效益的新闻报道，即使有一定的社会效益，其效益价值也是存有疑虑的；但任何否定社会效益的新闻报道，即使很有经济效益，也不能在整体上说是有效益的，因为，它在获得经济效益的同时失去了社会效益，社会效益成为了经济效益的代价，其总的效益价值也就因此而被大打折扣。价值理论所要求的是，经济效益和社会效益的同步发展或者分别发展，而不是二者的相互矛盾、抵消、否定。

在一个监控体系健全、有效的市场上，文化产业的社会效益和经济效益是统一的。在这样的市场条件下，文化产品生产者会自觉地把体现社会效益的各项要求，作为文化产品的质量标准。在这种情况下，文化产品的社会效益好，意味着这一产品在市场上得到了广泛传播，被社会上更广大的文化消费人群接受，文化产品生产者的经济效益也就必然有了保障。对于这个问题，李长春同志有非常精辟的论述："在社会主义市场经济条件下，文化产品的生产和传播，绝大部分都要进入市场，遵循市场规则，通过商品交换，转化为群众的消费。也就是说，只有把文化产品变成商品，变为广大群众的消费，才能最大限度地实现文化的宣传

① 郑保卫：《当代新闻理论》，北京：新华出版社2003年版，第196页。

教育功能，强化它的意识形态属性，达到以优秀作品鼓舞人的目的。就这个意义讲，文化产品的意识形态属性与产业属性是紧密相联的，占领市场和占领意识形态阵地是统一的，社会效益和经济效益是一致的。”①

但是不可避免的是，经济效益和社会效益必然存在一定的矛盾，当二者冲突的时候，如何平衡二者的关系，就是摆在媒介面前的一个难题。社会效益的高低与经济效益的大小在许多情况下并不成正比，有的甚至出现严重背离。一方面，那些思想价值、审美价值高社会效益好的犯罪新闻作品，它的经济效益并不好；另一方面，那些思想价值、审美价值不高，社会效益不好的犯罪新闻作品，其经济效益却十分可观。例如那些追求新奇刺激甚至包含黄色、淫秽内容的作品，往往可以获取很大的经济效益，甚至可以牟取暴利。在这种情况下，其生产者的经济效益与社会效益是完全背离的，生产者的收益越大，对社会造成的危害也越大。

我们认为，当经济效益和社会效益出现冲突的时候，我们应当以社会效益优先，同时兼顾经济效益。这是符合新闻媒介的性质的，同时也符合我们党和国家的政策。十六大报告明确提出，要把社会效益放在首位，就是强调文化工作者要有对社会高度负责的态度，重视文化产品和文化服务产生的正面效应，努力减少和避免负面效应。② 邓小平同志也曾指出：“思想文化教育卫生部门，都要以社会效益为一切活动的唯一准则，它们所属的企业也要以社会效益为最高准则。”③ 这个原则也符合新闻工作者的职业道德

① 李长春：《在文化体制改革试点工作会议上的讲话》，转引自宋建武：《中国媒介经济与媒介运作》，北京：新华出版社2004年版，第23～24页。

② 转引自王永章：《发展文化产业要处理好社会效益与经济效益的关系》，载于北京社科规划网，http：//www. bjpopss. gov. cn/bjpopss/xzlt/xzlt20040624a. htm. zh。

③ 《邓小平文选》第3卷，北京：人民出版社1993年版，第145页。

准则，《中国新闻工作者职业道德准则》第二条规定："以社会效益为最高准则。"并明确规定："新闻工作者要正确处理社会效益与经济效益的关系，把社会效益放在第一位，在这个基本前提下实现经济效益和社会效益的统一。"

总之，在两个效益出现矛盾的情况下，必须把社会效益放在首位，以社会效益为最高准则，针对不同情况采取相应的对策。对于那些社会效益好而经济效益差的精神产品及其生产，国家要采取价值补偿的经济扶植政策。对于那些经济效益好而社会效益差的东西，必须予以必要的限制。其中触犯国家刑律的，则要依法惩处。①

3.4 犯罪新闻报道的正义探索

3.4.1 正义的理性探索

一、正义价值理论探索

"正义"（justice）一词的使用由来已久，从远古时代起，对正义问题的争论就已经成为伦理学家、社会学家、政治学家以及法理学家们热衷的话题，但正如有学者所称"正义有一张普罗透斯似的脸"（博登海默语），至今并无让世人共同接受的定义。如在西方传统中正义理论代表就有客观正义论（认为世界上本身就存在某种客观的正义价值标准，凡符合这些标准的就是正义，凡违反这些标准的就是非正义，如毕达哥拉斯的数）、主观正义论（认为应由主观价值观来判断，而主观的价值则由个人自己来判

---

① 王能宪：《正确处理社会效益与经济效益的关系》，载于文化发展网，http://www.ccmedu.com/detail.aspx? boardID = 10&ID = 327。

断，如赫拉克里特认为人的正当行为是由人们自己确定的）、理性正义论（认为理性与人的感觉不同，感觉可以随人的不同而变化，而理性则是永恒的东西，正义与非正义应由一个不变的理性来判断，代表人物有芝诺、苏格拉底、柏拉图、亚里士多德和西塞罗等）、神学正义论（认为神国的指示就是人们正义的标准，如阿奎那）、法规正义论（主张法律规范是正义的体现，法律规范就是正义，服从法律就是服从正义，如分析法学派的奥斯丁）；而在西方现代则有凯尔森的相对正义论、罗尔斯的社会正义论、佩雷尔曼的形式正义论及戈尔丁的程序正义论等等。[①] 尽管如此，在这个世界上，没有任何人会因此而否认人类正义的存在。在亚里士多德那里，正义主要用于人的行为，而在近现代的西方思想家那里，“正义”的概念越来越多地被专门用作评价社会制度的一种道德标准，成为了社会制度的首要价值。如罗尔斯就认为：“正义是社会制度的首要价值，正像真理是思想体系的首要价值一样。一种理论，无论多么精致和简洁，只要它不真实，就必须加以拒绝或修正；同样，法律和制度，不管她们如何有效率和有条理，只要它们不正义，就必须加以改造或废除，……作为人类活动的首要价值，真理和正义是绝不妥协的。”[②]

对于正义，可以分为社会正义、政治正义、经济正义、道德正义和法律正义，而判断某种行为或行为的进程是否符合正义的唯一标准，就是从社会、政治、经济的立场出发，看它是否同人们所公认的社会、政治、经济理念相一致，如果一致，正义就是令人满意的。[③] 由于正义具有极为丰富的内涵，因此难以对正义

① 详见卓泽渊：《法的价值论》，北京：法律出版社1999年版，第495页及以下页。

② ［美］约翰·罗尔斯：《正义论》，何怀宏、何包钢、廖申白译，北京：中国社会科学出版社1988年版，第3页。

③ ［英］David M. Walker：《牛津法律大辞典》，李双元等译，北京：法律出版社2003年版，第628页。

给出一个令人满意的定义，但正义应至少包含以下一些因素：自由、平等、公平、权利和理性，它包括普遍正义和个别正义。

正义首先是一个价值准则，公平正义包括经济公平，政治、文化平等以及社会公正，涉及社会生活的各个方面。在传统社会中，公平正义已经是一个重要的价值理念，但在那时它受到等级制度、神权、君权等的极大限制。现代意义上的公平正义则体现了以人为本的精神，强调每一个社会成员、社会主体都应该获得平等的发展机会、参与机会，受到公平、公正的对待。这种公平正义不仅是表面上、形式上的，而且是内容上、实质上的。①

二、新闻正义的理论探索

正义既为社会的首要价值，作为人们表达自由的重要途径的传媒自然应当体现正义。我国自 20 世纪初职业道德规范形成以来，各报人和学者就对媒介正义原则进行了各种阐释。王韬认为，记者记事“其居心务期诚正”；梁启超则指出，“记事，以直为主。凡事关大局者，必忠实报闻，无所隐讳。记事，以正为主。凡攻讦他人隐私，或轻薄排挤，借报复之言，概严屏绝，以全报馆之德义。”② 邵飘萍在论及记者修养时，指出“品性为第一要素”，并解释说：“所谓品性者，乃包含人格操守、侠义、勇敢、诚实、勤勉、忍耐及种种新闻记者应守之道德。贫贱不能移，富贵不能淫，威武不能屈，泰山崩于前、麋鹿兴于左而志不乱。”③ 在西方国家中，媒介正义也为报人和学者重视。普利策就说过“报业必须有能力、大公无私、训练有素、深知公理并有维

---

① 陈海燕：《论公平正义与社会主义和谐社会的构建》，载《山东教育学院学报》2005 年第 6 期。

② 复旦大学新闻系新闻史教研室编：《中国新闻史文集》，上海：上海人民出版社 1987 年版，第 66 ~ 67 页。

③ 郑保卫：《当代新闻理论》，北京：新华出版社 2003 年版，第 522 页。

护公理的勇气，才能保障社会道德。”① 美国编辑人协会制订的《报业信条》从“责任、新闻自由、独立、诚信、公平、正直、庄重”等七个方面，对新闻职业道德作了规范，也生动地诠释了媒介正义原则。

因此，我们不妨给新闻正义作个定义：所谓新闻正义，是指新闻媒介和新闻从业者在新闻活动中所体现的正直、勇敢、公平、权利、诚信、理性等原则和理念。它不仅关注大多数人和强势群体的幸福，同时也应当关注少数人和弱势群体的生活（如对社会中处于生活边缘的人们、犯罪新闻中对犯罪嫌疑人的权利的尊重等等），前者体现社会的普遍正义，后者则体现个别正义。新闻正义是新闻职业道德的重要部分，是媒介发挥传递新闻、舆论引导功能的前提，也是媒介赢得受众的关键所在。

在当代中国，新闻媒介和新闻从业者从事的不仅仅是单纯的传播新闻，他们还肩负着“以科学的理论武装人，以正确的舆论引导人，以高尚的精神塑造人，以优秀的作品鼓舞人”的重大使命，这也是时代赋予新闻正义的新的内涵。

3.4.2 犯罪新闻报道中正义的实现

正义是犯罪新闻报道价值目标中非常重要的一个，那么犯罪新闻报道如何实现正义呢？笔者以为，犯罪新闻报道中正义实现的路径主要有三个：匡扶正义、宣扬正义和贬斥不义。

一、匡扶正义

罗尔斯的正义差别原则就强调了对由于出身和天赋所带来的不平等应给予某种补偿的要求、差别原则承认和允许社会基本结构中存在不平等，但要求每个人都能从不平等中获利。补偿原则

---

① 转引自李瞻：《新闻学》，台北三民书局 1972 年版，第 196～197 页。

正是为了弥补差别原则的不足，要求社会必须更多地关注那些天赋较低和出生于较不利的社会地位的人们，按平等的方向补偿由偶然因素造成的倾斜。媒介作为社会正义的主体，理所当然担负着关注和补偿社会不平等的社会责任。

媒介匡扶正义的社会责任主要体现在媒介对弱势群体的关注。在社会转型过程中，随着阶层分化导致社会群体利益多元化，社会资源被重新分配，一部分资源相对缺乏的群体利益被剥夺，沦入社会底层和边缘，他们相对于社会其他群体而言处于劣势或弱势，这就是弱势群体，其主要包括儿童、老年人、女性、残疾人、精神病患者、失业者、贫困者、少数民族等。

综观目前我国媒介对弱势群体的报道，主要存在以下几个方面的问题：一是媒介为社会弱势群体提供的信息资源极为有限，而且总是有意无意地将他们置于社会注意力的边缘地带，使他们成为媒体的“缺席者”和“失语者”；二是歧视性报道；三是对弱势群体报道的主动意识不足；四是对弱势群体的报道面窄，缺乏深度；五是利用人们对“弱势群体”的同情心和好奇心，恶意炒作。关注社会弱势群体的报道，不仅对建设公平正义的和谐社会有着重要的作用，也能够形成传媒特有的公信力、亲和力、感染力、影响力，形成新闻传播的品牌。

而具体到犯罪新闻报道中，匡扶正义的体现主要是通过报道犯罪分子的犯罪行为，为那些受到犯罪行为侵害的被害人及其家属寻求补偿，唤起社会对他们的同情，监督司法对犯罪行为的惩处，从而补偿受害损失以恢复正义、实现正义。

二、宣扬正义

要匡扶正义，就必须大力提倡、宣扬正义，使正义成为全社会的普遍观念，从而为正义价值的顺利实现奠定良好的社会基础。犯罪新闻报道的过程中，必须在选材上、用材上和最终形成新闻文本等方面始终坚持宣扬正义。宣扬正义主要是要努力营造正义的社会舆论环境。实现社会公平，维护社会正义，既是社会的发展过程，也是人们思想观念的形成过程，需要正确的思想引导和社会舆论的营造，形成有利于促进社会公正的思想基础和舆论氛围，高度重视公平正义在社会发展中的重要地位和作用，在促进发展的同时，把维护社会公平放到更加突出的位置。

第一，通过犯罪新闻报道，科学阐释和宣传公平正义价值意义。犯罪新闻报道可以通过对正义的胜利和对不义的惩处的报道，扶持社会正气，谴责歪风邪气，打击邪恶势力，构筑起社会正义体系，建设一个具有良好风气的社会。同时我们也要通过法律法规建设，对犯罪分子及时公正地惩处，保障公平正义在实践中的落实。

第二，引导广大受众树立科学的正义观。正确看待城乡、区域和阶层收入的差距，处理好全局利益与局部利益的关系，局部利益自觉地服从全局利益，在实现全局利益中维护局部利益，引导全社会形成正确的正义价值观念，采用恰当的表述方式，及时疏导群众对社会的不满情绪并消除对犯罪行为的模仿可能。既要防止把正义、公平等同于绝对平均主义，又要防止脱离具体历史条件去追求公平、正义的两种绝对化倾向，从而引导人们正确认识社会正义问题。

三、贬斥不义

大众传媒还是一种巩固社会规范的有力工具，任何背离社会规范和道德准则的行为，一旦被公开揭露，为整个社会获知，就会受到公众舆论的谴责，从而迫使犯罪的个人或团体在舆论的压力下放弃或停止犯罪行为。在现代社会，公开揭露社会中犯罪的任务，主要由大众传媒承担。正如约瑟夫·普利策所言：“倘若一个国家是一条航行在大海上的船，新闻记者就是船头的瞭望者。他要在一望无际海面上观察一切，审视海上的不测风云和浅滩暗礁，及时发出警告。”①

国家惩罚违法犯罪以保障法的正义，具体表现在法通过惩罚违法犯罪，使违法犯罪者的恶行得以抑制，终止违法犯罪行为对正义的继续损害；使被违法犯罪行为扭曲了的正义标准得以校正，恢复社会正常的正义准则；使违法犯罪者的不义得到抵消与中和，正义在违法犯罪者受惩罚的过程中得以体现；使倾向恶行的不义者中止恶行、远离恶行，弃恶从善，确保正义免受侵犯。而犯罪新闻报道对犯罪行为的披露，对不义进行贬斥，可以从反面确立正义观念，恢复正义秩序，渲染正义价值，最终实现正义价值。

当然，我们要大力加强社会新闻舆论的监督力度。在当前，我国应完善新闻管理体制，减少行政控制，切实保障新闻自由原则；同时要制定新闻监督方面的立法，保障新闻机构及其工作者能依法行使其监督权利，确保新闻机构能够迅速、及时、恰当地揭露犯罪，维护正义。

3.4.3 犯罪新闻报道中正义实现的困境

犯罪新闻报道不等同于一般性事件报道，其本质是“合法”，应该把弘扬正义精神、推进公正司法、提高全社会法治观念作为总的思想，并贯穿于犯罪新闻报道的全过程。犯罪新闻传媒和记者都应正确面对价值判断和价值呈现的双重约束，树立法治理念、回归法治本位，真正认识到法治层面的报道价值是首要的、第一位的，其他方面的报道价值是次要的、派生的。尤其在一些公众关注的案件报道上，不应仅仅关注案件本体事实，偏重于原

① 展江主译评：《新闻与正义——普利策新闻获奖作品集》，海南：海南出版社1998年版，前言第2页。

生态、浅表层的写实，更要注重法治精神的张扬、司法公正的展示和社会正义的显现，突出案件深层次的教育震撼力，避免用“市场化”和“纯意识”功用排斥法制本位理念，从而达到匡扶正义、宣扬正义、贬斥不义之根本目的。

1. 正义的被滥用

正义往往被非正义所践踏。同时，正义也可能由于犯罪新闻从业人员在报道过程中的过失而被滥用。由于某些人员道德意识、法律意识、科学知识的畸形或者低下，错误地将不正义作为正义，或者将正义视为不正义的情况时而有之。

2. 正义的被冲击

正义的冲击主要来自于媒介其他方面的诉求，如可读性、经济效益等等。

在美国，有学者对 1893 年至 1988 年间的报纸内容进行了分析，揭示出报纸犯罪报道有四个显著的特点：一是大量的犯罪报道是关于暴力和耸人听闻的犯罪的；二是报道中暴力犯罪的比例高，并不符合官方资料中反映的比例；三是过分强调暴力犯罪，同时又未能提出防范技术，使社会的某些成员产生了受害的恐惧；四是报纸报道倾向于支持警察对犯罪和罪犯的态度和评价，基本上赞同警察形象及他们与公众的关系。①

这是诸多报刊普遍遇到的问题，以可读性和吸引力见长的法制报刊更是如此。而法制新闻的这个问题，又突出表现在案例宣传上，法制新闻宣传离不开案例，它以活生生的事实对人们所起到的教育和警示作用是其他新闻形式所不能取代的，但在宣传中又要严格把握它的量和度，注重品位和格调，严禁为迎合少数读

---

① ［美］哈里·L·玛希：《1960 年至 1989 年美国与其他国家报纸犯罪报道的比较分析》，李兴安译，原文载于美国《刑事司法杂志》，1991 年第 19 卷第 1 期，译文载于法律论文资料库网，http：//www. law-lib. com/lw/lw_ view. asp？no＝1584。

者的低级趣味而去渲染“红”（凶杀场面描写）、“黄”（色情、奸情描写）、“黑”（毒赌盗抢等阴暗面的细节描绘）等，也不能让案例的分量过重以致成为报纸版面的主体。

面对日趋激烈的“买方市场时代”的竞争，作为大众信息产业的传媒，顺应受众原有的、传统的认知体系，找准市场的兴奋点，对犯罪新闻信息进行一些加工包装的软处理，本无可厚非，但作为严肃题材载体的犯罪新闻报道，如果过于注重“娱乐元素”，异化为惟市场效益为衡量点的泛娱乐传播观，则背离了犯罪新闻报道的基本功能和社会正义的价值目标。如在对马加爵杀人案和张君等人系列抢劫案的报道上，不少媒体津津乐道其星象如何预示、有同性恋行为、有多少情人等，将受众对重大恶性案件的关注焦点引向“轻、薄、软”的看法、卖点上，[①] 将对依法惩恶的张扬、对事件深层意义的挖掘和对社会生态链脱节的反思，让位于毫无立场和媚众化、低俗化、同质化的娱乐，忽视了犯罪新闻报道应有的功能，背离了社会正义诉求，逆向影响了受众的心理和行为，从而无法保证公平与正义价值的实现。

为确保犯罪新闻报道的高品位，以尽可能地减少其负面效应，我们应该坚持做到“四个不用”：即格调低下的案例不用；渲染凶杀、暴力、奸情的案例不用；荒诞离奇、无积极宣传效果的案例不用；上级有关部门规定不准公开报道的罪名的案例未经请示批准不用。[②]

---

① 邵梅青：《试论法制新闻报道的价值取向》，载《江淮法治》2005 年第 9 期。

② 董风枝、尹婷：《法制新闻宣传中应处理好的几个关系》，载《青年记者》2004 年第 9 期。

3.5 犯罪新闻报道中的价值冲突及其消解

3.5.1 犯罪新闻报道中价值冲突的含义及原因分析

一、价值冲突的含义和分类

犯罪新闻报道的价值是一个多元、多维、多层次的体系。其中包含着各种准则。不同的时代、国家、阶级、新闻机构、个人在犯罪新闻报道的实践和理论上可能具有不同的价值观念。不同的价值准则和价值观念各自内部和相互之间的矛盾，就是价值冲突。

价值冲突在理论上有真实冲突和虚拟冲突之分，真实冲突是指客观存在的，非因人们误解产生的价值冲突。而那种非客观存在的，仅是人们主观误解而以为存在的冲突被称为虚拟冲突。①简单地说，价值的真实冲突也就是实实在在客观地存在的冲突；而价值的虚拟冲突则是由于人们认识上的错误，以为存在冲突其实根本就不存在。事实上，许多价值冲突都是由于人们认识的错误而出现的虚拟冲突。

二、犯罪新闻报道中价值冲突原因分析

犯罪新闻报道中，价值冲突的原因主要源自于以下几个方面。

一是价值主体的多样性。价值主体包含着群体主体和个体主体。群体主体中的每一个单元都有各不完全相同的规模、范围、大小、级别、类别、地位、作用、性质、隶属、构成等。个体主体中的每一个单元都有不尽相同的经济收入、心理状态、政治态度以及性别、年龄、出身、道德、文化等。不同的价值主体拥有

① 卓泽渊主编：《法理学》，北京：法律出版社 1998 年版，第 281 页。

不同的价值愿望、价值要求、价值标准和价值满足感。这些就必然导致相互在价值上的矛盾和冲突。最为明显的就是被害人与犯罪人对同一犯罪现象的价值需求肯定会有千差万别。另外，处于不同社会地位的受众也会有不同的价值需求，如社会富裕阶层和掌握社会资源比较多的人群，他们可能更向往秩序价值。而处于社会弱势地位的那些人群，可能更向往正义。

二是犯罪新闻报道中主体需要的多样性。社会是由人组成的整体，这些人包括着单个的人（个体）和多个的人的结合（群体）。不同的个人、不同的群体在社会生活中会产生不同的需要；同一个人、同一个群体在不同的时间、不同的地点，以及不同的境况下也会有不同的需要。而且一个人、一个群体也还可能在同一时间、同一境况下存在多种需要。由于主体需要的多样性，这就决定了当客体恒定时，其对主体需要满足的过程中会出现一定的冲突。

三是社会历史、文化、道德、宗教、习俗、法律观念、社会意识等原因。价值冲突可能因此而得以产生。不同的国家、种族、民族，乃至不同区域的人们都可能因此不同而对同一犯罪现象产生不同的价值认识，从而出现价值冲突。如有的国家对中东那些人体炸弹持肯定态度，认为是正义的行为；而与之相反，有的国家则会将之视为不义的行为加以谴责。

3.5.2 犯罪新闻报道中自由价值与秩序价值的冲突及其消解

自由与秩序必然存在冲突，二者并非在任何情况下都是协调的，用一句通俗的话来说，秩序多了，自由就少了，而反之亦然。法国学者斯托策尔在《当代欧洲人的价值观念》中写道：当欧洲人被问及“在接受命令时应无条件服从还是首先弄清楚它们是否正确?”选择前者的大约为 32%，而选择后者的约为 41%，其余的不愿回答，显然前者偏重于秩序，后者偏重于自由。在对维护言论自由、允许一切人对政府的重大决策更多地表达自己的意见或维护国家秩序两个方面进行选择时，也出现了类似情况。①

新闻活动本身是人们行使言论自由的重要途径，新闻的价值诉求主要应当是自由。我们不要毫无限制、没有秩序的新闻自由，就是号称世界上最自由民主国家的当代美国，虽然其十分重视和尊重新闻自由，如其宪法第一条修正案明确规定:“国会不得制定法律……剥夺言论或出版自由……”但美国同样可能出于国家安全目的或维护司法独立和公正审判而对新闻自由进行一定的限制。如尼尔诉明尼苏达案（1931）就首次提出了对宪法修正案的各种考虑即可介入。在尼尔案中，尽管一般而言是不同意对新闻出版的事前约束，认为约束违反宪法第一和第十四条修正案，可是联邦最高法院又的确承认，在非常情况下，其中包括在战争时期威胁到要公开军事秘密，那么事前约束应当是可以允许的。这就使得联邦政府在 40 年后努力阻止媒介书面发表所谓“五角大楼文件”的尝试成为可能。② 当然，更不能只有秩序、没有新闻自由。那么，如何在二者间如何寻求平衡呢?

从政府角度来说，制定一部新闻法，确定新闻媒介、新闻从业者和公民的新闻自由权，并且对新闻自由的滥用施以控制，建立一种符合政府意志和社会需求的强制秩序。

---

① ［法］斯托策尔:《当代欧洲人的价值观念》（中译本），北京：社会科学文献出版社 1988 年版，第 32 页。

② 详见［美］T. 巴顿·卡特、朱丽叶·L·迪、马丁·J·盖尼斯、哈维·祖克曼:《大众传播法概要》，黄列译，北京：中国社会科学出版社 1997 年版，第 120 页。

我们在制定新闻法时，主要的价值取向应当是自由优先、兼顾秩序，以求得二者的相对平衡。这也是解决二者冲突的原则。也就是说，新闻法应当更多地体现公民、法人和其他组织的个人权利，保障他们及时充分地行使自由权，保证新闻机构及其从业人员的各种业务权利和人身权利，充分发挥媒介的舆论监督作用。而不能将《新闻法》变成一部“监督和限制新闻的法”。

从媒介角度来说，首先，要树立良好的维权意识，充分发挥表达权、监督权等新闻自由权，敢于与侵害自身合法权益的行为斗争；其次，要确立正确的社会责任意识，把对社会公众负责与对国家政治经济制度负责结合起来；再次，要遵守职业道德规范，增强职业自律意识，严格约束和检点自身的职业行为；最后，要建立相应的行业监督机构，完善监督机制，规范媒介的职业行为。

强调自由高于秩序的理由：

1. 法律及其确保的秩序在立法上就必须对自由让步，它只能是自由的确认者、分配者、保护者而不是自由的否定者、妨碍者。

2. 在既定的法律之下，在法律实施中，当自由与秩序发生冲突时，应强调自由。

3. 自由全面高于秩序，以秩序损害自由的法律本身不是良好的法律。

强调秩序高于自由的理由：

1. 法律是秩序的化身，秩序的存在本身就是对自由的束缚和规制，因而自由必须以秩序为依归，以法律为准绳。

2. 在法律确定了自由和秩序的位置之后，二者发生冲突时，自由应无条件地服从秩序。

3. 秩序应全面地高于自由，在立法上要以秩序为目标，自由服从秩序。

自由与秩序的冲突既可能存在真实冲突也可能存在虚拟冲突，而且二者的冲突并非是一种排他性的冲突（即有一无二的冲突），而体现的是一种位列性的冲突（即在某种给定的条件下，冲突的一方具有优于另一方的地位）。新闻活动本身是人们行使言论自由的重要途径，新闻的价值诉求主要应当是自由，而且我们国家长期以来强调服从与秩序，相对而言更为忽视自由，因此我们在制定新闻法或者从事犯罪新闻报道时，主要的价值取向应当是自由优先，兼顾秩序，以求得二者的相对平衡。这也是解决二者冲突的原则。

3.5.3　犯罪新闻报道中效益价值与正义价值的冲突及其消解

追求媒介的社会效益与追求媒介正义是不矛盾的，实现媒介正义就是一种好的社会效益。因此新闻正义与新闻效益的矛盾主要表现为媒介经济效益和媒介正义之间的矛盾。追求新闻正义有时可能会冲淡经济效益的实现，而过于追求经济效益又很容易导致新闻正义的丧失。

新闻正义和新闻效益在一定条件下可以保持平衡达到一致，但是在过于强调一方而忽视另一方的情况下会导致矛盾激化。有的报纸，既讲究新闻正义又讲究新闻效益，它们的新闻正义往往能使它们在受众中赢得良好的声誉和支持，从而实现新闻效益。然而，一些媒介为追求经济效益，往往忽视甚至违反了媒介正义原则。它们或贪图钱财，大搞钱稿交易；或不择手段，进行煽情炒作；或无视法纪，侵害他人权益；或猎奇求异，制造文化垃圾等，激化了两者的矛盾。

只有新闻正义和新闻效益达到平衡一致，新闻传播才能实现最大价值，新闻媒介才能取得更好的发展。要平衡两者的矛盾，使两者协调发展，媒介应该遵循正义优先、兼顾效益的原则，而要实现这一原则，媒介在发展中应当做到以下几点：

第一，维护国家安全，促进社会稳定；

第二，维护公民权益，满足受众需要；

第三，实行自主经营，拓宽效益渠道；

第四，规范市场秩序，进行公平竞争。

换言之，媒介应该坚持正义感、增强大局意识，认真履行新闻职责，使自己真正成为社会环境的守望者、社会舆论的代言者、社会公德的监督者、社会正义的维护者；同时，媒介也要加强经营管理，在坚持媒介正义的前提下争取最大的经济效益。

第 4 章　犯罪新闻报道的原则

从总体而言，法制新闻报道的基本要求可以概括为如下“五性”，即：客观性、真实性、公正性、严肃性和及时传播性。由于犯罪新闻报道本身的特性，因此，犯罪新闻报道除了要遵守新闻报道的基本准则和法制新闻报道的基本要求之外，还具有自身特有的一些原则，这些原则贯穿于犯罪新闻报道的整个过程，指导着犯罪新闻从业者的一切行为。

所谓犯罪新闻报道的原则，是指新闻机构及其从业者在进行犯罪新闻报道过程中必须严格遵守的行为准则。

那么如何确定犯罪新闻报道的原则呢？换句话说就是，什么样的准则能够成为犯罪新闻报道的特有原则呢？我们认为，界定犯罪新闻报道的原则应该包括如下几个方面的内容：第一，是指整个犯罪新闻报道过程中总的原则。第二，应当是贯穿于采访、记录、形成文本、发表和跟踪报道等犯罪新闻报道的全过程，体现在犯罪新闻报道的各个细节和环节之中。也就是说，这些原则应该是全局性的、根本性的准则，而不是局部、细节性的准则。第三，应当符合“原则”的内涵。原则通常是指“观察问题、处理问题的准绳。”①

基于此，笔者以为，犯罪新闻报道主要包括三个原则：权利

① 辞海编辑委员会编纂：《辞海》，上海：上海辞书出版社 1979 年版，第 151 页。

保障原则、权力监督原则和合法性原则。

确立犯罪新闻报道原则具有十分重大的意义。首先，犯罪新闻报道的原则可以指导整个犯罪新闻报道活动，确保犯罪新闻报道合法、正确、高效地进行。其次，犯罪新闻报道的原则可以保障犯罪新闻报道的任务得以顺利完成。最后，犯罪新闻报道的价值目标也必须在犯罪新闻报道原则的保障之下来实现。

4.1 权利保障原则

4.1.1 权利概述

权利一词在历史上和不同学科有着多种含义。通过对历史的回顾，庞德概括了权利一词被使用的六种含义：

第一，权利被用指利益，可以理解为基于伦理的理由应当加以承认或保障的利益。

第二，权利被用指法律上得到承认和被划定界限的利益，加上用来保障它的法律工具，可以称为广义的法的权利。

第三，权利被用指一种通过政治组织社会的强力（保障各种被承认的利益的工具的一部分），来强制另一个人或所有其他人去从事某一行为或不从事某一行为的能力。这可以称为狭义的法的权利。

第四，权利被用指一种设立、改变或剥夺各种狭义法的权利从而设立或改变各种义务的能力。最好称之为法律权力。

第五，权利被用指某些可以说是法律上不过问的情况，也就是某些对自然能力在法律上不加限制的情况。

第六，权利被用在纯伦理意义上来指什么是正义的。①

正如卓泽渊教授所言，或许“庞德的上述描述和概括未必精当，但他的论述完全可以说明，权利是一个十分难以确定其含义的概念”。②

而夏勇教授则认为，一般说来，研习权利哲学的学者们都偏重于其中一个或两个要素来建立理论，并将其概括为资格论、权力论、利益论、主张论、意志论、选择论等。③

夏勇教授继而认为，权利是一种观念（idea），也是一种制度（institution）。当我们说某个人享有权利时，是说他拥有某种资格（entitlement）、利益（interest）、力量（power）或主张（claim），别人负有不得侵夺、不得妨碍的义务。若无人承担和履行相应的义务，权利便没有意义了。所以，一项权利的存在，意味着一种让别人承担和履行相应义务的观念和制度的存在，意味着一种文明秩序的存在。④ 夏勇教授从权利与义务的对应角度给出了自己的理解，权利的存在必然以义务相对人一定义务的存在为前提。详言之，权利就是指社会主体享有的法律确认和保障的以某种正当利益为追求的行为自由，体现为权利主体可以为或不为一定行为以及要求他人为或不为一定行为的自由。

4.1.2　犯罪新闻报道中权利保障的内容

犯罪新闻报道必须要保障各方当事人的合法权利，从权利主

---

① ［美］罗斯科·庞德：《通过法律的社会控制　法律的任务》，沈宗灵、董世中译，北京：商务印书馆 1984 年版，第 46 ~ 48 页。

② 卓泽渊：《法的价值论》，北京：法律出版社 1999 年版，第 373 页。

③ 详见夏勇：《人权概念起源》，北京：中国政法大学出版社 1992 年版，第 37 页及以下页。

④ 夏勇主编：《走向权利的时代》（修订本），北京：中国政法大学出版社 1999 年版，第 1 ~ 2 页。

体的角度来看，犯罪新闻报道中所保障的权利主要体现为以下几个方面。

一、刑事被害人及其亲属权利的保障

刑事被害人是指在刑事案件中为犯罪嫌疑人、被告人或者罪犯的犯罪行为所侵害的自然人、法人或者其他组织。在刑事案件中，刑事被害人是直接的受害人，他们的生命权、健康权或者其他人身财产权受到了犯罪行为的侵害。除了直接被害人之外，还有一类是间接地受到侵害的人，即刑事被害人的亲属，他们同样可能受到犯罪行为的伤害，包括情感上或者其他方面的侵害。

犯罪新闻报道中一般情况下都能人性化地照顾到被害人及其家属的情感等等，保障他们合法的权利。但是同样存在着在犯罪新闻报道中被害人及其亲属的权利被漠视甚至被侵害的可能，如性犯罪中的被害人及其亲属被有些媒体多次、重复侵扰，或者媒介为了追求某种利益，而有意识或者无意识地披露被害人过于详细的身份情况，使被害人及其亲属的隐私权、健康权、安宁权受到侵害；形成“第二次被害人化”的情形。

刑事被害人及其亲属的权利在犯罪新闻报道中主要涉及到隐私权、健康权、安宁权等等。

二、犯罪嫌疑人、被告人或者罪犯及其亲属权利的保障

犯罪嫌疑人是指被公安司法机关列为某件或者某些刑事案件的怀疑对象并被采取了一定的法律措施的人。被告人在刑事案件中是指已经被检察机关公诉至人民法院并已受理立案的嫌疑者或者因刑事案件被自诉人起诉至人民法院并已受理立案的人。犯罪嫌疑人、被告人根据无罪推定原则的规定，他们尚未被审判机关最终认定为犯罪者，因此，从理论上讲，我们只能将其视为无罪者。对于这部分人我们在报道中要始终坚持客观报道，不能将其未审先判，将其定性为罪犯，要保障其作为公民的合法权利。

罪犯是指已经被司法机关经过合法程序最终认定为犯罪者的人。这些人虽然已经被认定为犯罪者，并不意味着我们就可以忽视其合法权利而可以肆意侵犯。对于其人格尊严和其他合法的、未剥夺的权利应该予以保障。

在犯罪新闻报道中，尤其是要注意保障未成年的犯罪嫌疑人、被告人和罪犯的权利，严格依照法律的规定进行报道。《未成年人保护法》第二条规定，未成年人是指未满18周岁的公民。该法第三十九条规定：任何组织或者个人不得披露未成年人的个人隐私。第五十八规定：对未成年人犯罪案件，新闻报道、影视节目、公开出版物、网络等不得披露该未成年人的姓名、住所、照片、图像及可能推断出该未成年人的资料。《预防未成年人犯罪法》第四十五条第三款规定：对未成年人犯罪案件，新闻报道、影视节目、公开出版物不得披露该未成年人的姓名、住所、照片及可能推断出该未成年人的资料。这些法律规定都对媒体报道未成年人违法犯罪案件作出了有别于对成年人案件报道的要求。

对于犯罪嫌疑人、被告人和罪犯的亲属，由于其本人并非刑事案件的行为人，更应该尊重其作为普通公民的合法权利，在犯罪新闻报道中必须将其与犯罪嫌疑人、被告人和罪犯加以区别对待。

三、公安、司法人员权利的保障

从广义上讲，公安、司法人员包括所有与犯罪案件相关的、代表国家行使权力的公安人员、检察人员、司法人员和监狱执行人员等等。一般而言，他们的权利与其行使的公权力联系比较紧密，似乎不需要媒介的保障，但是这些人员，他们一方面是国家公权力的行使者，有国家强制力量作为保障，但是另一方面他们又是普通公民的一员，他们也享有普通公民的权利，这一部分权利同样可能受到新闻媒介的侵害。正因为他们是公权力的行使者，反而容易被忽视。在犯罪新闻报道中，公安、司法人员的权利主要体现为人身安全等等，目前有部分地区的媒介在采访司法人员的时候会加以技术处理，比如用马赛克的形式隐去司法人员的面部，这显然并不是意味着国家权力向犯罪分子低头，而是对司法人员的一种恰当的保障措施，保护这些人员不受犯罪分子及其同伙的侵害。

四、其他有关人员权利的保障

其他人员包括与犯罪新闻相关的所有人员，主要包括证人、鉴定人、翻译人等等其他诉讼参加人。

同时还有一种人在现代新闻报道中需要加以关注，就是新闻线人。所谓新闻线人，是指为媒体提供新闻线索，获得报酬的人。新闻线人主要有两种类型：专业新闻线人，自制设备，以此为业；副业新闻线人，不定期提供新闻线索。[①] 新闻线人存在的合理、合法性有待讨论，但是他们的出现有一定的必然性，因此我们也需要加以关注。对于他们的有关权利，新闻机构及其从业者要进行特别的保障，比如他们的安全，为他们保守一定的身份秘密等等。

当然媒介从业人员自身的权利也需要保障，这个问题学界多有论述，本书不再展开。

4.1.3 犯罪新闻报道中权利保障的实现

一、通过正确的选材实现权利保障

正确的选材是犯罪新闻报道的第一关，通过正确的选材可以使我们实现对相关当事人权利的保障。

某一客观事件之所以能引起记者关注，那是因为该事件具有

① 刘海涛：《论新闻线人存在的合理性与合法性》，载《现代传播》2005 年第 4 期。

某种新闻价值。哪些事件以及具备何种新闻价值，大致上是可以把握的，比如涉及国家事务、社会公共事务以及公众人物的事件，就普遍为公众所关注，就具有较大新闻价值。一般而言，涉及公民的私人事务的事件，如个人婚姻家庭、朋友之间的交往、个人信仰以及一些普通民事纠纷等，其新闻价值相对较小。但因其能满足部分受众的好奇心理，也能引起一定程度的关注，对这类题材记者尤应注意避免侵害公民名誉权和隐私权，所以在报道犯罪题材的新闻时，要特别关注具有重大新闻价值的题材，对于那些容易引起侵权的题材要比较慎重，如果其确实具有重大的新闻价值，也必须严格遵守有关规定慎重报道。

犯罪题材是受众关心的题材，也是能够吸引受众眼球的重点题材，自然是新闻报道的热点。撰写、制作涉及犯罪题材的新闻报道时，应注意体现对法律的尊重、对司法部门独立行使司法权的尊重，对当事人人格的尊重。涉及犯罪题材的新闻报道，其新闻源主要来自司法部门，应按照司法部门提供的材料、按司法程序的进程撰写、制作新闻，不能超越司法程序妄加评论，尤其不能先于法院判决对案件下结论，否则就是新闻裁判而不是司法裁判了。

二、通过适当的用语实现权利保障

犯罪新闻因为要报道犯罪事件及犯罪分子，为了使情节生动曲折和人物形象更加突出，新闻媒介往往大肆渲染，对犯罪分子进行攻击甚至辱骂，严重损害其名誉、隐私权等，因此常常惹来诽谤官司。正如陈力丹教授所指出，侵犯公民的各种隐私权已经成为传媒职业道德缺失的主要表现之一。并认为这种现象上世纪 80 年代已作为问题提出，并得到重视，但是对于一些新从事传媒工作的人员来说，利益的驱动和单纯“职业主义”的追求仍然不断地产生着新的侵权案例。

而这其中一个非常重要的原因就是媒介使用不当言语所致。一些犯罪新闻报道由于采用情绪化、文学化的处理手法，使用了一些诸如“败类”、“歹徒”、“恶凶”、“罪犯”、“变态狂”、“劳改释放犯”、“盗窃犯”、“窃贼”等法院认定的不规范法律用语的称谓和定性语言，以及运用了一些联想和推测，往往引发新闻官司。当然，主观臆断、合理想象作为一种思维方式适用于文学创作，但新闻不是文学，当新闻记者从事新闻报道时，切不可像创作文学作品那样添枝加叶、合理虚构、形象比喻。因此，为了保障犯罪新闻中相关当事人的权利，我们必须使用正确的语言来表述，避免使用带有感情色彩的褒贬词语。对一些涉及案件定性、量刑及当事人名誉的报道，要慎之又慎，报道中应尽量使用“案犯交待或供述”、“据办案人员介绍”、“诉状中称”、“公诉人指控”、“法院审理查明”、“判决书称”等客观性较强的词语，不要带有主观倾向性，不要妄加评论。另外，报道案件时，使用法律术语要准确，媒体往往因为法律术语使用不当，给当事人名誉造成损害。

三、通过正确的采访途径实现权利保障

新闻报道失实是大多数新闻侵权发生的原因。采访时能否查明新闻事件的真相，采访获得的新闻素材有多少真实性，决定着报道内容是真实还是基本真实、是部分失实还是全部失实。采访环节应注意查明：事件是否真的发生；当事人是否确是该事件的当事人；知情人是否亲身经历事件过程或确实知道事件的真相；知情人介绍的有关信息是否可信；印证事件的各种文件、资料等是否真实；采访获取的与新闻事件相关的各种信息能否综合反映事件的全貌等。

记者在进行犯罪新闻采访和报道中有一定的特殊性，容易在采访过程中侵害到他人的隐私权、公正审判权等。针对此种情

况，我们特别要注意几个问题：第一，杜绝非法侵入他人住宅。第二，不能窃听电话和偷拆偷看他人信件。第三，避免以骚扰的形式采访当事人。第四，反对偷录。这些在后面的章节中将展开论述。

4.2 权力监督原则

4.2.1 新闻监督概述

新闻媒介具有诸多功能和作用，在现代社会中，其社会地位和在社会中所起的作用也越来越多，其中一个至关重要的作用就是对公权力的监督。

一、新闻舆论监督的形成

监督，也就是监察和督促的意思。新闻舆论监督，是指通过新闻事实报道的方式，对某种事物或现象进行披露、评价和议论，从而引起公众的特别关注和议论，并由此形成一种人云亦云甚至街谈巷议的公众舆论，以达到对某种事物或现象进行监察和督促的目的。

古典民主主义舆论形成的模式是："个人的理性判断→合理讨论→意见一致"，而在现代的大众民主主义社会，改为如下模式更为恰当："立体型的认知→组织领袖对符号的操纵→情绪统一"（竹内郁郎《舆论导宣传》，绵贯、松原编《社会学研究入门》），如用一句话来表达这一舆论形成过程的特征，那就是——舆论操纵模式。[①] 新闻媒介在这一过程中积极参与，并有着巨大

① ［日］竹内郁郎：《大众传播社会学》，张国良译，上海：复旦大学出版社 1989 年版，第 175 页。

的影响力和控制力。

可是，大众民主主义社会同时又是“强大的利益集团争夺统治权的战场”，翻腾着“强有力、大规模的利益集团和党派的斗争”浪花。从这一点出发，又可描绘现代社会中舆论形成过程的另外一种模式，即：政府→←议会→←政党→←中层利益集团、压力团体、大众团体、市民团体→←国民。从这一观点出发，也可以考察现代的舆论形成过程。大众传播媒介与这一模式中的各个要素扇形地保持着互相作用的关系。[①] 正因为新闻媒介在现代社会舆论形成的过程中所起的重要作用，给新闻媒介对权力进行监督提供了体系上的原因。大众传播的信息提供功能，一般来说，是基于客观报道原则和中立、不偏不倚的原则，以客观事实主义和多元均衡主义为目标的。从这一立场出发，媒介不受政党约束而发布的新闻、解说和主张，构成了舆论形成的合理基础。无论在中国还是世界其他国家，新闻界历来被人们称作“舆论界”，媒介几乎等同于舆论的代名词，可见新闻媒体对于舆论具有强大的影响力。

二、新闻舆论监督的属性

对于新闻舆论监督的性质，学界多有争议，主要集中于新闻舆论监督的法律属性上。对此，主要有两种针锋相对的观点：权利说与权力说。下文分而述之。

1. 权利说

此种观点认为，新闻舆论监督是一种权利，而非权力。如卢跃刚在题为《我们的基本立场》、为《第四种权力：从舆论监督到新闻法治》所作的序言中写道：“坚持人道主义立场，恢复常

---

① ［日］竹内郁郎：《大众传播社会学》，张国良译，上海：复旦大学出版社1989年版，第176页。

识判断，只有在这样的意义上来理解所谓的‘舆论监督’似乎才有意义。我想说的是，‘舆论监督’的权利，不是谁恩赐的，而是《宪法》和公众赋予的，有着深厚的现代社会的法理基础。”①很明显，卢跃刚是把新闻监督视为大众的一种法律权利。

2. 权力说（第四权理论）

在美国，新闻舆论监督决定了美国的政治公开化以及对政府权力的制约。除了立法、司法、行政三种权力之间具有相互制约的关系外，公众的舆论无疑是约束权力的一种权力。并被认为是“第四种权力”。自 1787 年英国人比尔克首先将社会新生的一个界别——新闻界称为“第四种权力”始，经 1946 年美国“报刊自由委员会”发表题为《自由而负责的报刊》的报告，到 1974 年 11 月 2 日美国联邦最高法院大法官斯特瓦特正式提出具有法律意义的“第四种权力理论”止，新闻媒体完成了社会制度化的历程，从社会中正式分离出来，成为了继立法权、行政权、司法权之后的第四种制度性权力，正式登上了现代民主政治舞台。②

美国第三任总统托马斯·杰斐逊把新闻自由的实践看作是探索美国民主政治体制如何有效运作的伟大尝试。他反复指出：“人民的意见是各级政府的基础。”“人民是统治者的惟一监督者。”“要使他们永远关心国事。假如他们一旦不关心公共事务了，那么你和我，以及国会和州议会，法官和州长，都要变成豺狼了。”③ 人民有权监督政府，通过什么途径和手段来实现呢？杰斐逊认为，最主要最经常的中介就是报刊。

① 眢爱宗等著：《第四种权力：从舆论监督到新闻法治》，北京：民族出版社 1999 年版，第 3 页。

② 参见徐显明、齐延平：《“权利”进入，抑或“权力”进入——对“现场直播进法庭”的学理评析》，载《现代法学》第 23 卷第 4 期。

③ 转引自眢爱宗等著：《第四种权力：从舆论监督到新闻法治》，北京：民族出版社 1999 年版，第 96 页。

传媒之所以能够对行政、立法、司法等社会权力进行有效监督，是由于媒介有与之抗衡的权力力量。对于什么是媒介权力，可见的文献和研究成果多为描述性的，而较少以明确的概念加以界定。媒介权力的特征：第一，媒介权力是一种非制度化的、隐性的影响他人的能力；第二，媒介权力是一种合法化的权力，其合法化表现在媒介权力对象（受众）对媒介权力的认可和自愿服从；第三，媒介权力来源于对信息和符号的控制和支配；第四，媒介权力的效力主要体现在影响效果上而非强制行使。[①] 可见，"媒介权力是指支配者通过占有、操纵媒介实现对被支配者的信息控制，迫使被支配者（人多数是在不完全知情或自动赞同的情况下）在认知行为和价值判断上服从于支配者的利益要求"。[②]

依照丹尼斯·朗的观点，权力的形式有四种：武力、操纵、说服和权威。显然媒介权力不是依靠武力威胁来阻止或限制对象的，但媒介权力至少具有操纵、说服和权威这三种形式，这是由于媒介权力的非强制性这一特殊性而决定的。[③]

3. 本书主张

权力是人类社会发展到一定阶段的必然产物，它总是以不同的形式存在于各种社会形态中。权力是指特定主体（包括个人、组织和国家）在其职责范围内拥有的对社会或他人的强制力量和支配力量。权利是指社会主体享有的法律确认和保障的以某种正当利益为追求的行为自由。体现为权利主体可以为或不为一定行为以及要求他人为或不为一定行为的自由。二者有着千丝万缕的联系。

第一，权力以权利为基础，以实现法律权利为目的，法律权

---

① 赵中颉主编：《法制新闻与新闻法制》，北京：法律出版社2004年版，第136页。

② 吴予敏：《帝制下的媒介权力》，载《读书》2001年第3期。

③ 赵中颉主编：《法制新闻与新闻法制》，北京：法律出版社2004年版，第139页。

利制约权力。

第二，某些权利的实现依赖一定的权力。

第三，二者具有一定的一致性：如都以追求一定的利益为目的；都有相应的法律规定和限制；都有相应的法律保障；它们的正确行使都会对社会产生良好的效果。

但是二者也存在着明显的区别，主要体现在：

第一，产生不同（来源不同）。权利原本是自然生成的，只是由法律确认的；而权力往往根据法律来配置或由一定的政治组织赋予而产生。一般来说，国家或一定组织的权力依赖于一定的政权，由法律分配而拥有；特定个人的权力不是自然生成的，而是依赖国家或一定组织的赋予才产生的。因此权利具有普遍性，而权力则不具有普遍性，只有特定主体才拥有。

第二，要求不同。权利的实现并不要求权利相对人以服从为条件，也不体现权利人支配其他人。而权力的实现必须以服从为条件，体现为权力支配其他人。因此权利关系是一种完全平等的关系，而权力则是服从与被服从、支配与被支配的不平等关系。权利要求平等，权力要求服从。

第三，追求利益的重点不同。权利总是以追求政治利益、经济利益和其他利益并重；而权力追求的利益主要是政治利益。因此权利以维护国家、社会和个人利益并重，而权力总是把维护国家和社会利益作为主要使命。

第四，限制程度不同。权利没有严格的限制，既可以行使也可以转让和放弃；而权力则只能依法行使，不能随意转让和放弃。而且，对于权利而言，只要法律没有明文禁止人们即可为；而对于权力而言，法律没有明文规定，则不可为。

第五，实现方式不同。权利的实现只有在必要的时候才体现国家的强制性；而权力的实现则往往直接伴随着国家强制力的约束。

第六，范围不同。权利的范围非常广泛，它一般是根据权利主体的正当需要来确定；而权力的范围则非常有限，它主要是根据权力主体的职责范围确立的。

因此，笔者以为，与其将媒介进行的新闻舆论监督称之为“权力（power）”，不如界定为“权利（right）”。因为权力要求具有一种强制性，新闻舆论监督显然并不具有如立法权、司法权和行政权一样的此种强制性，而更是国民所具有非强制性的一种宪法权利。新闻不是权力，它不可能去改变什么，甚至于不能判断什么。清华大学的刘洪波在《南方周末》（2003 年 1 月 29 日）上发表的《从法治角度看舆论监督》也谈到了类似的观点，他说：“传媒不同于法庭，它没有也不应该有审判者的权力，即使它能够负有对错举证责任，它也没有最终判断对错之权力。即使它的批评报道百分之百合乎事实，即使它行文上作的是判断语气，在社会功能定位上它也只是怀疑者而不是判断者。”① 这样的观点，应该说基本上明确了新闻的本质属性。

4.2.2 犯罪新闻报道中的权力监督

法制新闻（犯罪新闻是其中最为重要的一部分）舆论监督具有两个显著的特点：

一是功能强，作用大。在当代法治国家，宪法和法律是社会全体成员的行为准则，而且是依靠国家强制力来保证其实施的，具有不容置疑的权威性和至高无上的约束力。法制新闻舆论监督，说到底就是依法监督。所以，法制新闻舆论监督，与以伦理规劝和道德说教的舆论监督相比，其功能更强，作用更大，其权威性

---

① 转引自赵中颉主编：《法制新闻与新闻法制》，北京：法律出版社 2004 年版，第 102 页。

更高。

二是范围广，触及面宽。在当代社会中，法律已渗透到社会生活的各个领域和各个层面。党的十五大和九届全国人大以来，我国确立了“依法治国”的治国方略，要逐步实现依法管理国家事务，管理经济文化事业，管理社会事务。由此可见，法制新闻舆论监督所涉及的范围，已经不仅仅限于法制政治领域，而且遍及社会生活的各个领域和各个层面。①

犯罪新闻报道对权力的监督，主要体现于对司法权和行政权的监督上。

一、对司法权的监督

江泽民同志在中共十五大报告中特别强调，“发挥舆论监督的作用。加强对宪法和法律实施的监督，维护国家法制统一。”媒介作为对司法公正的舆论监督不可或缺的“利器”，再次受到深切的关注；同时，司法公正也已经成为当下整个社会的强烈期待。司法要真正走向公开、公正，本应通过司法制度的建设和完善、法官素质的提高等手段来进行，但是，任何社会在没有监督的情况下要完全实现司法公正是不太可能的，尤其是我国当今社会的各种因素的制约，传播媒介对司法活动进行有效监督，不能不说对司法公正起着至关重要的作用。

司法是国家政治体系的一个重要组成部分，它同立法、行政一起构成国家的权力结构。司法公正与否不仅关系着公民法律权利的实现，而且对平衡社会正义有着直接而重要的影响。因为司法是对体现正义价值的法律的运用，它代表国家行使维护正义的职能；但同时，由于司法具有公权力的性质，在缺乏有效监督的

① 李矗编著：《法制新闻报道概说》，北京：中国广播电视出版社 2002 年版，第52～53 页。

情况下容易造成滥用权力，产生司法腐败现象。一个和谐的社会需要法律规范建立的强有力的社会秩序，而和谐的司法秩序的形成是和谐社会至关重要的一环。

对司法的监督，在西方国家一般通过权力制衡予以实现，司法权受到立法、行政和被称为“第四权力”的大众媒介的监督和制约。而在我国，对司法的监督主要有国家权力机关、上级和同级司法机关和行政机关的国家监督以及国家机关以外的政党、社团、公民或媒体的社会监督。[①] 在对司法权的社会监督中，新闻媒介监督除了具有社会监督的共性外，还有着及时、快速、轰动等自身所特有的效应，较之其他的社会监督，更具有强大的力量和无可比拟的优势。

媒介的舆论监督功能对司法权力能起到有效的制衡作用，媒介通过对司法行为的监督，有利于促进司法公正和法治民主，维护公民的合法权益。另一方面，媒介通过与司法的良性互动，也有助于强化司法的独立性和公开性，从而为社会营造一个充满正义的司法环境。媒介监督司法恰好使司法活动的公开性和透明度得以不断增强，能够较为有效地消弭公众对于司法机构及其权力实施中所存在的隔阂和怀疑心理，增强公众对司法公正的认同和信任。

当然，在构建和谐社会的过程中，还应处理好媒介和司法公正的关系，既要提供传媒对司法监督的政治环境和制度环境，又要保证司法权的独立行使。

二、对行政权的监督

如果一个社会的政治权力关系被扭曲，政府机构的功能失

---

① 张文显：《法理学》，北京：高等教育出版社、北京大学出版社 1999 年版，第318页。

调，就容易产生政治腐败的现象，不仅政府行政体系受到削弱，而且社会成员的利益表达也很难畅通。由此社会成员会对政府深感不满，失去对政府的信任和支持。因而，政府要想赢得民众对其统治的支持和服从，就必须疏通利益表达渠道、提高行政效率、保证行政权力的依法行使，以更好地为公共利益服务。而媒介由于其迅捷的信息传播速度、广泛的舆论监督范围，可以在政治变革中发挥“通上下之情”、“去塞求通”的积极作用，从而避免出现社会动荡，付出重大的社会代价。

从本质上讲，新闻舆论监督是一种“自下而上”的、“以权利制约权力”型的软监督，对权力所构成的压力是外在的、说服性的、非强制性的。

政府作为国家公权力的代表，是媒介监督的主要对象。美国总统杰斐逊认为，政府的权力必须接受人民的监督，以防止其走向腐败，而人民监督政府主要是通过作为社会公器的报刊来实现的。美国学者赫尔顿亦认为，新闻界的作用就是代表公众严密监督政治活动情况。中国早期报刊活动家梁启超把监督政府作为报纸的两大功能之一，新闻教育家徐宝璜也指出报纸可以“代表国民而监督政府”[①]。20 世纪初美国新闻界著名的“扒粪运动”或“揭丑运动”、20 世纪 70 年代的“水门事件”和 20 世纪 90 年代的克林顿—莱温斯基丑闻就是媒介监督的典型案例。

媒介监督政府，批评和抨击政治腐败行为只是媒介与政府关系的一个方面。美国学者丹尼斯认为媒介和政府的关系应该是对立的，这种对立意味着在有正当理由时，媒介应该具有批判性。没有媒介的监督，没有积极的、对立性的冲突，就不能保证民主制度的正常运转。和丹尼斯相反，美国学者梅里尔则认为媒介和

---

① 郑保卫：《当代新闻理论》，北京：新华出版社 2003 年版，第 437 ~ 438 页。

政府之间不应该是一种对立的关系，而应是一种多元关系，包括合作与和谐的关系。如果关系对立，一方面会导致政府越来越多地隐瞒信息或故意保密，另一方面会导致媒介对政府形象的歪曲和偏见，并陷入一种恶性循环，最终导致民众对双方的不信任。事实上，媒介在相当大的程度上依赖政府获得信息，如果媒介想要拓展消息源和信息的话，就要强调与政府的合作与友好的关系，这样他们都将会得到更多的收获，新闻界也可以把它提供给公众的信息量或者非信息量增加到最大限度。①

犯罪新闻报道对行政权的监督，最集中体现在对警察权的监督上，警察权包括侦查权、治安权等在内，关于侦查权的性质，在法学界存在诸多争议，有人主张侦查权是司法权的一部分，与之相对的观点则主张侦查权属于行政权。限于本书主题，本书对此不作分析，但笔者赞同侦查权本质属性应该是司法权的一部分，因此，此处所谓的犯罪新闻报道对警察权的监督主要是指治安权的监督。在我国，犯罪新闻报道对治安权的监督主要是指警察在对犯罪行为、违反治安管理的行为行使警察权时的监督。

在当前情势下，犯罪新闻报道对治安权的监督要特别注意以下几个方面：

第一，滥用权力，有法不依。

在法治国家，所有的权力，包括作为或不作为，都有明确的法律界限，任何人都必须依法行事。但是，有的干部特别是某些领导干部却滥用权力，我行我素，主要表现为：

1. 越权滥权，或以司法权侵越行政权，枉法裁判，错误处罚；或以行政权侵越司法权，以权代法、以权压法、以权凌法；或以司法权、行政权侵越公民自治管理的其他公共事务管理权；

---

① 丹尼斯·梅里尔：《媒介论争：19个重大问题的正反方辩论》，北京：北京广播学院出版社2004年版，第16～20页。

以及同一界限内的部门之间越位滥权；或同一部门内以集中权侵越民主权。

2. 程序滥权，即不按法定程序行事。

3. 失职滥权，即依职责该作为的，却推卸责任不予作为等等。

第二，执法犯法，贪赃枉法。

主要表现为：

1. 监守自盗，损公肥私，贪污侵占，大肆侵吞国家资财。

2. 权钱交易，受贿索贿，利用职权谋取个人私利。

3. 贪赃枉法，官匪勾结，走私放私护私。

4. 任人唯亲，唯财是举，买官卖官，等等。

4.2.3 新闻舆论监督的界限

犯罪新闻报道追求自由、秩序、正义和效益等价值，从根本上讲，犯罪新闻报道与国家权力行使具有一致性，但是新闻舆论监督同样不是无限制的，需要划定一定的界限。

一、新闻舆论监督界限的原因

犯罪新闻报道对权力的监督为什么要有一定的界限，主要原因是新闻舆论监督与司法独立、国家职能存有一定的冲突。

1. 与司法独立的冲突

新闻舆论监督首要的价值基础是自由，而自由与司法独立所首先追求的公正价值在一定程度上会发生冲突，这非常明显地表现在它们保护公众的利益和权利的不同机制上。像有学者指出的那样：“司法的天然职能在于解决民众间以及民众与政府间的纠纷，它依照民众同意的公共准则——法律来保护权利；而传媒的力量则在于一旦它认为有谁侵犯了民众的权利，便通过报道与批评迫使侵犯方自动停止侵犯或引发正常的机制将侵犯行为纳入体制性解决轨道。”冲突的主要表现有以下几点：首先，作为“第四种权力”的新闻可能侵犯到司法的权威，侵犯到司法权的独立；其次，新闻活动所引领的舆论会形成所谓的“民愤或民意”，给法院施压而侵犯法院的司法独立；最后，新闻报道形成媒介审判，而造成巨大的舆论压力，从而影响审判人员的独立的理性判断，即对法官司法独立的侵犯。

2. 与国家职能的冲突

国家公权力存在是基于国家职能产生的，因此，国家公权力必然是以完成一定的国家职能为目标。具体到犯罪新闻报道中，国家行政权尤其是警察权行使的主要目的就是为了维护国家的统一和政权的稳定，使社会处于一定的秩序之下，保障公共利益的实现。而犯罪新闻报道为了满足新闻真实性的要求，有时可能与国家行政权的行使发生一定的冲突。如犯罪新闻报道为了追求和满足受众对犯罪细节的知情，可能传播犯罪经验、犯罪信息等，从而危害社会秩序；又如，新闻机构为了尽快报道发生的案情，可能透露出一些暂时不宜透露的信息，从而影响行政权的正常有效地行使等等。

二、新闻舆论监督的限度

1. 新闻舆论监督与司法的合理空间

基于新闻舆论监督与司法独立之间的冲突，我们在处理新闻舆论监督和司法独立的关系时，在承认二者的冲突的前提下，应当在冲突中实现价值平衡，即：司法独立优先，兼顾新闻自由，在新闻自由与司法独立之间形成并保持适度、合理的张力，给司法预留必要的空间。

我们需要正确量定媒介的活动范围，保持新闻和司法必要的距离，换句话说，就是必须给法院留出其独立审判的空间，而避免出现舆论侵入司法审判的现象。正如丹宁勋爵所警告的：“我们决不允许法院以外的‘报纸审讯’、‘电视审讯’或任何其他宣传工具的审讯。”[①] 制度的设计就是要让传媒遵守“合适的度”，不以越轨动作损害司法，影响公正审判，司法机关或其他有权机关可以处罚越轨者。当然制度的设计也必须保证新闻自由的合法行使，而不允许随意借口“公正审判”而过度限制新闻自由。

而要做到这一点，新闻活动应当坚持以下原则——保持中立立场对案件事实做出客观报道，对未决案件不能发表倾向性的意见，更不能对案件的处理定调子、下结论，误导受众从而对司法机关及其司法人员产生压力。世界刑法协会第五届代表大会《关于刑事诉讼中的人权问题的决议》第十五条规定：“公众传媒对法庭审判的报道，必须避免产生预先定罪或者形成情感性审判的效果，如果预期可能出现这种影响，可以限制或禁止无线电台和电视台播送审判情况。”[②] 1997 年 1 月修订后的《中国新闻工作者职业道德准则》第三条第四款也对此作出了规定：“维护司法尊严。对于司法部门审理的案件不得在法庭判决之前作定性、定罪和案情的报道；公开审理案件的报道，应符合司法程序。”[③]

当然同时，我们也必须保证新闻自由在司法领域的适当空间，原因在于：第一，司法独立具有相对性，主要表现在司法独立的确立以法院的理性化为前提，而“理性的法院”和“理性的法官”在现实社会中并不存在，而且绝对权力导致绝对腐败的规律对于法院运作同样适用，因此独立的司法制度的合理运行也需

---

① ［英］丹宁勋爵：《法律的正当程序》，北京：群众出版社 1984 年版，第 51 页。

② 陈光中：《刑事诉讼法（修正）实务全书》，北京：中国检察出版社 1997 年版，第 613 页。

③ 对于新闻媒介报道、评论未决案件的审理活动的行为界限，英、美国家一般实行“危险”标准。具体地说，只要新闻媒介的有关报道、评论活动未对未决案件的审理构成实质性危险，就不予以限制或制裁。而法庭给新闻自由以限制的理由主要是“损害公平审判”。

要其他权力的制约以及社会的监督。正如美国早期传媒业中一位有影响的人物普利策所说："罪恶、卑鄙和腐败最害怕的就是报纸，因为任何法律、伦理和规章制度都无法与报纸相比"。[①] 这就是媒体监督能够与司法独立并存的理论根据。第二，媒体监督司法也是司法现实的需要。从理论上讲，司法的封闭性使程序具有过滤的功能，排除了审判过程中非法因素的干预，使法官能不受任何势力的影响，依据法律和事实公正审判。但在现实中，审判独立的公正价值的实现需要监督尤其是媒介的监督。

2. 新闻舆论监督应该注意的几个问题

尽管我们鼓励和提倡新闻舆论监督，但是，我们在开展犯罪新闻舆论监督时必须注意三个问题：

第一，要严格遵循"在法言法"的原则，即法制新闻舆论要注重监督法制问题，对于与法制无关的问题，则不宜以法制新闻舆论进行干预和议论。

第二，法制新闻舆论要注重监督行为规范问题，对于那些属于思想、情感、伦理、道德等方面的问题，如果不是触犯法律的，也不宜过多干预和议论。

第三，评价和批评要得当，不能将那些属于思想、情感、伦理、道德的问题，硬拉到法制或法律问题上无限上纲，更不能动辄就呼吁"依法查处"，或者冠以"绳之以法"的舆论引导。

总之，正如山东大学法学院周长军教授所言，目前我国新闻报道在向社会公众传播犯罪信息、限制警方权力滥用等方面发挥着重大作用，应当提倡适度的新闻舆论自由。但同时，周教授强调，新闻报道又严重侵犯了犯罪嫌疑人的权益，我们必须对其作

① 转引自张涵：《论法治社会的舆论监督》，载《山东社会科学》2004 年第 1 期。

出适当限制。①

4.3 合法性原则

新闻舆论监督是法治社会监督的一个重要方面，既包括对公民守法的监督，也包括对国家机关执法的监督。其中对社会犯罪现象的报道即是其重要内容之一，这一问题至今仍困扰着各国的新闻界。因为从新闻机构来说，非常希望对社会犯罪现象进行最为深入的真名报道，这样可以增加报道的可信度，更好地发挥舆论监督的作用。但这样做也容易导致对被报道者的隐私权和名誉权的侵害，以至使自己频繁地被推上被告席。一部分法学界人士也认为，依靠现行法律限制隐私侵权、名誉侵权问题，并不是理想的办法，因为这样可能导致权力机构对新闻机构的压制。他们同时还指出，作为可行的办法，可以通过新闻机构的自我限制来避免侵犯隐私权、名誉权问题的发生。所以我们只能在总结有关的司法实践的基础上，制定若干具有一定普遍意义的规则，并以此指导和约束新闻机构对犯罪事件的报道。这一系列的规则就是犯罪新闻报道所必须严格遵守的，我们把新闻机构遵守规则的要求称之为犯罪新闻报道的合法性原则。

4.3.1 合法性原则的定义

合法性原则是指，犯罪新闻报道必须遵守国家的宪法、法律、法规、规章、行业与职业规范等规定的原则，它是我们开展犯罪新闻工作的基本原则之一。只有犯罪新闻报道的一切行

① 胡萌：《周长军教授做客我院，畅谈刑事侦查阶段犯罪新闻报道的人权向度》，中国农业大学人文与发展学院新闻网，http：//www. cau. edu. cn/cohd/news/content. php？newsid＝2555。

为合法，才能使犯罪新闻报道工作在现有的法律保护下安全有序地进行。特别是在存有各种争议的诸如隐性采访等方面，我们必须审慎地专门制定采访原则，原则的第一条就是“依法行使采访权利，不得违背法律和公共道德。”新闻从业人员应该明确，法律面前人人平等，纵使有“无冕之王”美誉的新闻工作者也不能例外。记者有采访的权利，公众也有名誉权、隐私权、肖像权等权利，被采访单位及其工作人员同样依法享有多种权利。

4.3.2 合法性的内容

合法性的内容包括三个方面：即主体的合法、行为的合法和程序的合法。

一、主体合法

主体合法是指在进行犯罪新闻报道过程中，从事犯罪新闻报道活动的人必须是法律允许的，在一定情况下还可能要求具有一定资格的新闻活动主体。

一般情况下，从事犯罪新闻报道活动的人是新闻机构及其从业者，主体是记者等。我国的新闻机构必须经过主管部门的批准才能成立并开展活动，如果未经过合法批准成立，就不能开展犯罪新闻报道活动。一般而言，这部分主体他们拥有当然的合法性。

主体不合法的情况主要体现为，未经过法律承认而从事新闻业务的组织及其工作人员、不被法律认可而从事新闻业务的自然人以及虽然具有新闻工作者身份但从事与其资格不相符合的新闻活动的主体。

二、行为合法

有了合法的主体资格，并不意味着他们的所有行为都具有了合法性。在合法身份的前提下，新闻主体的行为还必须具有合法性。简而言之，就是要求新闻从业者开展犯罪新闻报道的动机、目的应该是合法的；行为手段具有合法性；行为结果具有合法性等等。行为的合法意味着新闻机构及其从业者进行的犯罪新闻报道全部过程中的行为应该具有合乎法律、法规、规章、行业与职业规范等规则的规定，从选题、采访、调查到新闻文本的形成、发表和发表后的社会后果均应合乎上述规则的规定。

三、程序合法

程序的合法性是最容易为人们所忽视的，但是在关注实体权利、日益尊重程序权利的今天，我们更有必要提倡程序的合法性。因为实体权利和实体的合法性比较能让人接受，也容易引起人们的关注，相反，程序性权利和程序性的非法似乎有时候不会影响到人们实体权利的享有，所以容易被人们忽视。

犯罪新闻报道的程序是指，新闻机构及其从业者在进行犯罪新闻报道的过程中形成的，并应该遵守的一系列工作步骤次序。良好的、合法的程序是实体性合法的保障，程序合法具有独立的价值。

《中国广播电视编辑记者职业道德准则》第三十四条规定："尊重采访对象的声明和要求，采访时应主动出示工作证件或单位介绍信。"本条规定就是对新闻工作的程序的一个规范。当然犯罪新闻报道有其特殊性，尤其是在揭露尚未引起公安等有关机关关注的违法犯罪行为时，要想取得采访对象——很可能就是犯罪行为的实施者——的同意并尊重他们的声明、要求，且主动出示工作证的话，可能很多精彩的新闻也就不会出现了。因此针对此类情况我们允许隐性采访的存在。关于隐性采访的合法性，学界尚无统一意见，但是可以肯定的是，隐性采访有存在的必要。隐性采访涉及到新闻自由与秩序价值的冲突以及暗含着合理性与合法性的一定冲突，限于主旨，本书不作展开。

同时，由于犯罪新闻涉及到公安、司法等机关的权力行使以及公共安全，所以，在特定的时候，新闻机构及其工作人员进行犯罪新闻报道的时候，可能需要经过一定的批准程序，对于此种情况，还必须经过相关单位的批准，方能保证程序的合法。

4.3.3 合法性原则的实现

要保证犯罪新闻报道始终在合法性原则的限度以内，必须做到以下几点：

一、培育法治精神

法治国家具有民主完善、人权保障、法制完备、法律至上、司法公正、依法行政等特征。[①] 法治意味着，清晰地界定政府活动的范围，政府的一切权力均须具有法律依据。相对人治而言，法治是现代文明的产物，是国家形态由传统走向现代的标志。一个不实行法治的国家不可能是现代化国家，国家主要以法律手段来治理国政和进行社会管理，社会生活的基本方面和社会关系纳入法制化的轨道，国家权力的行使和社会成员的活动处于严格依法办事的状态，社会调控和管理才能摆脱随意性和特权，经济、政治、文化和谐发展与社会全面进步才有基本的秩序保障，整个社会才能成为一个和谐的社会。在当前历史条件和社会背景下，传媒对法律尊严的维护和法治精神的培育负有不可推卸的历史责任与使命。

法治包括三个层次，即原则、制度和策略。一些地方、部门主要是把法律看作一种治理技术，至多是制度，而不是治理的原则。事实上，法治不仅表现为实体结构，同时更是一种文化形态和价值原则。时下非理性维权现象的蔓延，“诈弹”恐吓现象、

① 详见卓泽渊主编：《法理学》，北京：法律出版社 1998 年版，第 377 页及以下页。

自杀式维权现象频现，归根到底暴露了我们法治系统的弊端，说明很多社会纠纷还无法真正及时纳入法治的轨道予以有效解决，老百姓对依法行政和公正司法的期望与现实还存在差距。犯罪新闻报道理性地分析，恰当地疏导，及时输入法治精神，能够化解积怨，降低恶性犯罪的发生机率。

二、提高证据意识、小心求证

真实是新闻的生命，失实的新闻不但给社会造成损失，也有损新闻单位的形象。因为犯罪新闻报道涉及法律的严肃性，所以，更要真实准确。新闻记者要坚决克服主观臆断，道听途说，杜绝为抢新闻而减少必经的法律程序。为此，要学好法律常识，遵守宣传纪律，不懂的要向司法机关请教，尊重他们的意见，尤其是报道典型的、有影响的重大案例，更应如此。要使新闻报道的事实依据在法律上站住脚，就要求新闻工作者在采编活动中必须认真调查，掌握有效证据。特别在犯罪新闻报道中，对案件当事人各方都要进行采访了解，使其都有机会讲明自己的情况和观点，尽可能地寻到知情的第三人，向其查证当事人双方情况和意见的真实性。在双方发生争议的情况下，更不宜只报道一种意见或支持一种意见，要切实做到在新闻报道前查取真实可靠又充分的证人证言、书证、物证等相关证据，并确保其准确、合法，充分有效。

三、规范使用法言法语

法言法语是具有法律专业特色的、体现法律规定内容的、特定的法律规范用语，也称法律语言。它包括规范性法律文件用语以及法律工作者在执法过程中使用的一整套规范化的法律公务用语。法律语言的专业特色主要体现在语言的专业性、句法结构的模式性、表达方式的特定性和语体风格的庄严性等方面。它不仅涉及法律工作者在立法、司法实践中的语体表述，同时也规定了新闻机构及其工作者对犯罪新闻采访报道的语言规范。

1. 必须使用法律的专业术语。法律专业术语即法律条文中规定的法律概念和法律日常词语。犯罪新闻的报道，无论是人物称谓还是表现法律行为，都必须严格使用法律专业术语。法律条文中规定的法律专业术语诸如：原告、被告、证人、犯罪嫌疑人、被害人、公诉书（自诉书）、上诉状、公诉词、询问、讯问、检查、勘查、受理、审判、起诉、上诉、申诉、抗诉、一审、再审、终审等；法律日常用语诸如：案情、查获、交付、辩护、罪责、脱逃、铁证如山、供认不讳等。对于上述法律专业术语及法律日常用语，法制新闻工作者应在充分理解的基础上，加以正确选择，切不可随意乱用。如错用罚款与罚金、缓刑与缓期、侦查与侦察、过失与过错、拘留与拘役、讯问与询问、抢劫与抢夺、传唤与拘传、供述与供认、裁决与判决、监外执行与假释、服法与伏法等等。

2. 正确解释法律条文。法律条文是法律明确规定的法律规范，是全社会的最高行为准则，具有毋庸置疑的法律效力。犯罪新闻的报道，特别是对法律文件的宣传、解说一定要准确无误。如不能把还未定罪的犯罪嫌疑人称为“罪犯”。我国 1997 年 1 月 1 日起正式实施的《刑事诉讼法》第十二条明文确立了无罪推定原则：“未经人民法院依法判决，对任何人都不得确定有罪。”这一原则也成为我国犯罪新闻报道的原则。又如，报道经济犯罪时，将“贪污”和“挪用”混淆，也是一种法律知识的缺失。

新闻媒体在新闻报道中之所以会出现上述法律用语及法律事实上的问题，关键是记者主客观方面的因素所致。主观上，少数记者角色错位，以“社会法官”自居，在报道中给当事人定罪甚至量刑。在客观上，一些记者的法律意识淡薄，业务素养不高，报道时，在没有搞清新闻事实与法律法规关系的情况下乱报一通；还有一些记者随意使用、生制滥造法律用语。[1] 因此我们要在主观上准确定位自身角色，客观上努力提高自身业务素养和法律意识，规范使用“法言法语”，模范守法。

① 姚广宜：《法制新闻报道应注意的问题》，当代传播学术网，http：//www. ddcbxj. com/ddcbxj/ShowArticle. asp? ArticleID =471。

第5章　犯罪新闻报道与传播权利

受众作为公民，在信息传播领域应该享有相应的传播权利，即通过新闻媒介获取信息、传播信息的权利。人们不可能都亲自去采集各种新闻以满足自己的需要，而且社会分工也要求各行业实行专业化操作，在新闻方面，就出现了专门从事采集、发布新闻的机构，即各种新闻媒体。这一社会分工如果从法律上加以解释，就是人们与新闻媒介之间的委托授权关系，即在社会关系十分复杂的情况下，人们深感亲自采集新闻的困难及所获信息量有限等不便。为了满足对于新闻的要求，人们便与一部分人（后来成为专业新闻机构）约定，将自己获取传播信息的权利授予新闻机构，因此，新闻媒介为完成人们委托之任务必须拥有一定权限，用以采集和发布新闻。这种权限就是新闻媒介的传播权，即新闻媒介在获取和传播新闻的过程中所拥有的权利。

但是，新闻媒介拥有的传播权在其与委托人之间的关系中既是权利，又是义务。因为人们既已授权，则不得无端剥夺与限制新闻机构的自由采访。而媒介在接受委托之后，必须及时完成任务，此时传播权就是一种义务。为了更好实现公民的传播权利，法律应该在对其保护的同时，对媒介传播权利和义务也进行相应的法律保障与规范。

犯罪新闻报道和其他新闻报道过程一样，具有三大传播权利：知情权、表达权和舆论监督权，但是在具体保护和限制上又有所区别。

5.1 犯罪新闻报道与知情权

5.1.1 知情权概述及其法律保护

一、知情权概述（Right to Know）

知情权又称获知权、知晓权、知悉权、知的权利等，是指公民获取有关社会公共领域信息以及与本人相关信息的权利，具体可以包括政治知情权、司法知情权、社会知情权和个人信息知情权。[①]“知情权”一词作为特指一种权利主张的法学概念，是由美国新闻编辑肯特·库柏针对当时美国联邦政府机构内部蔓延的消极对待政务信息公开，任意扩大保密权限的官僚主义倾向，于 1945 年在一次讲演中首次提出来的。其基本含义是公民有权知道他应该知道的事情，国家应最大限度地确认和保障公民知悉、获取信息，尤其是政务信息的权利。1948 年《世界人权宣言》开始对知情权加以明确规定。美国在 20 世纪 50 年代和 60 年代兴起“知情权运动”。“知情权”很快在世界各国得到广泛认同，迄今为止已经成为国际社会公认的公民基本权利之一。

知情权有广义与狭义之分。广义的知情权泛指公众享有的知悉、获取各种信息的权利，包括私法领域中的平等主体之间的知情权，涉及政治、经济、文化、教育等各个领域和部门，如患者对治疗情况的知情权、消费者对商品的知情权等。狭义的知情权

① 谢鹏程：《公民的基本权利》，北京：中国社会科学出版社 1999 年版，第 263 页。

仅指公民知悉、获取官方信息的自由与权利，也就是关于政府信息公开的部分。

在新闻传播领域，知情权特指受众通过媒介获取信息，特别是公共生活信息的权利[①]。作为“知情权”的热心主张者，美国的威金斯（Wiggins. J）认为，该权利至少包括：1. 取得信息的权利；2. 不经事前控制而印刷的权利；3. 印刷而无须担心非经正当程序受到报复的权利；4. 对于报道而言接近必须的设施与资料的权利；5. 传播信息而不受政府或者无视法律活动的市民的干涉的权利。其中第1项的权利是最为重要的。[②]

知情权是公民的权利。新闻媒介这种以传递信息沟通情况为主要功能的大众信息传媒，有责任和义务保障公民实现知情权，承担起告知公民的神圣职责，让关于事实的信息得到全面而充分的传播。从这个意义上说，知情权也是新闻自由和新闻话语权的基础。正是基于这种认识，传媒的基本功能有了巨大拓展，它包括：1. 提供有序参与、知理民主所必须依据的事实；2. 提供愿望的“交易所”，通过妥协解决利益冲突；3. 提供意见的市场；4. 提供道德的立法院；5. 帮助理解、评判“约定”即法律与法令；6. 监督违约（违规）行为。[③] 本书所讨论的知情权，特指新闻传播领域的知情权。

5.1.2　知情权的法律保护

1. 国外的法律规定

一般来说，知情权属于学理性的权利类称，而非立法层面的

---

① 李良荣：《新闻学概论》，上海：复旦大学出版社2001年版，第199页。

② 参见［日］芦部信喜：《现代人权论——违宪判断的基准》，日本：有斐阁1984年版，第190页。

③ 赵心树：《决策·传播·中国》，载《新闻大学》2001年秋季号。

专用权利术语。[①] 在各个国家的宪法或信息公开制度中，只有极少数的国家明确规定了公民的知情权（如澳大利亚、韩国、南非），但绝大多数国家在法律中用具体、明确的语言表达了知情权的含义。

瑞典是世界上最早制定有关行政信息公开法律的国家。瑞典于 1766 年颁布了《出版自由法》，确立了公文公开原则，即公民有为出版而阅览公文书的权利。1937 年，瑞典制订了《新闻自由法》，明确规定人民的知情权为宪法保障的基本权利；在德国，1949 年《德意志联邦共和国基本法》是较早确认知情权的一部宪法；澳大利亚 1982 年正式制定《情报自由法》，明确规定知情权是澳大利亚居民的一项基本权利。

美国是世界上较早制定政府信息公开法的国家，其信息公开制度对世界各国信息公开产生了很大的影响。1966 年，美国制定了《信息公开法》，赋予了公众向联邦政府机关索取任何材料的权利。1976 年，《阳光下的政府法》允许公众参与政府机关会议。1995 年，美国制定了《削减公文法》，旨在进一步禁止政府机关以版权之类的措施控制信息，禁止政府机关对公共信息的再流通或传播收费。1996 年，《电子信息自由法修正案》经总统签署成为法律，要求政府机关为公众提供电子数据索引资料。上述的法律构成了美国政府信息公开制度的框架。[②]

2. 我国的法律规定

我国《宪法》没有明确规定公民的知情权，但《宪法》确立的人民主权原则和言论自由权利蕴涵了公民的知情权。我国于 2007 年 1 月通过了《中华人民共和国政府信息公开条例》。结束

---

① 宋小卫：《略论我国公民的知情权》，载《法律科学》1994 年第 5 期。

② 周汉华：《外国政府信息公开制度比较》，北京：中国法制出版社 2003 年版，第 154 页。

了没有统一的政府信息公开立法的历史，此前有些法律对政府在相应领域的信息公开义务作了规定，例如2000年通过的《中华人民共和国立法法》第六十二条规定："行政法规签署公布后，及时在国务院公报和在全国范围内发行的报纸上刊登。"《中华人民共和国行政处罚法》第四条规定："行政处罚遵循公正、公开的原则……对违法行为给予行政处罚的规定必须公布……"。2003年颁布的《突发公共卫生事件应急条例》第二十五条等规定："国家建立突发事件的信息发布制度。国务院卫生行政主管部门负责向社会发布突发事件的信息……信息发布应当及时、准确、全面。"1991年《防汛条例》规定"电视、广播、新闻单位应当根据人民政府防汛指挥部提供的汛情，及时向公众发布防汛信息。"这些法律法规都作出了关于政府信息公开的规定。

除上述全国性的立法外，广州市、上海市先后制定了政府信息公开的地方立法，为了适应电子政务建设的需要，深圳市于2004年2月25日通过了《深圳市政府信息网上公开办法》(2004年4月1日起实施)，这些地方立法走在了全国立法的前列，为制定全国性的政府信息公开立法作出了探索。

5.1.3 犯罪新闻报道中知情权的保护和限制

一、犯罪新闻报道中知情权的保护

1. 犯罪新闻报道知情权保护的意义

犯罪新闻报道有义务保障公众知情权的实现，这个过程是实现公民民主权利、司法公正、办案效率提高的过程。

(1) 有助于实现公民其他权利：公民知情权是公民其他权利得以实现的基础。"公民享有知情权的另外一层法律意义是通过

政府提供的信息，公民可以更好地实现宪法法律所规定的权利。”[1] 知情权在公民权利体系中的作用日益突出，许多公民权利的运行与实现，皆以“知情”为前提。例如，不了解有关的政治信息，公民的平等权、选举权、批评权、建议权、民主管理权等法定权利和自由便难以充分实现。同样，不了解有关的司法和犯罪信息，公民对司法机关的批评权、建议权也无法实现。

犯罪新闻报道还有助于保障嫌疑人、被告人的权利。在司法程序中被追究责任的人是以弱者身份出现的，他常常被与社会隔离开来，要向社会发出自己的声音变得十分困难。在这样的情况下，允许新闻媒体以社会观察者的身份介入司法活动，不仅是对司法机关的监督，也是对弱者的支持。当被告人、嫌疑人在司法程序中受到不公正甚至是非法的待遇时，媒体极有可能成为他唯一的也是最有力量的同情者和声援者。他通过媒体，或者是媒体主动将司法机关的侵权行为披露于世、吁求帮助，媒体所起的作用其实就是他在困境中表达权和抵抗权的自然延伸。这个过程也是公众知情权的延伸。

（2）有助于防止司法腐败：司法是国家政治体系的一个重要组成部分，它同立法、行政一起构成国家的权力结构。司法公正与否不仅关系着公民法律权利的实现，而且对平衡社会正义有着直接而重要的影响。因为司法是对体现正义价值的法律的运用，它代表国家行使维护正义的职能；但同时，由于司法具有公权力的性质，在缺乏有效监督的情况下容易滥用权力，产生司法腐败现象。在我国，对司法的监督主要有国家权力机关、上级和同级司法机关、行政机关的国家监督以及国家机关以外的政党、社团、公民或媒体的社会监督。在对司法权的社会监督中，新闻媒

---

① 《国民经济信息化与政府信息公开研讨会纪实》，载《法制日报》2002年8月20日第3版。

介监督除了具有社会监督的共性外，还有着及时、快速、轰动等自身所特有的效应，较之其他的社会监督，更具有强大的力量和无可比拟的优势。

犯罪新闻报道就是舆论监督司法的体现，能够对司法权力进行制衡，防止司法腐败，促进司法公正。刘涌案的改判说明媒体监督具有巨大的力量，既体现了媒体正义，又维护了法律正义。由于刘涌一审被判死刑、二审判为死缓的改判在社会上引起了巨大的反响，互联网上爆发了各种形式的声讨与争论，对二审判决书“信息披露不详”提出了强烈的质疑。媒介的报道引起社会关注，进而形成强大的舆论力量，推动最高法院对刘涌案件的提审，最后对二审结果作出纠正，刘涌最终被判处死刑。①

（3）有助于为一些司法不公的个案提供救济手段：在我国，司法不公现象时有发生，而新闻媒介在特定条件下可以成为司法不公的救济手段，主要方式有：其一，媒体对某些案件的曝光和追踪采访，可以为处于绝境的当事人提供精神上、道义上的有力支持，在社会舆论广泛关注之后，形成的强大舆论压力会使某些个

---

① 2000年7月，沈阳警方将长期横行当地、残害百姓的刘涌黑社会团伙一举摧毁，抓捕涉案成员50多人。2002年4月17日，铁岭市中级人民法院一审以被告人刘涌犯故意伤害罪、组织领导黑社会性质组织罪、故意毁坏财物罪、非法经营罪、行贿罪、非法持有枪支罪等多项罪名，判处死刑，剥夺政治权利终身，并处罚金人民币1500万元。2003年8月15日，辽宁省高级人民法院对刘涌黑社会团伙实施犯罪一案作出终审判决。终审判决刘涌死刑，缓期两年执行。2003年8月20日，《外滩画报》刊登评论《对沈阳黑帮头目刘涌改判死缓的质疑》，矛头直指刘涌的生死，“作为首要分子的刘涌，应该对集团所有罪行，包括宋健飞所犯罪行承担刑事责任”，“如果罪孽深重如刘涌都可以不死，那么，死刑留给谁?”一石激起千层浪。21日凌晨由新浪网转载，到当日上午点击量已经达到100多万。接下来，全国数千家媒体对刘涌案改判进行了报道和评论，影响比较大的有《北京青年报》的《质疑之声迭起　调查刘涌因何改判死缓》、《南方周末》的《刘涌案改判调查》等。2003年12月22日，最高人民法院在辽宁省锦州市中级人民法院对刘涌组织、领导黑社会性质组织一案经提审后作出改判，判处刘涌死刑。宣判后，辽宁省铁岭市中级人民法院遵照最高人民法院下达的执行死刑命令，当日对刘涌执行了死刑。一波三折的刘涌案正式结束。

案受到司法机关内部的高度重视而获公正处理；其二，新闻舆论监督可以促使司法机构依法实施某一司法行为，例如当某司法机构或个别司法人员违法限制或剥夺当事人诉权，对符合立案条件的起诉不予受理或不予答复时，一旦新闻媒介将争议和当事人寻求权利保护受阻情形公诸于世，司法机关往往会迫于社会各方面的压力而不得不将争议纳入诉讼轨道；其三，新闻舆论监督可以促使个案错误得到纠正。新闻舆论对不公裁判的无情抨击，对司法机关无疑是一种社会压力，修复法院在公众中的公正形象的唯一途径即是有错必纠、知错速纠。

1997年8月，在广东省普宁市郊外，4名无辜青年被7位民警"就地枪决"，民警还因为平定治安得到表彰。《法制日报》记者黄东黎得知此事后，不畏艰难，经过一年多的跟踪采访，发表长篇通讯《苍天血证》，披露出骇人听闻的内幕，举世为之震惊。他还将自己收集的对案件的调查材料转到全国人大会议广东省代表团，并附公函至广东省人大及省委政法委。在他的努力下，案件取得突破性进展，检察机关以故意杀人罪对7名民警提起公诉。①

（4）有助于依靠群众帮助破获案件：正如前面已经阐述的，法律的价值目标之一是效率，对于一些案情复杂而线索又很少的案子或者一些嫌疑犯在逃的重要案子，公安部门在媒体发布相关案件信息，既可以满足群众的知情权，又可以得到受众的帮助提供破案线索，提高办案的效率。这方面有不少成功例子。自警方通报云南大学宿舍杀人案以来，犯罪嫌疑人马加爵就进入了公众的视野，媒体作了较为充分的报道，特别是在马加爵落网之前，各地出现众多"冒牌"马加爵的情况下，媒体密切关注事件进

---

① 黄东黎：《枪声、谎言、正义——一起惊世杀人案的采访回眸》，载《新闻记者》1999年第4期。

展，与警方积极配合，并及时地向大众传递最新情况，提醒大众注意自身安全。马加爵不到一个月就因群众举报被捉拿归案，就是和公众知情权得到尊重分不开的。2005 年 12 月底发生的清华大学女副教授被劫杀的案件在 5 天内告破，也是公众提供了重要线索，协助警方破案。相对照之下，在前几年震惊全国的杨新海特大系列杀人案①和黄勇连环杀人案②中，犯罪分子之所以连连杀人得逞，而且逍遥法外数年才在偶然情况下被捕，就是由于当地警方没有给予公众足够的案情信息，媒体也没有及时地提醒公众，最终导致更多的无辜生命命丧杀人犯之手。

如果公民缺乏实现知情权的手段，如果政府有关信息不对社会公开，必将给公民对国家和社会事务的参与以及政府的依法行政造成消极影响。普通公民由于不知道当前社会上发生的重大事件，因而无法理性地安排自己的生活，不能很好地保护自己的权益，甚至会遭受重大的人身或财产损失，而这种损失在政府信息公开的情况下本来是可以减少和避免的。

（5）有助于公民法治观念的形成：英国有句古老的法律格言："正义不仅应当得到实现，而且还应以人们能够看得见的方式得到实现"。从正当程序（Due Process）的理念来看，程序的开放性是形式公正的一个必要内容。正义的追求和实现不再仅仅是少数人的职权活动，而是通过各种信息渠道展现在公众面前，成为公众生活的一部分。这也是职业司法人员的法律理性与公众

---

① 杨新海，河南人，从 2001 年起跨皖、豫、鲁、冀四省杀人，共作案 26 起，杀死 67 人，伤 10 人，强奸 23 人，2003 年 11 月被警方抓获，2004 年 2 月 1 日漯河中级人民法院作出判决，以故意杀人罪、故意伤害罪、强奸罪、抢劫罪数罪并罚一审依法判处杨新海死刑，2 月 14 日执行死刑。

② 黄勇，河南人，2001 年 9 月以来采取欺骗手段，将 20 多名十五六岁的青少年从录像厅、网吧、游戏厅等场所骗至家中，而后残害掩埋在自己室内。2003 年 11 月 13 日，河南平舆县根据逃生者的举报将黄勇抓获，2003 年 12 月被法庭判处死刑并执行。

的法律意识、价值观念相互冲撞融合的过程。“法治的落实不在于用法条来取代固有的文化传统，而是要把人们对法、法律和法治的信念融入到人们的血液中去，融入到代代相传的文化传统中去。”[①] 按照庞德的观点，作为一种社会控制手段，任何法律仅仅依靠强力来实施是不够的。从社会心理学的角度来说，一种有效的法律制度，必定要有适当的社会心理支持，使公众能看到“正义是怎样实现的”，将有助于增强对刑事司法制度的认同感，为司法权力的行使提供必要的社会信任与理解。在我国，一般公众对于司法机构及其权力实施普遍存在一种恐惧和隔阂心理，这恰恰是司法权行使过程中有时会遭遇群众阻力甚至造成敌对现象的深层原因。

2. 犯罪新闻报道知情权保护的措施

知情权目前还没有被宪法确立，现有的有关知情权的法律规范对于知情权的规定缺乏系统性、全面性，且法律位阶低，保障力度不够，难以体现知情权作为公民基本权利的权利地位，由此导致的结果往往是：一方面，公民知悉、获取政府信息的法律依据尚不充分，政府也没有公开政府信息的法定义务；另一方面，公民对于政府拒绝公开相关信息的行为缺乏救济的手段与途径。更为严重的是，在一些民主和法制意识淡薄的地区，出现不尊重甚至公然践踏公民知情权的现象。[②] 体现在对犯罪新闻报道方面，就是司法机关以国家安全和司法公正为幌子，向公众和媒介隐瞒一些不属于保密范围、符合公民合理知情权需要的内容，并对媒介的采访活动予以干涉阻碍。要保障公民知情权，主要应从政府部门和立法部门做起：

（1）确立知情权的宪法地位：我国宪法对知情权规定的缺

① 董郁玉、施滨海：《政治中国》，北京：今日中国出版社 1998 年版，第 265 页。
② 颜海娜：《公民知情权的宪法确认》，载《国家行政学院学报》2003 年第 5 期。

失，直接弱化了对公民知情权的保障，也是公民知情权实现不充分的根本性原因。随着信息时代的到来，知情权在公民权利体系中的地位和作用日益凸显，“在知识经济与信息网络时代，得知权不仅仍具有近代以来的政治权利、财产权利的属性，而且还具有高级形态的生存权与发展权性质”。[①] 因此，信息时代的发展需要我国宪法对公民知情权问题作出积极的回应，应把知情权纳入我国公民基本权利体系，通过宪法的层面确立知情权为公民的一项基本权利。

（2）司法部门实行定期的新闻发布制度：公安机关发布内容包括刑事、治安案件的发案、破案情况，重大案件发生、侦破情况等；法院发布内容包括案件的审理过程、审理结果、判决书等。让受众了解司法机关在维护正义过程中的运作情况，了解社会的治安状况及其如何保护自身安全等。这两年公安机关已经开始了这种新闻发布制度。例如2003年深圳警方启动的“一周警情播报”制度，及其对马加爵的通缉和相关新闻的公开，都是值得赞扬的。但从各方面的情况看，这项制度还很不完善。主要问题在于公安机关的新闻发布，包括发布什么，发布多少，没有按照规定发布应承担什么责任等，还存在着过大的自由裁量的空间，这使新闻发布制度看起来更像是警方的一种权利而不是一种义务[②]。要保证公民知情权，就得使新闻发布制度正规化、定期化、义务化。

二、犯罪新闻报道中知情权的限制

新闻媒体以满足受众知情权需求为主要功能，因此具有新闻话语权。正确运用这种话语权非常重要，因为当这种“权力被扭

---

① 赵正群：《得知权理念及其在我国的初步实践》，载《中国法学》2001年第9期。

② 石月平：《从“马加爵案”看“公众知情权”》，载《采写编》2004年第4期。

曲、被操纵的时候，就是一个社会的核心价值基础开始腐蚀的时候。”① 新闻报道在满足公民知情权过程中，经常与各种权力和权利关系发生冲突：

1. 知情权与保密制度

知情权的满足要求最大限度地公开，但是如果处理不好公开与保密的关系，就可能会因为公开性而影响国家安全需要。反而言之，如果处理不好两者关系，也可能因为保密的需要而限制了公众正常合理的知情权。

由于任何国家都需要维持与其自身安全有关的基本环境，而政府机关亦需要保留一定的不受干扰的自由决断的权力以追求安全与效率，因此世界各国无不认可国家秘密之存在，亦无不对其加以严格的保护。我国现行的《中华人民共和国保守国家秘密法》制定于 1988 年，将国家事务的重大决策、国防建设和武装力量活动、国民经济和社会发展等行为的秘密事项规定为国家秘密，维护国家安全活动和追查刑事犯罪中的秘密事项也包括在内。该法第二十一条规定：“报刊、书籍、地图、图文资料、声像制品的出版和发行以及广播节目、电视节目、电影的制作和播放，应当遵守有关保密规定，不得泄露国家秘密。”《中华人民共和国刑法》第一百一十一条规定：为境外机构、组织、人员窃取、刺探、收买、非法提供国家秘密或者情报的，构成犯罪。泄漏国家秘密构成犯罪不存在任何问题，但是，什么信息属于“情报”，在中国法律中还没有相关的规定。这就产生了一个问题，即使那些没有标明国家秘密的文件也有可能被事后认定为是“情报”，并使任何公开这些信息的人构成犯罪。

造成国家秘密日益扩大的直接原因是政府职能的不断扩大，

---

① 赵心树：《决策 · 传播 · 中国》，载《新闻大学》2001 年秋季号。

政府职能遍及经济活动、社会福利、教育文化等方方面面，国家机关在进行相关管理活动时会取得大量与企业经营、私人生活有关的资料，而国家机关往往以避免对企业利益、个人隐私造成不必要损害为由，对相关资料加以保密。而对于在各项政策的决策阶段所形成的文件以及该决策过程本身，出于避免产生不必要混乱以至有失公正等的考虑，也多作为秘密予以对待。因此，国家秘密成为限制知情权的合理理由。

按照《保密法》规定可以推定，新闻媒介如果在犯罪新闻报道中泄漏维护国家安全活动和追查刑事犯罪中的秘密事项，属于泄漏国家秘密，要受到法律制裁。犯罪新闻报道中的公众知情权是受到限制的，它与司法权产生了一定的冲突，这点将在第八章犯罪新闻报道与司法权部分详细论述。

2. 知情权与隐私权

隐私权是个人对有关自己私生活秘密进行控制的权利，其在一定的范围内防止他人的侵入，并对非法侵入者进行制止或制裁。从权利主体的角度出发，隐私权具有自控性或保守性，并且带有私权性质；知情权则是对在自己之外的信息进行了解的权利，保障权利人在一定的范围内能获取其他的信息，从权利主体的角度出发，知情权具有外向性或开放性，带有公权性质。如果隐私权和知情权的主体是同一人时，则其既能对自己的秘密信息加以了解、保有，又可以了解自身之外的信息，就可达到信息的最大化，完满自己的精神利益。但一旦隐私权的主体和知情权的主体发生分离，则会出现知情权的主体为了满足知情权，刺探获取他人不愿公开的信息，此时，知情权的权利人就可能侵犯了隐私权人的利益。这就会产生知情权与隐私权之间的冲突。

这里存在着两个极端，即如果过分强调知情权，就很可能鼓励新闻媒介借“知情权”之名，不顾社会道德和他人权益“深挖广挖”；如果过分强调隐私权，让隐私权无限扩大，则新闻媒体对公众人物的关注与监督势必受到限制，而公众也就无法了解到那些人究竟是否做着对公众有意义的事。两种权利孰先孰后？例如，在犯罪新闻报道中，罪犯与案件无关的私生活事实可否报道？这点将在第七章犯罪新闻报道与隐私权部分详细探讨。

5.2 犯罪新闻报道与表达权

5.2.1 表达权概述及其法律保护

一、表达权概述（Right of Expression，Freedom of Expression）

表达权又称表达自由，《牛津法律大词典》认为言论和表达自由是主要的公民权之一，其含义是指公民在任何问题上均有口头、书面、出版、广播或其他方法发表意见或看法的自由。[①]《法学大辞典》指出，各国宪法规定的意见自由，其涵义大体有三：第一，思想自由，指公民可进行任何思想，不受任何剥夺；第二，沉默自由，指任何人不受强迫发表自己内心的意见或思想；第三，表达自由，指公民可自由发表意见，不受非法干涉。[②]

关于表达自由的定义在学界也是众说纷纭。有学者认为，“表达自由是指公民有表达其意见的自由，而不应受其他外来因素之干扰”[③]；有学者认为，表达自由是指“公民通过口头或书面以及特定行为表达自己意见的自由，包括言论自由、著作自由、

---

① ［英］戴维·M·沃克：《牛津法律大辞典》，上海：光明日报出版社 1988 年版，第 354 页。

② 邹瑜、顾明：《法学大辞典》，北京：中国政法大学出版社 1991 年版，第 793 页。

③ 朱国斌：《中国宪法与政治制度》，北京：法律出版社 1997 年版，第 254 页。

出版自由、新闻自由，集会自由、结社自由、游行示威自由等"[1]；还有学者认为，表达自由是指公民在法律规定或认可的情况下，使用各种媒介或方式表明、显示或公开传递思想、意见、观点、主张、情感或信息、知识等内容而不受他人干涉、约束或惩罚的自主性状态[2]。

虽然对表达权定义不统一，但是表达权的主体是公民这一点得到了一致认可。公民实现表达权的手段和方式很多，其中最主要的一种就是通过新闻媒介表达，新闻传播自由本身也是表达自由的一种。新闻领域的表达自由，包括受众通过新闻媒介表达自己意见的权利和自由以及新闻媒介的表达自由。它的外延包括：1. 创办新闻媒体的自由；2. 采访自由；3. 写作自由；4. 传递自由；5. 发表自由；6. 报道或评论自由；7. 印制自由；8. 发行、销售自由；9. 获知自由；10. 使用计算机互联网络的自由[3]。本书探讨的表达权就是新闻领域的表达权，并且主要探讨犯罪新闻报道所涉及的采访权、报道权。

表达权具有以下特性：1. 公开性，表达自由本身就是公民在公开场合发表自己意见的权利，隐瞒自己的信息内容不在表达自由范围；2. 非实践性，表达自由对他人和社会的影响是精神性的，非物质性的，不能对他人和社会造成实质危害或侵犯；3. 政治性，表达权的实现和政治密切相关，受到政治状况的影响；4. 广泛性，表达权所保障的权利范围非常广泛，凡是法律没有明文禁止的内容，都属于表达自由的范围。

二、表达权的法律保护

表达自由是世界公认的公民权利之一。联合国在 1946 年的

---

① 谢鹏程：《公民的基本权利》，北京：中国社会科学出版社 1999 年版，第 224 页。

② 甄树青：《论表达自由》，北京：社会科学文献出版社 2000 年版，第 19 页。

③ 甄树青：《论表达自由》，北京：社会科学文献出版社 2000 年版，第 56 ~58 页。

第一次大会上，通过第五十九（一）号决议，肯定信息自由是一项基本权利，“信息自由是一项基本人权，也是联合国追求的所有自由的基石。”1948年《世界人权宣言》第十九条规定：“人人有权享有主张和发表意见的自由；此项权利包括持有主张而不受干涉的自由；和通过任何媒介和不论国界寻求、接受和传递消息和思想的自由。”1966年《公民权利和政治权利国际公约》第十九条规定：“人人有权持有主张，不受干涉。人人有自由发表意见的权利，此项权利包括寻求、接受和传递各种消息和思想的自由，而不论国界，也不论口头的、书写的、印刷的、采取艺术形式的，或通过他所选择的任何其他媒介……”

表达自由以言论自由、表达思想自由、言论和表达自由、出版自由、新闻自由等等不同称谓得到各国宪法的保护。美国《联邦宪法第一修正案》第十条就明确规定：“国会不得制定有关下列事项的法律：……剥夺言论自由或出版自由。”法国的《人权宣言》第十一条规定：“思想与意见的自由交换，是人类最宝贵的权利，因此，每一个公民享有言论、著作和出版自由。”日本宪法第二十一条规定：“保障集会、结社、言论、出版及其他一切表现的自由。”其他国家也有其他类似的规定。

我国宪法也对表达自由予以了保障。《中华人民共和国宪法》第二十二条规定：“国家发展为人民服务、为社会主义服务的文学艺术事业、新闻广播电视事业、出版发行事业、图书馆博物馆文化馆和其他文化事业，开展群众性的文化活动。”第三十五条规定“中华人民共和国公民有言论、出版、集会、结社、游行、示威的自由。”第四十七条规定：“中华人民共和国公民有进行科学研究、文学艺术创作和其他文化活动的自由。国家对于从事教育、科学、技术、文学、艺术和其他文化事业的公民的有益于人民的创造性工作，给以鼓励和帮助。”我国《刑法》第五十四条把言论、出版自由列为政治权利，我国的《著作权法》则从人身权的角度对表达行为予以明确的民事保护。我国的《出版管理条例》对出版自由进行了具体的论述，该条例第五条规定："公民依法行使出版自由的权利，各级人民政府应当予以保障。"第二十四条第二款规定："合法出版物受法律保护，任何组织和个人不得非法干扰、阻止、破坏出版物的出版。"其他条款还有对相关权利义务关系的规定。

5.2.2 犯罪新闻报道中表达权的保护和限制

本书范围内犯罪新闻报道中的表达权主要指记者的采访权、报道权。"新闻工作者的采访权乃权利（right）之权，而非权力（power）之权。采访权是记者有自主地通过一切合法手段采集新闻材料而不受干预的权利。新闻媒体不是国家机构，无法享有国家机构的权力，媒介同自然人之间并不存在任何行政统属关系，自然人在作为采访对象时并不承担必须向媒体反映、提供情况以及汇报之类的义务。"① 根据权利和义务对等共生的原则，犯罪新闻报道的表达权既受到相应的保护，也要受到一定的限制。在中国现有的法律体系下，对于犯罪新闻报道的禁止性规范要远远大于授权性规范。

一、犯罪新闻报道中表达权的保护

我国宪法和其他法律都没有明确记者的采访报道权，但是一些相关的法律法规间接为新闻工作者的采访报道权提供了保护。为犯罪新闻报道中的采访报道权提供保护的法律法规主要有：

《宪法》第一百二十五条"人民法院审理案件，除法律规定的

---

① 魏永征：《记者同被采访个人的平等关系：二说记者的采访权》，载《新闻三昧》2000年第3期。

特别情况外，一律公开进行”的规定和《刑事诉讼法》第十一条、《人民法院组织法》第七条、《民事诉讼法》第十条和《行政诉讼法》第六条等相应的审判公开的原则，可以引申为新闻媒介对法院审理案件有采访报道权。

一些司法机关内部文件也对采访报道权予以保障。例如肖扬就人民法院支持舆论监督，为新闻单位提供司法保护提出的六条要求中就有：“对新闻单位和记者的一切合法权益，人民法院依法给予保护”，“新闻记者在进行舆论监督时，被诬告、被陷害、被攻击的，人民法院应该坚决保护记者的正当权益；新闻记者对法院工作特别是审判工作的采访，各级法院要积极配合，尽量提供方便和保护，不应阻挠记者的正常采访”等规定。

一些地方行政法规也有相应规定。2005年4月1日正式施行的《深圳市预防职务犯罪条例》第十九条规定：“广播、电视、报刊等新闻媒体应当及时宣传、报道预防职务犯罪工作，通过多种形式，营造廉洁诚信的社会舆论氛围。新闻媒体依法对国家工作人员履行职务的行为进行舆论监督，并对其宣传报道负责。有关单位和国家工作人员应当自觉接受新闻媒体的监督。新闻工作者在宣传和报道预防职务犯罪工作过程中依法享有进行采访、提出批评建议和获得人身安全保障等权利。新闻媒体报道或者反映的问题，可能涉嫌职务犯罪的，有关部门应当及时进行调查，对其中有重大影响的问题，可以将调查处理情况向新闻媒体通报。”新疆伊宁市2004年4月1日施行的《关于不得拒绝新闻媒体采访的若干规定》规定，对新闻采访实行首问负责制，面对记者不得“无可奉告”，“各部门、各单位应积极配合记者进行采访报道和舆论监督，不得以任何借口拒绝新闻采访，更不得出现辱骂、推搡记者及没收、损坏采访器材等不文明的过激行为。”

但是以上的法律法规要不就是没有明确规定记者表达权，要不就是地方性的保护范围和力度不够。因此，在实际操作中，记者的正当权利还是屡屡被侵害。

二、犯罪新闻报道中表达权的限制

犯罪新闻报道表达权的限制主要有五个方面：

1. 社会责任的限制：作为记者，及时行使采访权，抢新闻，满足受众对新闻的需求是无可厚非的。但正因为采访本身所担负的社会责任，所以它必然要受不得违背社会利益的限制。如在犯罪新闻报道的采访写作中，记者不得对犯罪分子作案的细节、方式、手段作详尽的渲染；不得泄露国家机密，干扰公安、司法部门侦查、审判等等。这是在《保密法》等相关法律中有所规定的。

2. 人身权利的限制：法治社会应该是对公民人身权利保护最大化的社会。名誉权、隐私权、肖像权等都是主要的人身权利，受到法律的保护。新闻媒介在行使表达权的过程中，不得侵害合法的人身权利。在犯罪新闻报道中，最容易侵害到的人身权利是名誉权和隐私权，在后面的章节里面会有详细的论述。

3. 采访场所的限制：案发现场、法庭、看守所、监狱等特殊场所经常是犯罪新闻报道采访需要涉足的。记者的采访受到一些特殊的限制：第一，到案发现场采访，记者不能破坏公安机关的侦破行动，不能破坏现场证据和痕迹；第二，在法庭采访时，记者要遵循法庭的有关规定，遵守法庭纪律，不得偷拍偷录、不得随意走动、不得发言提问、不得喧哗哄闹；第三，到看守所采访，不得和嫌疑犯讨论案情，不得私下传递物品；第四，到监狱采访，不得帮犯人传递违禁消息，不得提供帮助犯人逃跑的工具，不得侵害到犯人未被剥夺的合法权利；第五，根据公安部、最高人民法院、最高人民检察院 1990 年发布的《关于严格控制在死刑执行现场进行拍摄和采访的通知》规定，严禁进入刑场进行采访、拍摄。

4. 报道对象的限制：犯罪新闻报道经常要采访警察、法官、检察官、犯罪分子等特殊群体，由于这些人物所处的形势，采访和报道往往容易遇到阻力。例如《中华人民共和国法官职业道德基本准则》第四十五条规定：法官发表文章或者接受媒体采访时，应当保持谨慎的态度，不得针对具体案件和当事人进行不适当的评论，避免因言语不当使公众对司法公正产生合理的怀疑。因此，法官对于记者采访经常采取“无可奉告”的方式拒绝。对于案件当事人的采访不能勉强，并且要保持客观公正和冷静判断，不能采取诱导式采访；对于犯罪嫌疑人的采访报道要客观，不得擅自宣布其为罪犯；对于罪犯，不能对其进行丑化描写和拍摄，不能采用侮辱性语言。

5. 采访方式的限制：犯罪新闻报道中，记者不能采取类似于警察机关的诱惑侦查手段，置身于犯罪活动的进程，构成违法。警察机关或其他侦查职能部门基于查禁犯罪的特殊需要，在侦查工作中有时会设置某种侦查陷阱，诱使犯罪嫌疑人实施违法犯罪行为，以获取违法犯罪的证据、查明并且拘捕犯罪嫌疑人，这种特殊的侦察手段即为诱惑侦查。但是记者没有权利采取这种形式，如果在采取这种方式过程中参与犯罪，也要受到法律制裁。例如，2001年，两位中央电视台的记者乔装成文物贩子，卧底盗墓团伙并且亲身参与了一次盗墓行动，记者把盗墓过程偷拍下来，节目后来在中央电视台播出。这个案子中记者的行为也是有争议的。

5.3 犯罪新闻报道与舆论监督权

5.3.1 舆论监督权概述及其法律保护

一、舆论监督权概述

广义的舆论监督，是指公民在了解情况的基础上，通过一切传播媒介和传播途径，表达意见、建议，形成舆论，对国家事务和社会公共事务及相关人物的言行进行监督，进而影响公共决策和权力运行的过程。在这一过程中，公民所享有和行使的就是舆论监督权。

狭义的舆论监督，是指新闻舆论监督，公民依法运用新闻传媒充分发表意见、建议和呼声，表达自己意志，对国家事务和社会公共事务及相关人物言行实行监督。这种监督就是新闻舆论监督。公民的这种借助新闻媒体来开展舆论监督的权利就是公民的新闻舆论监督权。新闻媒介自身代表公众舆论对社会实行监督的权利是新闻媒介的舆论监督权。

新闻舆论监督权的主体是公民，归根到底舆论监督是属于公民的权利。但是公民不通过新闻媒介也无法实现自己的新闻舆论监督权。公民在行使新闻舆论监督权时，新闻媒体不是被动接受，被公民所借用，仅仅提供一个舆论阵地和平台，而是主动介入，核实所监督内容的真实性及社会价值之大小，甚至派出自己的记者直接参与调查，加上自身对事件的理解，形成新闻舆论监督，使公民的新闻舆论监督权得以实现。因此，从某种意义上说，新闻媒介和新闻记者也是舆论监督权的主体，应该得到法律的认可和保护。

由于新闻具有传播及时、公开、持续的特点，加上新闻媒介的权威地位，新闻舆论监督具有强大的影响力和震慑力。“不怕上告，只怕上报”，新闻舆论监督产生的巨大舆论压力经常能够促使问题的解决。

二、舆论监督权的法律保护

舆论监督是一个有中国特色的词语，国外一般称为批评权、监督权等。新闻舆论在西方被称为除了立法、行政、司法三大权力之外的“第四种权力”。在世界上许多国家，特别是西方国家，各种报刊、电视、广播等传播媒介，虽然有一定的倾向性和明显的阶级性，但都有相对的独立性。国家都从法律和制度上给予新闻媒体“独立、自主报道的权利”和“批评政府的权利”。

我国《宪法》第四十一条规定：“中华人民共和国公民对于任何国家机关和国家工作人员，有提出批评和建议的权利；对于任何国家机关和国家工作人员的违法失职行为，有向有关国家机关提出申诉、控告或者检举的权利，……”公众批评建议权就是一种舆论监督权。

新闻舆论监督权在不少法律法规、文件中已经得到确认。《反不正当竞争法》第四条规定：“国家鼓励、支持和保护一切组织和个人对不正当竞争行为进行社会监督。”1993年《消费者权益保护法》第六条第三款规定：“大众传播媒介应当做好维护消费者合法权益的宣传，对损害消费者合法权益的行为进行舆论监督。”该法第三十二条第七项规定：“对损害消费者合法权益的行为，通过大众传播媒介予以揭露、批评。”1997年《价格法》第三十七条第二款规定：“新闻单位有权进行价格舆论监督。”1990年《报纸管理暂行规定》第七条把“发挥新闻舆论监督作用”列为报纸的功能之一。1996年《河北省新闻工作管理条例》第五条规定：“新闻工作应当……发挥新闻舆论的监督作用”。

新闻舆论监督权还在不少党的文件中得到确认。党的十三大、十四大和十五大报告都提出了要重视和加强舆论监督。1996年中共中央《关于加强社会主义精神文明建设若干重要问题的决议》中也强调“要加强热点问题引导和舆论监督”。

2000年1月27日，最高人民法院院长肖扬在最高人民法院与中央新闻单位负责人座谈会上，就人民法院支持舆论监督，为新闻单位提供司法保护提出了六点要求：1. 新闻记者在采访中遇到围攻、殴打，伤及人身权利时，人民法院理应对违法者依法惩处，坚决为记者提供司法保护；2. 对那些存在问题而又不正视问题，反而阻挠记者采访、侵害记者采访权的，人民法院应对记者的权益予以司法保护；3. 对新闻单位和记者的一切合法利益，人民法院依法给予保护；4. 新闻单位和被批评者发生纠纷时，人民法院应在坚持以事实为依据，以法律为准绳，公正裁判的基础上，尽量采取调解方式解决，依法保护新闻单位的名誉权；5. 新闻记者在进行舆论监督时，被诬告、被陷害、被攻击的，人民法院应该坚决保护记者的正当权益；6. 新闻记者对法院工作特别是审判工作的采访，各级法院要积极配合，尽量提供方便和保护，不应阻挠记者的正常采访。

5.3.2 犯罪新闻报道中舆论监督权的保护和限制

一、犯罪新闻报道中舆论监督权的保护

由于媒介具有代表公众行使知情权和表达权的社会功能，而且能够通过监督司法避免权力的滥用，加上司法公正本身要求之一就是司法公开，因此，世界各国在保证司法独立性原则的情况下，一般都赋予媒介接近和监督司法系统的权利。美国宪法第一修正案对新闻自由的保护使得媒介采访司法程序的规则建立得比较完备，媒介采访法庭的权利适用于几乎所有的诉讼程序。约束媒介事先报道的“司法限制令”被认为是对媒介最严厉的制裁手段之

一，但必须满足异常严格的举证责任，否则即为违宪。联邦最高法院认为，对言论的任何事先约束都是对宪法第一修正案的最严重和最不能容忍的侵犯，因而强调任何形式的事先约束都必须承受对其违宪性的有力的推定[①]。媒介对司法的批评监督权利同样得到司法最大限度的理解和宽容。法官行使藐视法庭处罚权，仅仅只有当此言论对司法的评论已构成“明显而即刻的危险”时方可使用。

根据《马德里原则》[②] 的规定，媒体有职责和权利收集情况，向公众传达信息，并在不违反无罪推定原则之前提下，对司法活动进行评论，包括对庭审前、庭审中和庭审后的案件；而法官则有责任本着有利于新闻自由的原则，承认和落实新闻自由[③]。

我国在推动司法民主化的改革进程中，也逐渐在改革过去限制媒介监督司法的做法。我国宪法规定的公民对于任何国家机关和国家工作人员有提出批评和建议的权利，为媒介监督司法提供了宪法保障。最高人民法院 1999 年《关于严格执行公开审判制度的若干规定》指出，人民法院对于第一审案件，除涉及国家秘密、个人隐私、商业秘密案件以及经人民法院决定不公开审理的案件外，应当一律公开审理。依法公开审理的案件，经人民法院许可，新闻记者可以记录、录音、录像、摄影、转播庭审实况[④]。这一规定尽管仍有所限制，但也赋予了媒介监督司法一定的特权。

---

① 王艳：《新闻监督与司法独立关系研究》，北京：中国物资出版社 2004 年版，第 338 页。

② 1994 年 1 月 18 ~ 20 日，来自法国、德国、英国、瑞士、澳大利亚等 22 个国家的 40 位知名法律专家和新闻媒体的代表聚集西班牙的马德里，参加由国际法学家委员会及其“法官独立中心”和西班牙 UNICEF 委员会主办的会议，该会确立的《关于新闻媒体与司法独立的基本原则》被称为“马德里原则”。

③ 景汉朝：《司法实践中的理论探索》，北京：法律出版社 2003 年版，第 248 页。

④ 周泽：《媒体报道与司法公正关系的反思与再构》，载《中国青年政治学院学报》2004 年第 1 期。

二、犯罪新闻报道中舆论监督权的限制

犯罪新闻报道中舆论监督权一定程度上存在着越位现象，在行使中伤及到了法律法规保护的其他权利。由于新闻舆论监督具有巨大的影响力，因此，一旦越位，造成的侵害就十分严重。犯罪新闻报道中舆论监督权容易和以下几种权利、权力产生冲突：与司法权的冲突、与保守机密的冲突、与人身权的冲突。相应的法律限制在知情权部分以及第五、六、七章都有详细的论述。

第6章　犯罪新闻报道与人身权利之一：名誉权

6.1　名誉权概述及其法律保护

6.1.1　名誉与名誉权

一、名誉（Reputation）

在汉语中，名和誉均指声名、声誉。从字源上理解名誉是不可虚设的外在评价，《墨子·修身》即有“名不徒生，而誉不自长，功成名遂，名誉不可虚假，反之身者也”。[①] 在古罗马社会，名誉备受重视，被视为完全人格权利能力的外观形象。为此，《十二铜表法》设立了“名誉减损”概念，只有名誉没有缺陷的人，才能享有罗马法规定的全部公权和私权，而名誉减损的人的权利毫无疑问地将受限制。[②]

《牛津法律大辞典》对名誉的概念定义为：名誉是对于人的道德品质、能力和其他品质（名声、荣誉、信誉或身份）的一般

---

① 何序哲：《关于名誉权法律保护几个理论和实践问题的探讨》，载《辽宁公安司法管理干部学院学报》2000年第1期。

② 龙斯荣：《罗马法要论》，吉林：吉林大学出版社1991年版，第28页。

评价。[①]《布莱克法律辞典》则认为名誉是“关于一个人品格或其它特点的共同的或一般的评价”[②]。近年我国学者对名誉作过众多定义，较为大家认同的观点认为：“名誉是对特定人的人格价值的一种社会评价”。[③] 这种理解着重强调：其一，名誉是一种公众评价，它既不是社会个别评价，更不是自我评价，并且通常表现为一种良好的社会认同；其二，名誉是对人格价值的评价，人格价值对公民表现为品行、思想、作风、道德、能力等，对法人则表现为信用、生产能力、经营状况等；其三，名誉指向特定人且它是对特定的公民、法人的社会评价，而不是社会对一般人的评价。

二、名誉权（Right of Reputation）

名誉权的概念和名誉的概念是密切相关的。人们对名誉权的认识也不尽一致，有的学者认为“名誉权就是特定人享有的应受公正评价的权利。”[④] 有的学者认为：“名誉权者以人在社会上应受与其地位相当之尊敬或评价之利益为内容的权利。”[⑤] 还有的学者认为“名誉权就是公民、法人享有应该受到社会公正评价的权利和要求他人不得非法损害这种公正评价的权利。”[⑥]

公民的名誉权是公民所享有的一项重要的民事权利，由于名誉权的核心是社会评价，因而公民的名誉权具体包括以下两层意思：一是公民享有要求他人对其进行客观公正评价的权利。二是任何人不得侵害主要是贬损特定人的社会评价，否则要承担相应的法律责任。

---

① 张建波：《论名誉权及其保护》，载《政法论丛》2003 年第 5 期。
② 王利明等：《人格权法》，北京：法律出版社 1997 年版，第 112 页。
③ 王利明等：《人格权法》，北京：法律出版社 1997 年版，第 112 页。
④ 魏振瀛：《侵害名誉权的认定》，载《中外法学》1990 年第 1 期。
⑤ 史尚宽：《债法总论》，北京：中国政法大学出版社 2000 年版，第 145 页。
⑥ 魏永征：《新闻传播法教程》，北京：中国人民大学出版社 2002 年版，第 134 页。

公民名誉权主要有以下特征：一是法律性，名誉权是法律赋予公民的一项重要民事权利，受到国家强制力保护，具有不可侵犯性。二是人身性，公民的名誉权依附于特定人的人身，与其人身不可分离，一个人生前所取得的名誉并不会随着其生命的结束而消失。三是非财产性，作为名誉权客体的名誉没有财产内容，不直接带来或直接表现为一定的经济利益，也不能用资本计算其价值，但名誉却与经济利益有间接的联系，对公民名誉权的侵害，也往往会造成受害人经济利益的损失。四是绝对性，名誉权是一种绝对权，可以对抗任何人。除权利人外，其他人皆为名誉权的义务主体，都负有不得侵害其他公民名誉权的义务。五是专属性，名誉权是一种专属权，专属于权利人本人，不能转让也不能被继承，其他人也不能代替行使。①

6.1.2 名誉权的法律保护

国际社会公认名誉权是一项基本人权，需要立法加以严格保护。对于名誉权的保护，不同国家的规定不一样。英美法系国家把损害他人名誉的行为统称为诽谤，大陆法系的国家则通常把损害名誉权的行为分为诽谤和侮辱。

一、国外的法律规定

在国际上诽谤是个十分古老的概念。最早的诽谤是和政治联系在一起的，例如英国，就将攻击王室、政府的行为定名为诽谤。近现代意义的诽谤，则是公民人身权的内容。

维护人格尊严（human dignity）是国际社会的共识。《联合国宪章》、《世界人权宣言》等国际法规，都在最显要的地位突出了维护人的尊严的信念和准则。大多数国家都已经立法保护人格尊

---

① 参见王发荣主编：《中国民事审判学》，北京：法律出版社 1992 年版，第 247 页。

严和名誉。

在英美法系国家，对于名誉权的保护除了可以引起破坏公共安宁之刑法性诽谤（Criminal Libel）属刑法范围外，一般均属于普通法领域，在补救方面，侧重金钱的赔偿和口头的道歉，金额视具体损害程度而定。

在大陆法系国家中，有的国家在专门的新闻出版法律中规定了诽谤的罪行及其制裁，例如历史最悠久的法国《出版自由法》规定："一切对某一事情的断言或指责损害了其他个人或团体的名誉和声望，即为诽谤"。有的是在《刑法》、《民法》等相关法律中对诽谤侮辱等作出规定，如日本《刑法》规定，"公然摘示事实，侵害他人之名誉者，不管其事实是否真实"，都要处以刑罚，但如系有关公共利益而能证明其事实为真实者不罚。

二、我国的法律规定

保护民事主体的名誉和人格尊严，是我国近现代民法的重要内容。我国《民法通则》第一百零一条规定："公民、法人享有名誉权，公民的人格尊严受法律保护，禁止用侮辱、诽谤等方式损害公民、法人的名誉。"无论是与大陆法系国家民法典比较，还是与民法通则公布前的我国民法理论进行比较，我国《民法通则》关于侵害他人名誉的民事责任之规定，都具有进步性。它从正面宣示公民、法人享有名誉权，公民的人格尊严受法律保护；它禁止用侮辱、诽谤等方式损害公民、法人的名誉；它还规定，当名誉受到侵害时，受害人有权要求停止侵害、恢复名誉、消除影响、赔礼道歉，还可以要求赔偿损失（《民法通则》第一百二十条）。① 有学者指出，这些规定符合现代法律发展趋势并体现了社

---

① 张新宝：《中国侵权行为法》，北京：中国社会科学出版社 1998 年版，第 202 页。

会主义法的精神。”①

最高人民法院《关于贯彻执行〈中华人民共和国民法通则〉若干问题的意见（试行）》（以下简称《意见》）第一百四十条规定：“以书面、口头等形式宣扬他人的隐私，或者捏造事实公然丑化他人人格，以及用侮辱、诽谤等方式损害他人名誉，造成一定影响的，应当认定为侵害公民名誉权的行为。”“以书面、口头等形式诋毁、诽谤法人名誉，给法人造成损害的，应当认定为侵害法人名誉权的行为。”从上述规定看，侮辱和诽谤是两种侵害公民和法人名誉权的主要行为方式。侮辱是指以行动、语言、文字等方式贬低他人人格，毁损他人名誉的行为。其表现主要有：一为行为侮辱，即用一定强制行动来损害他人的人格名誉；二为文字侮辱，即用文章、大小字报、漫画等形式对他人进行侮辱；三为言语侮辱，即用下流、肮脏的语言辱骂对方。需要指出的是，侮辱行为必须公然进行，即行为人当众或者有第三者在场，或者用可以使不特定多数人能够知道的其他方法。诽谤是指故意捏造并散布有损他人人格、名誉的虚假事实。其主要特征：一是捏造事实，即无中生有，凭空制造虚假事实；二是必须散布，即用口头或文字的方式，把虚假的事实扩散出去，使众人知道。二者缺一不可。此外，实施诽谤行为，还必须针对特定的人进行。没有特定的对象，不可能损害他人的人格和名誉，自然也构不成诽谤行为。

民法通则未对保护公民隐私作出直接规定，但最高人民法院的多次司法解释均认为隐私为名誉之一部分，对公民隐私权的保

① 梁慧星：《民法学说判例与立法研究》，北京：中国政法大学出版社1993年版，第67页。

护适用有关侵害名誉权的规定。[1] 过去我国学者对公民隐私权的研究较少，但近几年有了较快发展。人们更倾向于认为隐私权不同于名誉权，对隐私权的民法保护应当独立于对名誉权的保护。[2] 笔者持这种观点，并将在本书中专门研讨侵害隐私权的民事责任问题。

6.1.3 新闻报道侵害名誉权的构成要件

根据《民法通则》和最高人民法院《关于贯彻执行〈中华人民共和国民法通则〉若干问题的意见（试行）》以及最高人民法院《关于审理名誉权案件若干问题的解答》的规定，构成对公民名誉权的危害，应当具备侵害名誉权所必需的四个要件：一是行为人实施了侵害他人名誉权的行为。二是行为人主观上有过错，包括故意和过失。三是侵权行为造成了受害人名誉受损的受害结果。四是侵权行为与侵害结果之间有因果关系。根据上述要件，新闻报道侵害名誉权的构成要件可以具体列为以下四项，缺一不可：

一、新闻作品有侵害他人名誉权的违法性质

《民法通则》第一百零一条规定："公民、法人享有名誉权，公民的人格尊严受法律保护，禁止用侮辱、诽谤等方式损害公民、法人的名誉。"也就是说，侵害名誉权的行为方式主要有两种。第一种是侮辱，侮辱是指使用暴力或其他方式，公然贬低或损害他人人格、破坏他人名誉的行为。从目前的审判实践来看，通过新闻媒介以侮辱方式侵害公民名誉权的行为主要是在报纸杂志等

---

① 参见最高人民法院《关于贯彻执行〈中华人民共和国民法通则〉若干问题的意见（试行）》第一百四十条；最高人民法院《关于审理名誉权案件若干问题的解答》（1993 年 8 月 7 日）。

② 参见王利明主编：《民法·侵权行为法》，北京：中国人民大学出版社 1993 年版，第 303 ~ 306 页。

舆论工具上发表文章对受害人进行侮辱；第二种是诽谤，诽谤就是故意捏造、散布某些虚构的事实，损害他人人格，破坏他人名誉的行为。

最高人民法院《关于审理名誉权案件若干问题的解答》第八问第三项规定："文章的基本内容失实，使他人名誉受到损害的，应认定为侵害他人名誉权。"也就是说，文章基本内容失实，也是侵害名誉权的方式之一。文章基本内容失实的情况大体有三种：一是文章基本事实不真实，指文章所述事实与客观存在的事实不符，使受害人的名誉遭受贬损，社会评价降低，这时应认定为侵害名誉权。二是文章的评论、结论内容不真实，指文章给受害人所作的结论不符合公众对受害人的评价，使受害人的社会评价降低，其名誉受到贬损。三是文章反映内容不全面，指文章所反映的内容不是事实的全部，而是事实的一部分，贬损了受害人的名誉，使受害人的社会评价降低。①

二、侵权新闻作品已经发表

大众传媒的影响力巨大，经过大众传媒发表的侵权内容，肯定会造成不良影响和损害后果。因此，在法理上和司法实践上，都把侵权作品已经发表作为大众传媒侵权行为的损害事实的依据，无需再提出侵权行为造成的具体损害事实。也就是说，只要侵权新闻公布，就表明损害事实已经发生。

侵权作品的发表会引起一系列的后果，这些后果虽然不影响到侵权的成立，但是对于确定侵权的损害程度、承担民事责任的方式和赔偿责任的种类和数额，仍然非常重要。这些侵权后果主要表现为：一、造成社会公众对受害人的贬损性看法，从而进一步引起周围的人们对受害人排斥、孤立、鄙视等；二、使受害者

① 康长庆：《新闻侵害名誉权的构成要件》，载《人民司法》1999年第6期。

感到屈辱、悲伤、消沉、烦闷、愤怒、绝望等精神痛苦；三、造成受害人的直接财产损失。

三、新闻媒介和新闻记者主观上有过错

《民法通则》第一百零一条关于侵害名誉权的规定没有明确故意和过失，但结合第一百零六条第二款的规定："公民、法人由于过错侵害国家的、集体的财产，侵害他人财产、人身的，应当承担民事责任。"可以认为过失与故意均可构成侵害名誉权。

行为人主观上是否有过错，是构成名誉权侵权的重要条件。所谓过错，是指侵权行为人在实施侵权行为时，对其所实施的行为及可能发生的损害事实（结果）所持的态度（心理状态），包括故意和过失。故意指行为人明知自己的行为可能发生某种损害结果，而仍希望这种损害结果的发生或对损害结果发生采取放任的态度，前者称直接故意，后者称间接故意。过失是指行为人对自己的行为可能引起的后果应当预见，由于疏忽大意而没有预见或者已经预见而轻信可以避免，前者叫疏忽大意的过失，后者称过于自信的过失。①

区分新闻侵害名誉权行为人的故意与过失，有助于划清民事侵权与刑事犯罪的界限，因为故意侵害他人名誉权，还可能构成诽谤罪，从目前情况看，以诽谤罪定性的新闻侵权案件是非常少的，大多数是按民事侵权案件行处理，但是这应当引起新闻记者和报纸杂志等新闻部门的注意。

四、报道发表与侵权后果存在因果关系

新闻侵害名誉权行为与损害结果之间的因果关系，是指二者之间具有前因后果的关联性，它是新闻侵害名誉权承担民事责任

---

① 张教平：《关于名誉权保护有关问题的法律探讨》，载《法律适用》1995年第2期。

的又一个构成要件。根据侵权行为的一般原理，因果关系应由受害人提供证据证明。

因果联系是客观世界普遍联系和相互制约的表现形式，由于客观现象总是处于动态的运动状态中，因此，因果关系的形式也是变化的、多样的。在侵害名誉权案例中引起损害发生的原因并不完全是单一的行为事件，而常常出现多种因素彼此相互联系，相互渗透。只有证明侵权结果的产生和新闻报道有着必然联系，受害人才能提起名誉权诉讼。

分析侵权结果产生的多种原因，也是在判决赔偿时进行责任分担的依据。在新闻侵害名誉权致人损害中也存在多因一果的情况。例如报刊登载某人涉嫌参与一起凶杀案，公安机关将其逮捕，法院判决其罪名成立。但是后来证明此人是无罪的，对此人的侵权责任，应该由作者、报社、公安司法部门共同分担。

6.1.4 新闻侵害名誉权的法律责任

一、刑事责任

严重的新闻活动侵害名誉权行为可能构成犯罪，即诽谤罪和侮辱罪。《刑法》第二百四十六条第一款规定：“以暴力或者其他方法公然侮辱他人或者捏造事实诽谤他人，情节严重的，处三年以下有期徒刑、拘役、管制或者剥夺政治权利。”1998年最高人民法院《关于审理非法出版物刑事案件具体应用法律若干问题的解释》第六条规定：“在出版物中公然侮辱他人或者捏造事实诽谤他人，情节严重的，依照刑法第二百四十六条的规定，分别以侮辱罪或者诽谤罪定罪处罚。”

二、民事责任

侵害名誉权的民事责任是指侵害名誉权的行为人依法向受害人承担精神损害赔偿等民事责任，以恢复受害人被侵害的名誉。

侵害名誉权的民事责任包括停止侵害、恢复名誉、消除影响、赔礼道歉和赔偿损失。

1. 停止侵害：受害人诉请人民法院对侵权人正在实施的侵害名誉权的行为，判令其不得继续实施。停止侵害只适用于正在实施的侵害公民名誉的行为，对已经中止或终止的侵权行为不适用这种民事责任。

2. 恢复名誉，消除影响：根据受害人的诉讼请求，人民法院判令侵害人在侵害行为影响所及范围内，以公开形式承认其过错，澄清事实，以消除侵害行为所造成的不良影响，恢复受害人未受侵害前的社会评价。

3. 赔礼道歉：人民法院对于情节轻微的侵害名誉权行为，要求侵害人以口头或者书面的形式向受害人承认错误、表示歉意。赔礼道歉不但可以用于判决的民事责任，还可以用于诉讼之前的调解。

4. 赔偿损失：这是一种财产责任形式，是指人民法院根据受害人的诉讼请求，判令侵权人从经济上给予受害人以赔偿。这种赔偿包括两种，一种是经济损失赔偿，一种是精神损失赔偿。

6.2 犯罪新闻报道与名誉权的冲突

6.2.1 犯罪新闻报道与名誉权冲突的方式

我国是社会主义法系，但是具有和大陆法系相同的一些特征“成文法化”，所以按照大陆法系标准把侵害名誉权行为分为诽谤和侮辱两种方式。这两种方式，犯罪新闻报道都容易涉及，因而引来新闻官司。而在英美法系国家，侮辱归纳在诽谤的范畴之内，犯罪新闻报道与名誉权的冲突方式除了诽谤还有一种：故意的感情伤害。

一、诽谤：散布虚假事实损害他人名誉

诽谤是当前大众传播中最常见最严重的问题之一，也是新闻报道最容易引起新闻官司的原因，尤其是犯罪新闻报道。诽谤性新闻之所以频频出现，新闻媒介往往负最大的责任，因为媒介为了增加报纸销路，势必迎合受众的喜好，刊登一些五花八门的社会新闻，尤其是高潮迭起、引人入胜的犯罪新闻，记者写稿和编辑编排时都以尽量引起受众注意为要旨，根本不会考虑到新闻内容和新闻标题是否会对当事人或第三者构成诽谤罪。加上部分受害者或因缺乏法律常识、或因畏惧新闻媒介的势力、或因传统观念视打官司为不光彩之事而抱息事宁人的态度，使一些因诽谤而违法的记者没有受到应有的制裁，纵容了他们的违法行为，间接导致诽谤性新闻报道的大量出现。

根据一般的解释，所谓诽谤指的是恶意的评议。但在法律立场上，各国对诽谤行为的构成，各有不同的解释。例如在英国，诽谤被定义为“可以使公民受到憎恨、嘲笑或藐视的表述”，“使公民在思维正常的人中对他的评价降低的表述”等。[①] 在美国，诽谤的代表性定义有多种。美国联邦最高法院为诽谤所下的定义是：“诽谤乃对于尊严之损害，如无其他正常原因，而故意刊布有害于某个人之记载，此种记载又为虚伪的、或对他人属实，而对此受害人个人则否者，亦应负一般的违法责任。”纽约州刑法第一千三百四十条规定：“怀有恶意出版文字、印刷品、图片、画像、标记或者其他非口头形式的物品，使活着的人或对死去的人的记忆受到憎恨、藐视、嘲笑或指责，使他人受到孤立或有受

① 魏永征：《我国新闻侵权法中的一个悖论——关于新闻失实之三》，“老魏说法”网站，http：//www. cjr. com. cn/node2/node38/node58/node60/node85/node87/userobject7ai1979. html。

到孤立的倾向，或使他人或任何公司、社团在经验或职业上的名誉有受到损害的倾向，皆为诽谤。”①

英美等西方国家的法律对“诽谤”的解释虽然不尽相同，但基本不出乎美国法学会（American Law Institute）汇编的《民事侵权行为重述》这样的定义：“传播某种信息，这种传播倾向于毁损他人名誉，以至于降低社会对他的尊重度，或阻止第三人与他产生关系，即为诽谤。”②

英美等西方国家对诽谤分为书面诽谤（Libel）与口头诽谤（Slander）两种，二者以是否具有永存性及可见性为分野，报纸诽谤属于前者。广播和电视所造成的诽谤本属于口头诽谤，但因为其影响力巨大，各国法律多数将其视为书面诽谤。

按照英美法系，诽谤罪的构成要件有三个③：

1. 损害名誉（defamation）。损害名誉就是伤害他人名声致使他在社区中的威信降低或者使第三者不敢同他交往。例如，暗示某人犯有罪行，暗示某人有令人厌恶的疾病、破坏他人信誉，暗示某人有淫荡行为，暗示某人缺乏智力等等。

2. 公布（publication）。所谓公布，通常就是公开诽谤材料，这就容易激怒被诽谤者，从而很可能激起破坏治安的举动。因此，诽谤罪侵犯的不仅仅是他人的人格名誉，而且是社区的安宁。所以，诽谤罪常常被纳入妨害公共治安罪的范畴。公布的方式，既可以是持久性形式，如用文字（书写，印刷）、图画、摄影等；也可以是非持久性形式，即语言或者动作等等。

3. 恶意（malice）。作为诽谤罪构成要件的恶意，同杀人罪

---

① 任燕：《侵害名誉权构成要件的法理实践分析》，载《郑州航空工业管理学院学报》2004年第6期。

② American Law Institute, *Restatement of Torts*, 2d ed. Philadelphia: American Law Institute, 1975.

③ 储槐植：《美国刑法》，北京：北京大学出版社1996年版，第169页。

中的恶意概念大致相似。在法律意义上，恶意就是故意地实施损害他人的非法行为的心理。在诽谤案件中，恶意就是故意公布损害他人名誉的材料的心理。

与直接诽谤相反的含沙射影也可能成为诽谤。请阅读下面这则摘自《波士顿记录报》（Boston Record）的新闻报道：

> 此间的退伍军人医院怀疑，39 岁的乔治·M·佩里（George M. Perry）死于慢性砷中毒。联邦和州当局现正在调查佩里的死因。
>
> 乔治·佩里去年 6 月 9 日死于退伍军人医院，这是他第十次被送进医院，入院 48 小时后，佩里死亡。……乔治居住在康涅狄格州的弟弟来参加他的葬礼，并在此逗留了两天，大约一个月后，他也相继死去。大约两个月后，9 月，乔治的岳母、前来陪伴女儿的 74 岁的玛丽·F·莫特（Mary F. Mott）太太也死了。她的遗体被火化。

这则新闻写得很模糊，阿瑟在拜访原告之后死了，原告的母亲“也死了”，她的遗体又被火化了，这不是太糟糕了吗？文中的暗示是：原告佩里夫人谋杀了她的丈夫、她丈夫的兄弟和她自己的母亲。这则报道使《波士顿记录报》的发行商赫斯特公司赔偿了 25,000 美元。①

大陆法系国家则把诽谤和侮辱进行了比较严格的区分，大多数学者认为，诽谤是指行为人因故意或过失捏造并散布某些虚伪事实，损害他人名誉的行为。因此，诽谤的构成要件除了前面三

① 参见［美］Don R. Pember：Mass Media Law，The McGraw-Hill Companies，Inc.，2000，第 145 页。

点之外，必须在陈述事实方面有虚假的内容。所谓虚假，就是同实际情况不相符。这一点将诽谤和侮辱分开。诽谤必然是事实虚假才能构成，事实为真实或者不涉及事实仅仅言辞激烈而侵害名誉权的案件通常以侮辱定罪。

新闻界人士提出，新闻采访活动不同于国家机关调查活动，手段资源有限，加上新闻时效性的要求，要做到完全真实有一定的难度。为了保护新闻自由和舆论监督，我国有关司法解释对构成诽谤虚假陈述的程度方面作了进一步界定，把非法侵权的界限划定在新闻报道严重失实的前提之下，而把局部的、轻微的失实划为法律可以宽容的范围之内。

英美法系和大陆法系关于诽谤的最大区别就体现在关于真实性（truth）上。在英美体系国家，一般说来，用来进行诽谤的材料基本上是虚假的；但如果动机上有恶意，即使是真实的事实，也可能构成诽谤。例如，某报公布一个材料——某人曾经偷窃过钱。此人在20年前确实偷过数千美元钱（真实性），但是事发后此人已作了赔偿，而且以后他一直过着诚实的生活。假定报纸公布这个材料是为了使此人难堪从而使自己开心（动机不良），便构成诽谤。但是，此人如果正在竞选县财政局长，报社认为此人要是竞选成功，在接触钱财引诱下可能旧病复发，所以公布了此项材料，这不构成诽谤。因为材料真实，而且动机良好（没有恶意），符合社会利益。但是，在大陆法系国家，只要材料真实，即使有恶意，也不构成诽谤，只能构成侮辱。

二、侮辱：贬损他人的人格尊严

各国对侵害名誉的界定大体一致，即认为报道事实失实从而使他人名誉受到损害，只是侵害名誉权行为的一种，它造成的主要损害是非法贬低了受害人的社会评价。还有一种侵害名誉权的行为是侮辱，单纯的侮辱并不涉及事实的问题，它主要是损害了受害人的人格尊严。

按照侮辱性言辞和陈述事实之间的关系，侮辱主要分为辱骂和丑化两种。辱骂不需要任何陈述事实的形式，比如公然用“非人”的言辞攻击别人。而丑化则具有某些陈述事实的形式，通过夸张和扭曲的文字或图像手段，把特定人的形象描写得使人可憎、可恶、可鄙。①

美国有关法律对犯罪新闻报道中出现的这种侵害名誉权行为的规范要比我国早，也要比我国严格，只是美国对这种侵权行为的界定都划在诽谤的范围之内。早在19世纪，就出现过一名曾犯过抢劫罪被新闻媒介指为恶棍的男子对报社进行控告，结果获得25,000美元的赔偿。一个骗取他人钱财的男子被新闻媒介指称为骗子和坏蛋，此人提起诉讼并获得50,000美金的赔偿。伊利诺伊州的法律就明文规定：损害他人的尊严、德行或名声或公布其天生的欠缺，其结果致使其人为公众所憎恶、嘲笑者，构成恶意诽谤。《美国编辑人和发行人杂志》总结了一些曾构成名誉诽谤的诉讼，结果为原告胜诉的事例，指出新闻报道的一些禁忌用语，其中有“骗子”、“捣乱分子”、“精神错乱”、“贿赂者”、“坏蛋”、“无用之辈”、“重犯”、“欺诈”、“恶棍”、“极端恶劣分子”、“可憎的人”、“无赖”、“盗贼”、“强盗”等。

我国在犯罪新闻报道中出现这种行为比较早，但相关法律的规范形成比较晚，而且实际执行往往不严。20世纪90年代以前尤其是“文革”时期，我国新闻媒介政治色彩较浓。对待反面人物和事件往往为了区分敌我界限而措辞激烈、不留余地，加上法律意识不强，在犯罪新闻报道中出现侮辱现象极为普遍。例如某报曾有一篇关于凶杀案件的报道，对犯罪嫌疑人用“杀人不眨眼

① 魏永征：《新闻传播法教程》，北京：中国人民大学出版社2002年版，第146页。

的恶魔”、“双手沾满了人民的鲜血”、“罪恶滔天”等进行人身攻击的话；还有一篇报道在描写犯罪人与一个女人之间暧昧关系时用了“他在女人面前温柔得像条狗”这种侮辱性的言辞。近些年来随着我国法律的健全、相关新闻管理条例的出台和新闻记者法律意识的增强，新闻报道开始走向客观之路，许多犯罪新闻报道开始注意措辞的严谨和公正，妄加批判的话语也少了。当然，不可否认还是存在一些不够公正客观的带侮辱性的报道。

我国和国外在侮辱罪的判定方面也有明显的区别。我国在判定侮辱方面还是以事实为客观标准，一些辱骂性的词语用来谴责恶人坏事只要名实相符，例如称诈骗犯为“骗子”，称强奸犯为“色狼”等，就不构成侵害名誉权。但是这些词语如果施加于那些品行并没有严重不端的他人，就具有贬损意味，构成侮辱。而在美国等国家，人格权利是最重要的，超过了事实本身。只要报道中带有明显侮辱的词语，即使名实相符，媒介也往往要承担侵权责任。

三、故意的感情伤害

侵害名誉权在西方出现了新的威胁——这种民事侵权行为被称为故意的感情伤害。根据苏珊·柯克帕特里克（Susan Kirkpatrick）发表于《西北大学法律评论》（Northwestern University Law Review）的文章介绍，以这种侵权伤害为诉由的诉讼最早出现于19世纪末。但是直到1948年，美国法学会出版的民事侵权法综合文献《民事侵权行为重述》才承认这种侵权行为。1965年，《民事侵权行为重述》第一次给出了这种侵权行为的定义，共分为4个部分：1. 被告的行为是故意的或不计后果的；2. 被告的行为是极端的并且残暴无耻的；3. 被告的行为导致原告受到感情伤害；4. 原告所受的感情伤害是严重的。①

犯罪新闻报道中记者的大量行为都可以成为“故意的感情伤害”诉讼的诉由。1985年6月在美国佛罗里达州，一位6岁的女孩被绑架。2年后，警方找到了孩子的衣服和部分骸骨。一位电视台记者和摄像师找到警察局长，要求看看孩子的头骨。警察将头骨取出，因而取出装有骸骨的盒子的情景被记者拍了下来，后来又出现在晚间新闻中。女孩的家人意外地看到了这个镜头，受到巨大打击。他们以暴行侮辱（outrage，“故意的感情伤害”在佛罗里达州法律中的称谓）为由提起诉讼。佛罗里达州上诉法院认为，电视录像显然超出了庄重的范畴。该院说，“事实上，如果这里所陈述的事实都不能构成暴行侮辱，那么就再没有别的什么事实能构成这种侵权行为。”1995年，一位加州法官拒绝驳回一起针对电视台记者的感情伤害诉讼，这些记者在明知其父母不在场的情况下，告诉三个小孩他们的邻居杀了她的3个孩子，然后自杀，记者拍下了孩子们的反应，想拿到节目上播出。法院说，陪审团必然会发现电视台记者的行为是如此残暴过分，以至于它“超出了所有庄重的范畴”。②

故意伤害他人感情是一项新的侵权行为，法院要求受伤害一方承担艰巨的举证责任，这使得原告极难在这类诉讼中胜诉。这种侵权行为一旦被法院认定成立，承担的主要是相应的民事责任。对这种侵权行为的规定是对本来就错综复杂但又不够完善的名誉权侵害处理形式的新的补充。

故意伤害他人感情目前在很多国家包括我国还没有被法律明

---

① ［美］Don R. Pember: *Mass Media Law*, The McGraw-Hill Companies, Inc., 2000，第227页。

② 参见［美］Don R. Pember: *Mass Media Law*, The McGraw-Hill Companies, Inc., 2000，第228页。

文规定。如白晓燕被绑架案件中，台湾地区不少新闻媒体对白晓燕被绑后无奈拍下的裸照、白晓燕被歹徒残忍砍下的断指和她的浮尸图像报道，以及对白冰冰与歹徒会面的干涉，行为之残忍过分，实际上构成了故意伤害他人感情，受害人也不难举证。只是台湾地区当时没有该方面的规范，所以对于新闻媒体只能进行道德上的谴责而不能诉诸法律的渠道。

6.2.2 犯罪新闻报道与名誉权冲突的原因

一、新闻传播职能上的误区

当新闻媒介成为工具的时候，媒介被用来直接宣布罪状和罪名，直接影响到案件的审判，“媒介审判”盛极一时。现在社会“媒介审判”仍然是传媒和司法矛盾的主要集中点，不少人仍然试图利用新闻媒介来惩罚各种违法犯罪行为。如“马加爵事件”中，公安机关对马加爵布下天罗地网的同时，新闻媒介也对马加爵进行了铺天盖地的报道，新闻媒介以传递民情民愤的名义，把义愤填膺的市民要求处死马加爵的呼吁刊发出来，“校园杀手”、“云大屠夫”、“混世魔王”等各种称呼也冠于马加爵头上。

“媒介审判”是媒体的职能错位。新闻媒介是党和人民的耳目喉舌，是上情下达、下情上传的载体，它以报道新闻、提供信息、引导舆论为自己的主要职能，如果超越此职能，转而担当“民间审判”的角色，则是对自己拥有权力的无限放大，是一种职能错位。按照法治原则，对于违法犯罪行为的处罚必须由法律规定的特定国家机关行使，其他任何单位个人无权实施处罚。一些媒体将国家和人民赋予的舆论监督权异化为对犯罪嫌疑人进行道义上的“审判”，乃至干预正常的司法程序，使引导舆论变成了激化舆论。[1] 这个过程就属于新闻媒介干预司法机关行动，进行非法施罚。一旦媒介审判和法庭审判结果出现严重偏差，被报道者就可以对媒介提起名誉权诉讼。

二、新闻记者地位上的误区

我国的大部分新闻工作者对于权利和权力的区别不是特别清楚，经常对两者的界限予以混淆，导致对自身地位的误解。正如前面所阐述的，两个概念在产生、要求、范围、利益重点、限制程度、实现方法上都有着明显的区别。

我国新闻媒介大都从属于一定的党政机关，媒介的报道，特别是批评报道，往往以它的上级机构的权力为后盾，甚至成为它的上级机构权力的延伸，这就很容易使媒介从业人员产生一种错觉，以为自己的手里也应当握有什么权力。[2] 有人提出采访权的“权”应是权力之权，而不是权利之权，主张采访权应当是类同于国家机关工作人员依法执行公务的权力。这其实是错误的观点。新闻事业属于思想上层建筑，和国家、军队、法庭等政治上层建筑相比，没有强制性，只是一种“批判的武器”，只能在思想意识形态领域发挥作用。因此，新闻媒介不能越俎代庖，取代政治上层建筑，行使“武器的批判”的职能，强制规范人们的行动。[3] 如果新闻记者意识不到这一点，就会造成权力的滥用，也就埋下了名誉权诉讼的导火索。

三、新闻报道方式上的误区

前面两种误区主要是思想认识上的误区，新闻报道方式上的

---

① 冯宇飞：《从法理学的视角看“媒介审判”的负面效应》，载《新闻战线》2002 年第 11 期。

② 魏永征：《尊重人格尊严：新闻职业操守的重要规范》，载《杭州师范学院学报》2001 年第 4 期。

③ 何梓华、成美主编：《新闻理论教程》；北京：高等教育出版社 1999 年版，第 70 页。

误区则是具体操作层面引发新闻报道名誉权诉讼的原因，主要体现在以下几个方面：

1. 粗心大意：记者和编辑的粗心大意是名誉权诉讼案发生的一个主要原因，也是构成美国联邦最高法院“实际恶意”原则的一个必要条件。1994年2月8日，《陕西工人报》第三版刊登长篇通讯《中国国宝恐龙蛋化石大劫难——震惊世界的南阳恐龙蛋化石被盗掘走私始末》。文后配发了照片，画面为一男一女在恐龙蛋出土洞穴现场交谈，文字说明为“走私贩在洞内进行罪恶交易”。实际上照片上的人物是陕西省西陕县文化局长刘金茹和文化股长谢起超，当时两人正在现场商讨保护恐龙蛋的工作。刘金茹、谢起超由此起诉《陕西工人报》等侵害肖像权和名誉权。法院判决侵权成立。① 该案的主要起因，就是报社记者的粗心大意，没有搞清楚照片的可靠性就随意发表出来，引起了名誉权诉讼。

2. 夸张的或过分热情的报道：犯罪新闻因为要报道犯罪事件及其犯罪分子，为了使情节生动曲折和人物形象更加突出，新闻媒介往往极尽夸大渲染之能事，对犯罪分子及其罪行进行攻击甚至辱骂，严重损害其名誉，因此常常惹来官司。原辽宁省沈阳市中级法院副院长、慕马案女贪官焦玫瑰，因三年前《中国青年报》上的一篇文章称其为沈阳黑社会头目刘涌的“姘头”，遂以名誉权受到损毁为由，一纸诉状将《中国青年报》推上被告席。1997年第二期《现代家庭》杂志刊登了某报李姓记者采写的《铆上耻辱柱的一对“明星”》，披露了原上海异型铆钉厂厂长、全国劳动模范杜某受贿案。1997年底，因受贿罪被判处一年九个月的杜某刑满释放后，向上海市卢湾区人民法院提起诉讼，状告《现代家庭》杂志和李记者在报道中多次使用“暴君”一词贬低

① 参见王强华、魏永征：《舆论监督与新闻纠纷》，上海：复旦大学出版社2000年版，第128页。

其人格，且随意捏造其挥霍基金和桃色新闻等事实，损害了他的名誉权。1998 年上海市卢湾区人民法院审理后作出一审判决，认为上海《现代家庭》杂志和李记者侵害杜某的名誉权并判令被告赔偿一定的精神损失费。被告不服，上诉至上海市第一中级人民法院。1999 年 6 月，上海市第一中级人民法院作出终审判决，基本维持原判。①

3. 没有事实依据的观点：新闻记者在进行犯罪新闻报道中，经常会根据一些表面的现象按照思维惯势进行发散联想，得出一些推论，而这些推论往往是没有得到事实论证的。2003 年 9 月，湖北枣阳市原市长尹冬桂因受贿获罪，被判有期徒刑 5 年。在尹冬桂被双规直至审判期间，当地一家报纸把尹冬桂比喻为"女张二江"，对她在任职期间的生活作风问题进行了"渲染"。受贿案一审宣判不久，尹冬桂就委托其丈夫针对武汉某媒体发表的题为《枣阳有个"女张二江"》和《与多位男人有染，霸占司机 6 年》的报道，提起名誉侵权诉讼，指责媒体对她在任职期间的生活作风问题进行了毫无根据的报道和渲染，是对其人格权的诽谤和侮辱。2004 年 4 月 24 日，襄樊市襄城区人民法院作出一审判决：武汉某报严重侵犯了尹冬桂的人格权利，判令该报赔偿尹冬桂精神抚慰金 20 万元。媒体言之凿凿的尹冬桂乱搞两性关系之事，多系捕风捉影，查无实据。

4. 非权威性消息来源：引用非权威的消息来源的陈述，也是构成名誉权侵权的原因之一。其他媒介的报道、他人的叙述、罪犯的供词等，都不是权威的消息来源，不能免责。正如雷德（Reid）法官所认为的一样："重复某个人的诽谤声明和直接作出

① 参见上海市卢湾区法院民事判决书，（1998）卢民初字第 86 号；上海市第一中级法院民事判决书，（1998）沪一中民终字第 1516 号。

该声明的行为一样糟糕。"[1] 如"张伯诉冉君、《法制导报》社侵害名誉权案"中，一青年因恋爱不成将女方杀死，《法制导报》社通讯员冉君根据罪犯的供词撰写通讯《早恋之祸》，进行发表。文章写道："他俩正式确定了恋爱关系，立下'非你不娶'、'非你不嫁'的誓言。""糊涂呀，仅有17岁的她，过早的陷入'恋情'的怀抱，无法克制一时的冲动"等。事实上，女方并没有和凶手产生恋情，始终是拒绝凶手的。此侵权案一审、终审判决都认定作者和报社侵害名誉权成立。罪犯的供词是一人所述，且与被害人存在生死冲突，不足为凭，因此不能作为犯罪新闻报道的根据。

5. 不充分的查证和求证：新闻媒介不一定要保证报道者的报道完全的真实，但是媒介有义务要对报道进行充分调查和求证。对于犯罪事件没有进行充分的调查和取证，容易引起名誉权诉讼。如陆俊诉《羊城体育》案。《羊城体育》曾就"举报"者的消息写成《"首尾之战"场外音》一文，指称主裁判陆俊"收了客队20万现金"。陆俊就此提起名誉侵权之诉，法院审理后认为，新闻单位应对新闻线索的真伪和可靠性予以核实，以做到新闻报道的内容属实，不能仅凭道听途说，无根据的不加审查即作为新闻予以披露。《羊城体育》将无根据又未经核实的新闻线索予以报道的行为，已对陆俊名誉构成侵害。[2]

6.3 犯罪新闻报道名誉权诉讼的预防与抗辩

名誉权诉讼对于新闻媒体来说，是非常不利的。不但会影响

---

① ［英］萨莉·斯皮尔伯利：《媒体法》，周文译，湖北：武汉大学出版社2004年版，第81页。

② 窦丰昌：《两种新闻源与媒体的审核责任》，载《新闻记者》2001年第10期。

到新闻媒体的声誉，还会耗费新闻媒体大量的时间、精力和金钱。因此，新闻媒体应该学会事先的预防和事后的抗辩，保护自己的合法权益。

6.3.1 犯罪新闻报道名誉权诉讼的事先预防

为了避免侵害名誉权，新闻媒介应该事先进行预防。应该遵循的原则是：从大局出发，公正报道事实，仔细审视推敲。

一、从大局出发

新闻活动从大局出发，新闻媒体和新闻工作者才能有勇气和力量揭露司法过程中的腐败，与破坏我国法制进程的不法分子和不法现象作斗争；新闻活动从大局出发、撇开个人私利还能避免各种侵权事件的发生，新闻媒体和新闻工作者也能避免受到法律制裁，在群众中建立良好声誉。在侵害名誉权的诉讼中，如果新闻媒体和新闻工作者是从大局出发，就不构成“实际上的恶意”，就能处于有利地位。

二、公正报道事实

“公正报道事实”六个字包含三方面内容：

首先，一切新闻活动必须以事实为依据，任何新闻报道内容必须完全真实。俗话说“事实胜于雄辩”，事实具有强大的令人信服的力量。新闻活动要通过报道犯罪新闻推动法制建设和惩戒罪犯，一定要用充分的事实让立法司法机关认识到法制建设的紧迫性和必要性，让人们认识到犯罪分子的罪恶；新闻活动要想不触犯法律，也要报道事实，消除构成诽谤被起诉的危险。要做到事实真实，新闻媒体和新闻记者必须全面调查新闻事件的来龙去脉，尤其是要注重细节的真实。

其次，要保持新闻的客观性，主要以报道为主，新闻媒体及其工作者不要动不动站出来讲话、什么事都发表评论看法，不能把自己的意志强加于人，要通过事实的报道巧妙地体现自身的倾向性。

最后，媒体不可避免要对一些犯罪事件和涉及到事件中的人物发表评论时，一定要本着公正的原则，不偏不倚，不掺入个人感情和情绪。尤其是对犯罪分子这样带有浓厚负面色彩的人物，新闻媒介的评论更要谨慎和公正，以免受到侵害名誉权的起诉。在已经遭到起诉的情况下，根据“公正评论抗辩”（fair-comment defense）原则，只要媒体的报道是真实公正的，不构成侵权。

三、仔细审视推敲

在报道完成之后到刊发之前，记者和编辑还应该对报道进行仔细审视和推敲。在刊发之前要仔细审视和解决的问题有：

1. 报道的事实是否完全准确清楚？如果对事实本身有争议，在陈述意见的时候，应该提到争议双方。

2. 报道的评论是否完全依据事实而发？法院是否会因为这些事实支持你关于该问题的意见？

3. 报道的措辞是否冷静客观？有没有进行人身攻击的言辞？如果有，赶紧去除掉，换成中性客观的言辞。

4. 报道的程序是否谨慎周全？有没有遗漏重要的、反映事实真相的环节？

5. 报道的动机是否出自公共利益，是否没有恶意？

6. 报道的来源是否可靠？是否权威机构提供的消息来源？来源是否享有法律保护的特权？

7. 报道的结果是否会对被报道者造成名誉上的破坏和感情上的伤害？如果报道不会进一步破坏被报道者的名誉和伤害他们的感情，可以放心报道，反之，则要谨慎小心。遇到新闻价值和道德价值进退两难的时候，尽可能把这种矛盾展示给受众。

解决好上述问题，有利于填补报道的各种漏洞，避免引起名誉权侵权诉讼。

6.3.2 犯罪新闻报道名誉权诉讼的事后抗辩

名誉权诉讼一旦提起，媒介就要提出相应的抗辩事由，在法庭上为自己辩护。所谓抗辩事由是指被告针对原告的诉讼请求而提出的证明原告的诉讼请求不成立或不完全成立的事实。在侵权法中，抗辩事由是针对承担民事责任的请求而提出来的，所以，又称为免责或减轻责任的事由。① 在原告提出被告应承担侵权民事责任的请求之后，被告必须证明存在着有效的抗辩事由，才能够免除或减轻法律责任。

侵害名誉权排除的抗辩理由分为全面抗辩事由和局部抗辩事由。全面抗辩事由可以使新闻媒介免除名誉权侵权责任，局部抗辩事由虽然不能使新闻媒介免责，但是可以减轻新闻媒介的侵权责任，使赔偿金数目降低不少。

一、全面抗辩事由

1. 证明真实（Justification）

严重失实或基本内容失实是构成新闻诽谤的一个要件，新闻的真实性得到证明，诽谤自然不存在。美国《侵权行为法（第二次）重述》第六百三十四条规定："公布有侵害他人（名誉）之陈述者，如果其所陈述的事实或者作为陈述意见合理地隐含的事实为真实的，就不必就其有侵害之陈述承担责任。"第八百五十一条规定："就事实而作具有诽谤性之陈述者，如果该陈述为真实的，行为人无须就诽谤而负责任。"我国最高人民法院《关于审理名誉权案件若干问题的解答》第八条规定："文章反映的问题基本真实，没有侮辱他人人格内容的，不认定为侵害他人名

① 佟柔：《中国民法》，北京：法律出版社1990年版，第571页。

誉权。”

当某一事实性声明具有诽谤性的时候，如果被告人能够通过可能性权衡来证明相关声明的自然与通常之含义或者该声明的要点是真实的，那么其就可以据此进行完全辩护。此种辩护被称之为正当理由辩护。[1] 需要说明的是，相关举证责任由被告人承担。被告人不必证明相关声明的每个细节都是真实的，但必须要证明相关声明的实质性部分的真实性。换言之，即使该报道造成了名誉损害，但其内容仅仅是细节性的失实而整体是真实的或基本真实的，就不能要求新闻机构或作者承担法律责任。另外一个方面，如果媒介不能证明声明实质性部分的真实性，就不能在诉讼中取胜。例如，前面提到的“焦玫瑰诉《中国青年报》案”，《中国青年报》如果不能证明慕马案女贪官焦玫瑰确实是刘涌的“姘头”这一实质性事实，就会有败诉的危险。

2. 公正评论与批评（Fair-comment and Criticism）

在西方，“公正评论与批评”可为新闻界对人物、措施及公共机构的批评提供相应的保障。其前提是承认公众对于社会的公共事务和“公众人物”，对于一切进入公共领域的事务，包括文化艺术作品、科学成果以及形形色色的消费品等，应有自由评论的权利。西方媒介法理论认为，“公正评论”的抗辩理由体现在舆论和公民名誉之间，应对与社会公益有关的评论予以优先的保护。涉及评论作品的诽谤诉讼，一般都可以适用“公正评论”抗辩。

公正评论的含义包括以下几点：（1）评论所依据的事实是真实的，有可靠的事实来源（包括报章的报道）；（2）评论者主观上应出于诚意，是诚实的。评论意见是评论者在态度庄重、立场公正的情况下作出的结论，并非出于偏袒、讽刺和嘲弄；（3）评

① ［英］萨莉·斯皮尔伯利：《媒体法》，周文译，湖北：武汉大学出版社 2004 年版，第 79 页。

论的事项与社会公共利益有关；(4) 可识别为评论（意见和事实分开）。在以上前提下，即使是片面的、偏激的，甚至具有诽谤性的评论，也不应追究法律上的责任。

在我国，公正评论是和公正的舆论监督结合在一起的。我国《宪法》规定："中华人民共和国公民，对于任何国家机关和国家工作人员，有提出批评和建议的权利；对于任何国家机关和国家工作人员的违法失职行为，有向有关国家机关申诉、控告或者检举的权利。"这是公民的宪法权利，也是新闻机构实施舆论监督的法律保障。因此，只要监督的对象和社会公共利益有关、监督主观上出于善意和诚意，且建立在客观事实的基础上而不是无中生有，就可以"公正的舆论监督"作为新闻侵犯隐私权的抗辩理由。

3. 特许权（Privilege）

"特许权"是指为了公众利益或为保护个人合法权益，可以作诽谤性的陈述而不需承担法律责任。这一特许权抗辩原则经常被运用于新闻诽谤案中。特许权分为两种：一种是绝对特许权（Absolute Privilege），一种是有限特许权（Qualified Privilege）。绝对特许权是对诽谤主张的完全辩护，它和有限特许权的差异在于，后者以不得具有恶意为其条件，前者则没有这层限制。绝对特许权主要针对立法、行政、司法等机构的声明、程序等，新闻媒介所享有的通常都是有限特许权，即"公正而确实地报道正式文件的内容"。1996年美国的《诽谤法》在第一部分里列举了众多类型的声明，只要此类声明的主体事项涉及到公共利益，且相关公开行为关系到公共福利，此类声明就能够单独或者"依据解释或者辩驳"对有限特许权予以援引。① 2000年，英国最高法院扩大了"特许权"保护，以便向在报道公共利益事务中犯了诚实

---

① ［英］萨莉·斯皮尔伯利：《媒体法》，周文译，湖北：武汉大学出版社2004年版，第93页。

又合理错误的报刊提供一些保护，它要求报刊必须证明：a. 公众有权了解含有损害性陈述的消息；b. 报刊有义务向公众提供报道。[①] 只要报刊能够提供这两个证明，就能够免于诽谤诉讼。

1998年，我国最高人民法院的《关于审理名誉权案件若干问题的解答》第六条规定："新闻单位根据国家机关依据职权制作的公开的文书和实施的公开的职权行为所作的报道，其报道客观准确的，不应当认定为侵害他人的名誉权。"这和西方的有限特许权规定类似。

在我国现阶段，以下信息来源通常是可信的或者具有权威性的：（1）法律、法规、行政法规和规章认定的事实；（2）人民法院裁判文书认定的事实；（3）合法的仲裁机构认定的事实；（4）行政机关在正式文件和正式行政程序中认定的事实；（5）执政党的正式文件、出版物认定的事实和执政党正式向社会发布的事实；（6）国家立法、行政、司法、监察机关在其新闻发布会、记者招待会、白皮书、蓝皮书等上发布的事实；（7）国家立法、行政、司法机关在其正式出版物（如国务院公报、最高人民法院公报）上发布或者认定的事实；（8）公民、法人关于自身活动以书面（如广告宣传材料）或口头方式（如答记者问）公布的有关材料等[②]。只要媒介是根据上述消息来源进行客观准确的报道，就不构成侵害他人名誉权。例如，某报按照公安机关指令刊登对某嫌疑犯的通缉令，后该通缉令被认定为误发，嫌疑人无罪，受害人不能要求新闻媒介承担侵害名誉权的民事责任。

4. 无"实际恶意"（Actual Malice）

"实际恶意"原则起源于美国著名的"沙利文诉《纽约时

---

① 黄艳琳：《英国普通法对新闻媒体内容的管理与限制》，载《新闻记者》2005年第10期。

② 张新宝：《名誉权的法律保护》，北京：中国政法大学出版社1997年版，第172页。

报》案”的判决，指公众人物起诉新闻媒介诽谤案，不仅要证明普通法要求的有关内容已经发表，给自己造成了损害，而且要证明被告具有“实际的恶意”，即明知内容虚假或毫不顾及内容的真假却轻率予以发表，方有可能胜诉。这个原则意味着对于公众人物起诉的诽谤案，把诽谤的成立限制在故意的范围内，在程序上则把举证责任转移到原告方面，使新闻媒介在诽谤诉讼中转为有利和主动的地位，保障了媒介监督社会和自由发表言论的功能。

涉及公众人物的名誉权诉讼中，新闻媒介和新闻记者可以用“实际恶意”原则进行抗辩。在 1996 年美国的“朱厄尔诉《亚特兰大宪法报》案”中，《亚特兰大宪法报》按照警方的说法，公布当时的亚特兰大奥运会爆炸案嫌疑人为保安朱厄尔，后来结果证明朱厄尔与爆炸案无关，他提起诽谤诉讼。法庭认为，朱厄尔已经成为了公众人物，必须证明报纸记者有“实际恶意”。报纸证明自己的报道完全出自警方资料，并无“实际恶意”，最后免于诽谤诉讼。

“实际恶意”原则只是西方媒体所实行的原则，我国并无法律明文规定，但可以作为我国立法的借鉴。在一些案件的判决中，已经援引了这一原则，如“张铁林诉周璇和《成都商报》案”，判决《成都商报》不构成侵权就是因为该报没有故意贬损张铁林名誉的恶意。

5. 当事人同意（Consent）

在新闻机构进行报道之前，如已就报道内容征求了当事人的意见，而当事人未提出异议，或者报道的内容是根据当事人的陈述而作，则事后再提出侵害名誉权之诉，新闻机构就可以受害人同意为由提出抗辩。不过，受害人必须事先已经知道报道的全部内容，而不是经过记者隐瞒后的部分内容，否则，当事人同意不成立。如果被报道人并不知道具体的报道内容，仅仅表示新闻单位或著作者可以对其进行报道，这种同意不构成新闻单位或作者的抗辩事由。

根据“谁主张谁举证”的民事诉讼原则，如果新闻媒介用“当事人同意”进行抗辩，就要由新闻媒介自己证明报道的发表是经过当事人同意的，否则不能构成抗辩事由。而大多数情况下当事人同意都是暗示性的，没有取得书面同意是很难进行举证的。因此，有的学者建议录下当事人表示同意的话语，或者发表前请当事人进行审阅并且签字同意。

6. 答复权（Right of Reply）

答复权是国外新闻传播法的另一种次级抗辩，答辩权有时也被称为“正当防卫”（Self-defense）。如果某人被诽谤了，他或她能做出诽谤性回复，这也可以称作“以其人之道还治其人之身”。在这里，唯一的限制是，答辩在量级上要与最初的诽谤相一致。正当防卫也受到同样的限制，被诽谤者的回应不能大大超过原初的挑衅。①

一些权威人士认为，大众媒介有权发表针对诽谤性攻击做出的答辩，并免于被诉。在数起案件中，法院认为，报纸有权在刊登原告的指责之处，发表被告的答辩。② 例如，某女指责某男对其进行强奸，媒介进行了报道，该男子辩解道此女子是想敲诈钱财不成倒打一耙，媒介也进行了报道。在双方的言辞都带有诽谤性的前提下，某女不能以诽谤起诉该男子和媒体，因为男子和媒介行使的是正当的答复权。但是答复权近年来未能得到普遍应用。

---

① ［美］Don R. Pember: *Mass Media Law*, The McGraw-Hill Companies, Inc., 2000，第220页。

② ［美］Don R. Pember: *Mass Media Law*, The McGraw-Hill Companies, Inc., 2000，第221页。

二、局部抗辩事由

1. 媒体和记者进行了事后补救

新闻发表后，所涉及的当事人对报道中有关本人或本单位的事实和评价有不同意见，又一时难以确定报道是否失实，可采用“来函照登”、“答辩”等形式，发表当事人合理的辩解和看法。若发现报道失实或用词不当，要及时发表更正。只要新闻单位及时发表更正，澄清事实，公开道歉，就恢复了当事人的名誉，一般应视为履行民事责任。如“刘晓庆诉羊君、《家庭与生活报》社案”中，记者报道刘晓庆偷税数额巨大，构成偷税罪，实际上刘晓庆偷税数额得到证实的只有数千元，没有构成犯罪，因此记者报道构成了对刘晓庆的名誉侵权。但因为记者向刘晓庆道歉，并且表示愿意撰文澄清事实，被免予经济赔偿。

2. 被报道人的过错

被报道人的过错也可以成为新闻单位的抗辩事由。被报道人过错主要有两种形式：一是被报道人的故意。在新闻报道中，被报道人故意向新闻机构提供虚假或侵害自己权利的信息，误导新闻报道，或者被报道人明知自己的行为将会导致侵权报道，仍然从事该行为，对可能造成的侵权结果持希望或放任态度。二是被报道人的重大过失。被报道人对自己向新闻机构提供信息的行为极不注意，以至于产生了侵权结果。被报道人自己的行为构成新闻单位或作者的抗辩事由，可以免除或减轻新闻机构或作者的法律责任。[①]

3. 被报道人名誉原本不佳

名誉权诉讼构成的条件是被报道人确实名誉受到侵害，并且违法行为与损害后果之间有因果关系。法律规定违法行为人只对

---

① 方利平：《新闻侵害名誉权民事责任的抗辩事由》，载《淮北煤炭师范学院学报》2003 年第 5 期。

其违法行为所造成的损害后果承担民事责任，也就是说，如果损害后果的发生，与违法行为无因果关系，行为人就不承担民事责任。被报道人以新闻报道损害其名誉为由起诉，媒介如果能够证明被报道人名誉原本不佳，其社会评价低并不是报道造成的结果，一定程度上可以减轻媒介的侵权责任。当然，原告不佳的声誉必须与诽谤案有颇为接近的关系。指出原告不相关的劣行或罪行，对减轻媒介的责任并没有帮助。

4. 该新闻报道的时效性要求强

这一个抗辩理由只有在美国等少数国家实行。在美国，联邦最高法院一直宽容因为截稿时间压力而犯错的记者。对于那些时效性要求特别强的新闻报道，记者进行细致核查难度特别大，有时候造成的失实是不可避免的，不是记者不计后果地故意漠视事实。因此，联邦最高法院在“美联社诉沃克案”的判决中指出：“因为时效性的要求，有关沃克的新闻需要及时发布……考虑到迅速发布消息的要求，这一系列事件中尚无任何迹象表明，该报道严重偏离了发表的标准。我们因此判断，沃克不能从美联社处获得赔偿金。”① 因此，时效性要求，也是报社的局部抗辩理由之一。但是，联邦最高法院公布了严格的“最新消息”（hot news）和“备用稿件”（time copy）的标准，不符合最新消息、有充分时间进行核实的报道，不能用此条作为抗辩理由。而且，看上去就完全不可能是事实、具有“事实上的恶意”的报道，也不能以此作为抗辩理由。

---

① 美联社诉沃克案：爱得温·沃克（Edwin Walker）是一个反对废除种族隔离的将军。美联社1962年发布了一条新闻：沃克领导了密西西比州立大学的种族暴乱者，鼓励他们使用暴力并且对联邦法警提起了起诉。沃克起诉美联社时作证说，他没有鼓励暴乱者使用暴力和起诉警察。法院一审判决美联社构成诽谤，但是因为不具有“事实上的恶意”，不需要追加惩罚性赔偿。美联社不服判决，向联邦最高法院提起上诉，联邦最高法院最终判决美联社胜诉，沃克败诉。

第7章　犯罪新闻报道与人身权利之二：隐私权

7.1　隐私权概述及其法律保护

7.1.1　隐私与隐私权

一、隐私（Privacy）

隐私在现代英语文义中，有隐居、独处、秘密、私下等解释。在汉语中，指不愿告人或不愿公开的私事。社会学上隐私是一种公众心理：每一个人都希望在愈来愈复杂的社会网络中为自己保留一块相对平静的，既无损于他人也无害社会的独处的环境。[①] 在法律上，“隐私就是隐密而不准公开的意思”。[②] 同时，隐私的概念中还包含阴私，即专指男女性关系方面的密私和有关人体的秘密。[③]

最早提出和建立较为完整的、系统的隐私权理论及法律保护体系的国家是美国。1890年，美国学者萨缪尔·D·沃伦和路易斯·D·布兰代斯在《哈佛法学评论》第4期发表了《隐私权》

---

① 王利明：《人格权法新论》，吉林：吉林人民出版社1994年版，第496页。

② 吕光：《大众传播与法律》，台北：台湾商务印书馆1981年版，第63页。

③ 杨立新：《人身权法论》，北京：中国检察出版社1996年版，第612页。

（The right to privacy）一文，提出了隐私权的概念和基本理论。他们将隐私定义为“独自一人享受的权利”。[①]《韦博斯特辞典》对隐私的解释是：1. 私人的免于公众注意或陪伴的状态、孤独；2. 免于陪伴或被观察的孤独地位、隐退、隐居、离群索居。[②] 国际隐私机构将隐私划分为四个方面：信息隐私、身体隐私、通讯的隐私、领土的隐私。其基本内容包括：1. 公民私人生活与安宁不受侵扰的权利。2. 私人信息和生活情报的控制保密权。3. 个人私事自由决定的权利。

国内对于隐私的定义也是众说纷纭。有的学者认为，“隐私是个人不愿为他人所知晓和干预的私人生活。”[③] 有的学者指出，“隐私又称私人生活秘密或私生活秘密，是指私人生活安宁不受他人非法干扰，私人信息保密不受他人非法搜集、刺探和公开。”[④] 还有的学者认为，“隐私是一种与公共利益、群众利益无关的，当事人不愿他人干涉或他人不便干涉的个人私事和当事人不愿他人侵入或他人不便侵入的个人领域。”[⑤]

二、隐私权（Right to Privacy）

萨缪尔·D·沃伦和路易斯·D·布兰代斯在《隐私权》一文中指出，“保护个人的著作以及其他智慧或情感的产物之原则，是为隐私权。”[⑥] 并且提出了产生隐私权问题的两个主要理由：一是大众传播媒介登载了不少桃色新闻和庸俗的流言蜚语；二是公众感受到侵害他人所带来的巨大精神损害。此后，关于隐私权的

---

① 吕光：《大众传播与法律》，台北：台湾商务印书馆 1981 年版，第 64 页。

② 赵启平、赵丽：《论隐私权》，载《襄樊学院学报》2005 年第 4 期。

③ 王利明、杨立新：《人格权与新闻侵权》，北京：中国方正出版社 1995 年版，第 415 页。

④ 张新宝：《隐私权的法律保护》，北京：群众出版社 2004 年版，第 7 页。

⑤ 郭明瑞：《民法学》，北京：北京大学出版社 2001 年版，第 166 页。

⑥ 吕光：《大众传播与法律》，台北：台湾商务印书馆 1981 年版，第 64 页。

理论，才开始受到广泛的重视和承认。

国外的隐私权理论主要有“信息说”、“接触说”、“综合说”等。“信息说”认为，隐私权所保护的是个人信息；“接触说”认为，隐私权是指个人有权控制他人对其接触的一种状况；“综合说”认为，“隐私权是个人对其私人领域的一种控制状态，包括决定是否允许他人对其进行亲密的接触（包括个人信息的接触）的决定和他对自己私人事务的决定。”①

隐私权研究在我国起步很晚，开始进行探讨是近十几年的事情。国内对隐私权的定义存在较大的分歧，主要有以下几种代表性定义：

1. 所谓隐私权，也就是公民个人隐瞒纯属个人私事和秘密，未经本人允许不得公开的权利。②

2. 隐私权是对个人私生活的保护，使每个人能安宁居住，不受干扰，未经本人同意者，其与公众无关的私人事务，不得刊布或讨论，其个人姓名、照片、肖像等非事前获得本人同意，不得擅自使用或刊布，尤不得做商业上的用途。③

3. 隐私权一般是指自然人享有的对自己的个人秘密和个人私生活进行支配并排除他人干涉的一种人格权。④

4. 隐私权是自然人享有的对其个人的，与公共利益无关的个人信息、私人活动和私有领域进行支配的一种人格权。⑤

5. 隐私权是指自然人享有的私人生活安宁与私人信息秘密依法受到保护，不被他人非法侵扰、知悉、搜集、利用和公开的一

---

① 转引自王利明、杨立新：《人格权与新闻侵权》，北京：中国方正出版社1995年版，第410页。

② 王冠：《论人格权》，载《政法论坛》1991年第3期。

③ 吕光：《大众传播与法律》，台北：台湾商务印书馆1981年版，第66页。

④ 魏振瀛：《民法》，北京：北京大学出版社、高等教育出版社2000年版，第661页。

⑤ 王利明：《人格权法新论》，吉林：吉林人民出版社1994年版，第487页。

种人格权，而且权利主体对他人在何种程度上可以介入自己的私生活，对自己是否向他人公开隐私以及公开的范围和程度等有决定权。[①]

隐私权的特点主要有：1. 隐私权的权利主体是自然人；2. 隐私权是一种支配性的权利，在实践中，自然人可以在一定范围内披露自己的隐私，也可以让他人在一定程度上介入自己的私人生活；3. 隐私权具有相对性或伸缩性。隐私权的保护范围随公共事务与个人的关系的变动而存在差异，因人而异，因事而异；4. 积极性与消极性相结合。对于本人的隐私，公民既可以消极地不允许他人非法公开、知悉等，又可以积极地要求了解自己的被公、私营机构掌握的个人信息（法律规定必须保密的除外），如果发现错误，有权予以修改、更正。

7.1.2　对隐私权的法律保护

一、国外的法律规定

隐私权作为一项国际人权，已得到《世界人权宣言》和《公民权利和政治权利国际公约》等国际人权文件的确认和保护。《世界人权宣言》第十二条规定："任何人的私生活、家庭、住宅和通信不得任意干涉，他的荣誉和名誉不得加以攻击。人人有权受法律保护以免受这种干涉和攻击。"《公民权利和政治权利国际公约》第十七条也有相同规定。一些区域性国际人权文件，如《欧洲人权公约》、《美洲人权公约》都对个人隐私权作出类似规定。

对隐私权的保护，国外主要有以下三种类型的法律保护：

一是宪法提供的保护。各国宪法直接或间接地规定和保护公

---

① 张新宝：《隐私权的法律保护》，北京：群众出版社 2004 年版，第 12 页。

民的隐私权。如美国宪法第四修正案规定："人民保护其人身、住所、文件和财产不受无理搜查与扣押的权利不受侵犯，并且不得颁发搜查证和扣押证，但依据经宣誓或郑重声明提出确实理由并且具体指定了被搜查的地点和被扣押的人或物的除外。"土耳其宪法第二十条规定："每个人都有要求个人生活和家庭生活受到尊重的权利，个人生活和家庭生活的秘密不受侵犯。"

二是民法、刑法、民事和刑事诉讼法中对隐私权的保护。如美国民法保护公民免于互相侵犯的权利，被控闯入侵权案件必须包括刺探与公众无关的事件，并因被有理性的人视为讨厌的行为。1970 年修改后的法国民法典第九条对个人私生活作出了保护性规定。该国刑法第三百六十八条对于窃听、盗拍他人隐私的犯罪行为作出处罚规定，设置了"侵犯隐私、诽谤中伤、秘密暴露罪"。

三是专门的隐私权法律法规的保护。例如美国 1974 年《隐私法》、《财务隐私法》，以及一些州的法律，如 1903 年纽约州《个人隐私保护法》、加利福尼亚州《隐私与有线电视法》中，都规定了保护公民个人隐私权的内容。英国 1984 年制定了《个人数据保护法》，1997 年制定了《反骚扰法》。

二、我国的法律规定

我国对隐私权的保护主要体现在五个方面：

1. 宪法：宪法第三十八条规定："中华人民共和国公民的人格尊严不受侵犯。禁止用任何方法对公民进行侮辱、诽谤和诬告陷害。"人格尊严是一个基本的法律范畴，它不仅包括名誉，也包括姓名、肖像和隐私等内容。① 我国宪法第三十八条之规定，为后来的部门法和特别法规定保护公民个人隐私权以及为相应的

① 张新宝：《中国侵权行为法》，北京：中国社会科学出版社 1995 年版，第 204 页。

司法解释留下了广阔的空间。宪法第三十九条规定：“中华人民共和国公民的住宅不受侵犯。禁止非法搜查或者非法侵入公民的住宅。”这是宪法对私生活安宁的直接确认和保护，为刑法和民法对公民私生活安宁的保护，提供了依据。宪法第四十条规定：“中华人民共和国公民的通信自由和通信秘密受法律的保护。除因国家安全或者追查刑事犯罪的需要，由公安机关或者检察机关依照法律规定的程序对通信进行检查外，任何组织或者个人不得以任何理由侵犯公民的通信自由和通信秘密。”这里保护的通信秘密就属于私人生活内容或私人信息的一部分，属于隐私权的范畴。

2. 刑法：刑法第二百四十五条规定：“非法搜查他人身体、住宅，或者非法侵入他人住宅的，处三年以下有期徒刑或拘役。司法工作人员滥用职权，犯前款罪的，从重处罚。”刑法第二百五十二条、第二百五十三条作出具体的规定：“隐匿、毁弃或者非法开拆他人信件，侵犯公民通信自由权利，情节严重的，处一年以下有期徒刑或者拘役。”“邮政工作人员私自开拆或者隐匿、毁弃邮件、电报的，处二年以下有期徒刑或者拘役。”“犯前款罪而窃取财物的，依照本法第二百六十四条的规定定罪从重处罚。”

3. 诉讼法：诉讼法主要有民事诉讼法和刑事诉讼法。我国民事诉讼法第六十六条规定：“证据应当在法庭上出示，并由当事人互相质证。对涉及国家秘密、商业秘密和个人隐私的证据应当保密，需要在法庭出示的，不得在公开开庭时出示。”该法第一百二十条规定：“人民法院审理民事案件，除涉及国家秘密、个人隐私或者法律另有规定的以外，应当公开进行。”“离婚案件，涉及商业秘密的案件，当事人申请不公开审理的，可以不公开审理。”法院开庭审判是一种行使公权力的活动，但涉及隐私时，法院应加以保护。尤其是在公开审判原则与保护国家秘密、个人隐私或商业秘密发生冲突时，就要作出例外的规定，优先保护国家秘密和个人隐私等。刑事诉讼法第一百五十二条规定："人民法院审判第一审案件应当公开进行。但是有关国家秘密或者个人隐私的案件，不公开审理。""十四岁以上不满十六岁未成年人犯罪的案件，一律不公开审理。十六岁以上不满十八岁未成年人犯罪的案件，一般也不公开审理。……"行政诉讼法第四十五条规定："人民法院公开审理行政案件，但涉及国家秘密、个人隐私和法律另有规定的除外。"

4. 民法：民法通则第一百零一条规定，公民和法人享有名誉权，公民的人格尊严受法律保护。我国民法通则没有直接规定公民个人隐私权的保护，但由于一般性地规定了公民的人格尊严受到法律保护，为司法解释留下了较大的空间。最高人民法院《关于贯彻执行〈中华人民共和国民法通则〉若干问题的意见（试行）》第一百四十条第一款规定："以书面、口头等形式宣扬他人的隐私，或者捏造事实公然丑化他人人格，以及用侮辱、诽谤等方式损害他人名誉，造成一定影响的，应当认定为侵害公民名誉权的行为。"在《关于审理名誉权案件若干问题的解答》（1993年8月7日）中，最高人民法院再次强调指出："对未经他人同意，擅自公布他人的隐私材料或以书面、口头形式宣扬他人隐私，致他人名誉受到损害的，按照侵害他人名誉权处理。"最高人民法院还在后来的司法解释中对公布患者病情等行为认定为侵权。最高人民法院在《关于确定民事侵权精神损害赔偿责任若干问题的解释》〔法释（2001）7号〕第一条第二款规定："违反社会公共利益、社会公德侵害他人隐私或者其他人格利益，受害人以侵权为由向人民法院起诉请求赔偿精神损害的，人民法院应依法予以受理。"该司法解释，把隐私权从名誉权中分离出来，与其他人格利益并列，使隐私权的保护获得了相对独立的地位。

5. 行政法律法规：如《人民警察法》第二十二条规定："人

民警察不得有下列行为：……（五）非法剥夺、限制他人人身自由，非法搜查他人的身体、物品、住所或者场所；……”国务院1987年批准的《艾滋病监测管理的若干规定》就明确规定：“不得将病人和感染者的姓名、地址等有关情况公布或传播。”

我国现行法律法规对隐私权保护还是作了许多规定的，但是还存在不少问题，主要是：在立法方面，我国法律对隐私权的保护比较零散，没有专门和系统的保护公民隐私权的立法；在司法方面，隐私权没有被确立为独立的民事权利，是作为名誉权的一部分存在的，在一些具体案件中不利于保护隐私权。

三、隐私权和名誉权的区别

隐私权和名誉权有交叉之处，但是两者的区别也非常明显。在大多数国家，隐私权和名誉权是严格分开的，而在我国，隐私权却是从属于名誉权，没有独立出来。这种弊端在越来越多的诉讼中体现出来，因此，很多学者提议新的民法典中要将隐私权独立出来，成为与名誉权并列而不是从属的权利。

隐私权与名誉权的区别主要有：

1. 保护的客体不同：隐私权保护的是个人不受干扰的权利，而名誉权是保护个人不受歪曲的权利。

2. 保护的范围不同：隐私权保护的是个人内心世界和生活的安宁，名誉权保护的是个人的正常社会评价，两者属于不同的领域。同时两者有结合部，两者都属于人格尊严权，有时候隐私遭到侵犯时会使当事人的人格尊严受到伤害，构成侮辱；但是很大部分的隐私领域和名誉无关，如私有财产、个人婚恋情况等，擅自公开不会造成名誉伤害，但是会干扰当事人的生活，带来精神甚至物质上的损失。把保护隐私权纳入保护名誉权的范畴，将造成部分与名誉权无关的隐私得不到法律的保护。

3. 侵权的内容不同：构成侵害名誉权的事实经常是虚假的，

言论经常是带贬损性的；而构成侵害隐私权的事实是真实的，言论不管褒贬，侵权行为存在即为非法。

4. 承担的责任不同：消除影响、恢复名誉这种在名誉权侵权中常用的责任承担方式，不适用于新闻侵害隐私权。因为隐私是一种客观存在的事实，一旦披露就无法收回，而且加害人承担消除影响、恢复名誉的民事责任的同时，可能会在客观上继续公开、披露、宣扬或传播他人的隐私资料，其结果不但没有使受害人的精神得到抚慰，反而使其进一步受到损害。承担民事责任的方式成了新的侵害受害人隐私权的方式，不符合民事责任制度的目的。

7.1.3　新闻报道侵害隐私权的构成要件

侵害隐私权的民事责任，必然具备民事侵权的一般构成要件。和名誉权侵权构成要件一样，侵害隐私权也由四部分构成：

一、新闻作品有侵害隐私权的违法行为。这些侵权行为主要表现为：侵入侵扰被报道者私人领地、非法监听监视被报道者的行踪、窥视被报道者的私生活、刺探被报道者的通信和私生活秘密、干扰骚扰被报道者、公开披露和宣扬被报道者的隐私材料等。

二、新闻作品有侵害隐私权的损害事实。隐私权损害的基本形态是隐私被刺探，被监视，被侵入，被公布，被搅扰，被干预等事实状态，一般不具有有形损害的客观外在表现形态，不必表现为实在的损害结果。不像名誉权的侵害，要有非法行为导致权利人社会评价降低的客观结果出现。只要隐私被侵害的事实存在，即构成侵害隐私权。隐私权被侵害所造成的损害主要是精神损害，即导致受害人精神痛苦，包括情绪低落、焦虑不安、羞愧等。这种精神损害达到一定程度或者持续较长的时间，可能导致受害者出现疾病尤其是精神方面的疾病。侵害他人隐私权，受害者一般没有直接财产损失，但是可能出现间接的财产损失，例如因为侵扰得病而产生的误工工资损失和医疗费用支出等。①

三、新闻作品侵害隐私权违法行为与损害事实之间要有因果关系，即两者之间具有引起与被引起的关系。对于精神痛苦及财产权益损失赔偿，应首先确认因果关系并以此决定精神赔偿责任承担与否及责任范围。

四、新闻记者具备侵害隐私权的主观过错。其形式主要表现为故意，即记者预见到侵害隐私权的后果而希望或放任该结果的发生。过失在特定条件下也可能构成侵权责任成立，如报道选材不当而披露他人隐私，即为过失侵权。例如，南京某报在报道一起案件的侦破过程时，将其中的某些细节做了过于详细的描述：南京某大学女学生（真实的校名、姓名、年级等）主动向公安机关报案，使从武汉流窜到南京来躲避追捕的犯罪嫌疑人、该女学生的男朋友被捉拿归案。该女生的举报举动在此之前并不为其他人所知，而该报道的发表，使该女生的隐私权受到侵害，其人身权也处于潜在的危险之中。

7.1.4　新闻侵害隐私权的法律责任

我国现行有关立法对隐私权的独立地位未予确认，实践中通常将侵害隐私权的行为作为侵害名誉权处理。因此，侵害隐私权的法律责任和名誉权大致相同。

一、刑事责任

根据刑法规定，非法侵入他人住宅的，处三年以下有期徒刑或拘役；隐匿、毁弃或者非法开拆他人信件，侵犯公民通信自由

① 张新宝：《隐私权的法律保护》，北京：群众出版社2004年版，第363～364页。

权利，情节严重的，处一年以下有期徒刑或拘役。新闻记者在新闻活动中如果有这些行为，就构成犯罪，要承担相应的刑事责任。但一般这种情况发生的机率特别小。

二、民事责任

1. 停止侵害：对于新闻报道侵犯隐私权而言，受害人一般不了解新闻机构内部在什么时候刊登或播放有关侵权资料和作品，而且新闻报道侵权具有公开性，只有侵权作品或资料通过新闻媒介传播而被社会公众所知晓时，才能认为是新闻报道侵权，这样，就很难运用停止侵害的责任形式。但这并不意味着停止侵害对新闻报道侵犯隐私权没有适用的意义，如果当事人事前得知新闻机构将要采用或印刷有关侵害自己隐私权的作品，或者知道登载有关侵害自己隐私权作品的报纸、杂志、广播、电视等将在某个确定的日期向公众传播，就可以要求新闻机构停止侵害。

2. 赔礼道歉：和名誉权侵权要公开道歉不同，对于隐私权受到侵害的被害人的赔礼道歉在非公开场合进行比较合理。若公开进行容易造成受害人的隐私信息资料的宣扬、披露或传播，使受害人再次受到伤害。

3. 赔偿损失：前面已经讲到，侵害隐私权造成的损失以精神损失为主，有时候也有间接的财产损失。财产损失比较容易计算和处理，精神损失则相对要复杂得多。因为在侵害隐私权的案件中，受害人产生精神损害的后果到底有多大，难以确定。不同的人对隐私的重视程度不同，一般说来，应根据受害人的具体情况来决定精神损失的赔偿金额，例如年龄、性别、受害人的身份、家庭情况等。

7.2 犯罪新闻报道与隐私权的冲突

7.2.1 犯罪新闻报道与隐私权冲突的方式

因为隐私权是相对较新的司法发展，记者对这个领域的把握也相对较小。美国的法律把侵害隐私权行为分为四种：1. 盗用（appropriation），指的是获取他人的姓名、图片、照片或其他类似物，并不经允许地将它用于商业目的；2. 侵入（intrusion），即侵入他人私人领域和私人生活；3. 公布私人信息（publication of private information），也就是关于某人的真实的私人信息；4. 发表使公众对某人产生错误印象（false light）的材料①。不少国家都是采取类似美国的做法。但是在我国，第一种盗用是属于侵害姓名权、肖像权的问题，而第四种发表让公众误认的材料属于侵害名誉权的问题，因此，新闻活动侵害他人隐私权的行为，主要有侵入和公布私人信息这两种方式。

犯罪新闻报道相对其他类型的报道采访难度更大，采访过程容易造成侵入，报道内容也更容易涉及隐私，但是因为犯罪事件一般都是恶性事件，并且与公共利益有关，因此相对而言法律对这种报道侵害隐私权的约束和处罚相对宽松。但这并不意味着犯罪新闻报道的采写可以有侵害隐私的特权，这种题材仍然受到隐私权保护的限制。犯罪新闻报道与隐私权的冲突主要体现在：

一、侵入——新闻采访的侵权

这种侵入不但包括亲身进入，也包括秘密侵入，即窥探、偷

---

① 参见［美］Don R. Pember：*Mass Media Law*，The McGraw-Hill Companies，Inc.，2000，234。

听、监视、秘密摄影、录音和录像等。骚扰也是一种侵入。这种侵权主要发生在新闻采访过程中。

1. 非法侵入他人住宅：住宅是最重要的受到法律保护的私生活区域。记者未经权利人许可强制或者秘密进入他人住宅是非法的，从外面对他人住宅内的活动进行窥视或者窃听、用长镜头偷摄和偷录也是违法的，权利人有权报警驱逐入侵者或采取其他措施排除非法侵入。前些年某地曾经发生一起迫害教师案件，某报两位记者前往采访，他们在某日半夜进入该案一位关系人家中，对方听说是记者就十分激动地要求两名记者退出去，而记者却拿出录音机要录下他的话，而对方则抽出一把菜刀声称记者是私闯民宅，记者的录音机和记者证被扣缴。该事件的结果未见公开报道。且不论此事件的关系人是否与迫害教师这一案件有关，但该关系人在记者半夜闯入其家中时要求其出去并无不当。①

记者在进行犯罪新闻采访和报道中有时有一定的特殊情况，如随同警方清查违法犯罪活动、缉捕人犯、勘察犯罪现场，一同进入私人场所，可以不受隐私权法的制约，因为记者这时面对的已经不是个人隐私，而是公务活动。但是，记者在没有警方的随同下独自进入私人领域进行案件侦查就是一种越权，也是一种侵权。

2. 窃听电话和偷拆偷看他人信件：通信是又一项重要的私生活区域，各国法律都对此有明确的规定，即除非警方或检察机关依照法律规定的程序有权对通信进行检查外，其他任何组织、任何个人不得以任何理由侵犯公民的通信自由和通信秘密，新闻单位和记者当然也没有这种特权。在犯罪新闻报道中，有时记者为了抢新闻，尽可能早知道相关案件的进展，对被害者或嫌疑犯家

① 转引自魏永征：《被告席上的记者》，上海：上海人民出版社1994年版，第127页。

电话进行窃听，对其信件予以偷拆偷看。如绑架案，对被绑者家进行电话窃听以获取案件情况和交赎金地点、时间等资料就是一种侵入。

3. 骚扰：即通过不断地打电话，或者以追逐、跟踪、监视等方式对采访对象没完没了地纠缠不休。如绑架案中，为了解情况对被害者家属的电话骚扰、跟踪监视其与匪徒交涉的过程，不但侵权，还可能造成对被绑架者的人身安全的威胁和干扰警方破案。在台湾的“白晓燕被绑架事件”中，从白晓燕被绑票的当天起，各电子媒体即守在白冰冰位于林口的家门口。为了躲避警方的驱赶，有的记者扮成槟榔小弟，有的则扮起了货车司机，成天守住白冰冰，生怕遗漏白的一举一动，有的还利用长焦距摄影器材拍摄白宅内的景象。记者们甚至还采用最新的电子设备监听白冰冰家的电话，以上这些其实就构成了骚扰。在罪犯家属不愿接受采访的情况下对其不断电话骚扰，以探明罪犯犯罪动机、家庭因素以及罪犯去处等也是犯罪新闻报道采访过程中常见的骚扰。在“马加爵事件”中，记者屡次去采访马加爵家人，逼问马加爵的父母的感受，造成马加爵父母的伤痛和精神压力，就是对马加爵父母的严重骚扰。

在西方，“侵入”这种侵害隐私权的方式比较常见。因为西方新闻媒体和记者太注重抢独家新闻，太注重经济效益，为了利益甘冒大不韪，所以屡屡触犯法律。在我国，因为记者侵入私生活领域而引发的纠纷还不多见。这一方面是由于我国新闻媒介是党和人民的耳目喉舌，新闻记者有较高的社会地位，社会公众对记者比较尊重，拒绝采访比较少见；另一方面是由于我国对隐私权的法律规定不够健全，记者的一些侵权活动没有得到相关的法律约束；加上我国新闻媒介的特殊地位，媒介在采访中出现的不太严重的越权现象一般不予计较。但随着公民隐私意识的增强，这类纠纷可能会日益增加。

二、公布他人隐私——新闻报道的侵权

1. 报道与“性”有关的事实但不加以避讳：强奸案中被害者的名字是否应该被公开曾经是一个很有争议性的问题。被害者的名字通常是公开的警方档案、公共信息、起诉被告人的指控书或法院记录中的一部分。因此根据法律，它不算是隐私性信息。美国一些记者认为，报道强奸案被害者的名字可以增加新闻的可信度，而且隐瞒她们的名字就暗示她们受到的伤害是耻辱，反而造成对被害人的负担，因此美国媒体曾经一度把强奸案的被害者姓名公之于众。但是有的记者认为，妇女如果不幸成为性犯罪、性侵扰的受害人，其身心和人格尊严本已遭受摧残，再向社会公开无异于第二次伤害。美国大部分州的法律在这个问题上倾向于保护新闻媒介的自由报道权，但是有的州的法律例如佛罗里达州、佐治亚州、南卡罗来纳州等则是认定公布强奸案被害者姓名为侵害隐私权。但是近些年来美国媒介也自觉减少了对被害者身份的公开。总地来说，新闻媒介对性犯罪案件受害人的姓名、地址保密是各国新闻界公认的一条准则，许多国家的法律还对报道性犯罪案件女性受害人作了限制。在新闻报道中公开强奸、流氓等犯罪案件中的被害人的姓名、地址或足以使读者辨认其人的特征，也是一种典型的足以造成名誉受损的宣扬他人隐私的行为。我国《妇女权益保障法》第四十二条规定：“妇女的名誉权、荣誉权、隐私权、肖像权等人格权受法律保护。”“禁止用侮辱、诽谤等方式损害妇女的人格尊严。……”就包含了对性侵害事件中妇女隐私的保护。

犯罪新闻报道中报道与“性”有关的隐私还有的是犯罪分子的性隐私。犯罪分子或嫌疑人犯性错误、通奸、男女关系暧昧等行为，只要不是具有很大社会危害性，通常也应视为隐私。对于这种违反道德规范的行为，予以批评教育直至处分都是应该的，

但犯罪人的隐私也是受保护的，对这种“私德”问题，予以公开宣扬，损害了当事人的人格尊严，也要承担侵权责任。①

2. 报道未成年人犯罪行为时任意披露其姓名、肖像和其他足以辨认的资料：未成年人由于年幼无知，不具备责任能力或者完全责任能力，犯下罪行，只要管教对头，是可以教育好的。为了有利于未成年人的成长，我国刑诉法把未成年人犯罪案列为不公开审理案件。各国相关法律都规定，对未成年人犯罪案件，不得披露其姓名及其他辨认资料，实际上就是把未成年人的犯罪视为隐私，披露其隐私就要承担侵权责任。除了《刑事诉讼法》之外，我国的《未成年人保护法》、《预防未成年人犯罪法》也有这样的规定。

1999 年有一起震惊全国的某中学生杀母案，凶手年纪为 17 岁，属于未成年人，但是新华社报道此案时把凶手的真实姓名、学校等如实披露，实际上是侵害隐私权的。②

3. 披露信件、电话等通信（讯）内容：公民的通信自由和通信秘密受到法律保护，因此擅自披露他人信件、电话等通信内容是违法的。在关于犯罪事件的报道中，披露一些与案件无关或关系不大的信件和电话就是侵权。

4. 披露其他个人资料：如披露被害者或与罪犯有一定关系但没有参与犯罪的人的个人姓名和别名、私生活肖像、私人电话号码、住宅、个人生活、日记、亲友关系、个人档案等材料。1990 年的“张伯诉《苏州日报》侵害名誉权案”，《苏州日报》将凶杀案被害人的住址予以公开，引起群众围观甚至对被害者一家谴责辱骂（凶杀案系家庭纠纷恶化引起），造成被害者亲属的精神压力和不安宁。被害人住址本来是隐私范围，不应该公开，但是

① 魏永征：《新闻传播法教程》，北京：中国人民大学出版社 2002 年版，第 170 页。

② 陈中原：《“子杀母”案报道的反思》，载《新闻记者》2000 年第 3 期。

因为我国现行法律将个人隐私吸收到名誉权范围内加以保护，此条新闻只是公布被害人住址，并没有进行侮辱和诽谤，法庭判决侵权不成立。[①]

5. 未经当事人同意在新闻作品中披露他人的违法、犯罪历史和其他不光彩的经历：他人过去的违法犯罪历史和不光彩经历虽然都是客观事实，但毕竟只为特定的一部分人所知，也应属于隐私。如不适当地加以公开，不仅会增加当事人的精神痛苦，而且可能造成他人对当事人的轻视和误解，进而可能影响社会安定。曾经引起广泛争议的某演员诉温州日报社侵害名誉权一案中，该报文章中将已经刑满释放的某演员称为强奸犯。法院判决认为文章将曾经因流氓罪判刑的某演员称为强奸犯与事实不符，但文章内容不构成侵害名誉权。撇开文章是否侵害该演员的名誉权不谈，将他人的犯罪经历公开并予以蔑视，至少是对隐私权的侵害。[②] 但是，如果当事人目前仍有违法犯罪或其他不道德的行为，新闻媒体在报道时为了说明其主观恶性和一贯表现而披露其犯罪历史，就没有什么不妥。

公布他人隐私这种侵权行为，中西方法律都有相关的规范，但在实际操作中都还是存在不少问题。在西方，这是多年来频频发生的、令法院、媒介和记者以及受害者头痛的现象。在我国，这种侵权行为非常多，但是受到制裁的不多，因此记者相对自由度更大。近些年来随着法治社会建设的深入、人们隐私权意识的增强，隐私权独立成为民法发展的趋势，在不少案子中已经初见端倪。这种侵害隐私权的行为，也渐渐成为引起新闻官司的原因之一。

---

① 参见王强华、魏永征：《舆论监督与新闻纠纷》，上海：复旦大学出版社2000年版，第246～247页。

② 参见王利明、杨立新：《人格权与新闻侵权》，北京：中国方正出版社1994年版，第609～610页。

7.2.2 犯罪新闻报道与隐私权冲突的原因

一、根本原因：知情权与隐私权的冲突

知情权和隐私权从来就是一对对立的法学范畴，它们代表了不同方面的精神利益。自然人一方面要求保护自己的隐私，不愿意自己的个人信息和其他私人信息被人知晓、侵入，另外一方面，他又要求多知道一些社会信息，要求增加社会信息的公开性。知情权和隐私权的矛盾就变得不可避免。公众的知情权实现渠道之一是新闻媒介的报道，为了尽可能满足受众的需求，新闻媒介在收集信息过程中，就容易涉及一些人不愿意为人所知而受众急切想知道的私事，从而侵害到个人的隐私权。

二、社会原因：受众需求

犯罪新闻报道因为涉及的是与公众人身和财产安全密切相关的事实，因此受到社会的普遍关注。通过对警方办案和法庭断案的报道，可以满足公众的知情权；通过对犯罪事件起因、经过、结果及其影响的报道，可以满足公众的社会知情权；加上受众都有一定程度的窥私欲，对他人的私生活有着天然的好奇心，犯罪新闻这种题材又是有着强烈的冲突性、刺激性，更是吸引着受众。受众的需求是媒介报道的动力，媒介开始大量关注犯罪新闻。犯罪新闻的部分内容本身有的就具有隐私性，例如“性”这种天然隐私在性犯罪和很多腐败犯罪、杀人罪等犯罪事件中都会有所提及；加上犯罪新闻属于负面新闻题材，很多时候不能通过正常采访渠道获得，记者在采访过程中经常采取极端手段，也容易引起侵入这种形式的侵权。

三、法律原因：相关法律不完善

我国的新闻立法存在许多空白，远远不能满足不断发展的社会现实的需要。迄今为止，法院在审理新闻侵害隐私权案件中的法律依据虽然有宪法、民法、刑法、诉讼法的相关规定和最高人民法院的司法解释，但是这些条文对一些涉及新闻行业特点的法律问题没有明确统一的规定，应用于新闻侵权案件的审理时，显得过于抽象、空泛，可操作性差。许多新闻侵权纠纷无法可依，法官自由裁量权过大，判决结果的可预测性低。最重要的是，隐私权没有从名誉权中独立出来，因此没有得到重视和完全意义上的保护。这些问题的解决，有待于新闻法的创制以及隐私权保护立法的进一步具体化。

四、媒介原因：观念误区和利益驱动

媒介侵害隐私权行为的发生原因之一在于新闻记者观念的误区。有的记者自认为是社会正义的守望者和履行者，对于违背社会正义的犯罪事件，有义务报道出来让受众知晓，采取什么手段并不重要。记者守望社会正义是必要的，但是新闻的采访报道是对公开的社会信息的搜集和传播活动，新闻记者不是执法者，采访活动不是法定的执法行为，不享有执法者和执法行为的特权，不能任意侵入他人的私生活区域。

另一方面，对经济利益的追求是媒介侵害隐私权的根源。在商业经济的挤压下，媒体的竞争加剧，渠道霸权已被消解，媒体为了迎合受众浅层次的精神文化享受和感官上的愉悦的这种需求，吸引更多的眼球求得生存，不加分析地将西方传媒大亨默多克"提高报纸的发行量就要不惜降低格调"的论断肆意放大，不惜以降低自身的品位为代价，以媚俗的态度来迎合受众，以期造成轰动效果，增强对受众的吸引力，达到增加发行量，增加广告收入的效果。在这个过程中就容易侵犯到隐私权。

7.3 犯罪新闻报道与隐私权的保护

为了避免侵害隐私权，记者同样应该学会事前预防规避和事后应对抗辩。随着隐私权的越来越被重视，它与名誉权分离的趋势是不可避免的，因此，隐私权诉讼的预防和抗辩形式有别于名誉权诉讼的独特性也就越来越重要。

7.3.1 犯罪新闻报道隐私权诉讼的事先预防

要事先预防和规避隐私权诉讼，新闻媒介在思想上要把握三个原则，在技术上认真把好“三道关”：

一、思想上的三个原则

1. 社会政治和公共利益原则：侵害隐私权在公共利益原则下可以免于诉讼。社会政治及公共利益原则并不是对官员隐私权的剥夺或限制，而是为了保障社会政治和公共利益，牺牲个人某些隐私权。犯罪新闻报道涉及的大多是公共利益，一定程度上报道隐私不构成侵权。但是也不能时时标榜公共利益，报道的却是和公共利益无关的侵权内容。

2. 满足受众的合理兴趣原则：满足受众兴趣是新闻媒体的责任，有时候媒体为了满足受众的合理兴趣而对公众人物的私人活动进行公布，不构成侵权。但是公众兴趣是一个抽象的概念，新闻媒介在进行报道之前，一般是根据自己的经验或某些社会公众的看法，对新闻是否符合公众兴趣加以大致的判断，然后发出新闻。至于新闻是否真正符合公众兴趣，则要从其引起的社会反响来加以认定。因此新闻媒体进行报道时，应根据社会大多数人的看法和道德标准来决定一个新闻报道是否能符合公众兴趣，并且在主观上应该出于善意和诚意，报道个人隐私要建立在客观事实的基础上而不是无中生有。

3. 人格尊严原则：犯罪新闻报道是对社会不良现象的揭露，必要时可以涉及某些隐私，但是不能伤害到人格尊严。犯罪新闻报道不仅仅要维护无辜者的人格尊严，也要避免伤害到罪犯的人格尊严。

二、技术上的“三道关”

1. 把好“采访关”：新闻采访是新闻报道活动的源头，也是导致可能发生侵犯隐私权行为发生的源头。新闻采访过程本身也能构成侵入这种侵权行为。因此，在新闻采访过程中，记者要树立牢固的隐私意识，坚持做到：（1）未经本人同意，不进入他人的私人空间（跟随警方执行警务活动除外）；（2）未经本人同意，不介入他人的私人活动；（3）不偷看、偷拍、偷录他人的私人信息（有严重危害性的犯罪事件除外）；（4）在对方拒绝采访的前提下，不对案件的被害者及其相关关系人进行骚扰。

2. 把好“写作关”：新闻写作是新闻报道活动的主要环节，也是侵权行为产生的主要环节。在犯罪新闻写作过程中，记者应该充分尊重他人的隐私，告别“性”和“腥”，坚持做到：（1）有关性袭击的新闻报道不应披露受害者姓名身份，也不得发表可能推断出其身份的材料；（2）不披露罪犯和犯罪嫌疑人与案件无关的性错误或者性关系；（3）不披露未成年罪犯的姓名、住址等身份特征；（4）不披露已经改过的当事人曾经的犯罪经历；（5）不公布和案件无关或者关系不大的其他私人信息；（6）不披露案件所有当事人及其相关人和案件无关的身体和精神方面的疾病。

3. 把好“编辑关”：编辑是新闻产品制作的最后一道工序，也是防止新闻侵害隐私权的最后“一道关”。根据“双重把关理论”，编辑是最后的“把关人”。新闻编辑应该对新闻作品的内容进行认真的审查，对那些涉及隐私的信息要坚决除掉。编辑尤其不能犯“后生错误”，不但没有去掉隐私信息，为了追求刺激性效果，还添油加醋进行煽情，这样不但降低媒体的品位，也可能导致隐私以外的其他名誉权诉讼。

7.3.2 犯罪新闻报道隐私权诉讼的事后抗辩

一、公共利益（Public Interest）

在新闻报道中，如果出于公共利益的目的而报道了他人的隐私，或者是出于保护公共利益的需要而必须公开他人的隐私，就可以成为新闻侵害隐私权的抗辩事由。在这个时候，个人的隐私已不再是和公共利益无关，而是与公共利益密切相关了。对此，马克思曾经有过一段相关的论述：“报刊有责任揭示一般的情况，但是我们认为它不应该揭发个别的人；指出个别的人，只有在不这样做就不能防止社会的某种祸害，或者事情在整个政治生活中已经公开，因而揭发一词在德文中已完全失去其原意的时候，才是必要的。”① 这段论述说明，如果不揭露“个别的人”会影响到社会对“某种祸害”的防止时，这种“个别的人”的情况即个人隐私就不属于不应公开的个人私事。也就是说，这个时候，报刊对这种个人隐私的报道，不构成对公民隐私权的侵害。

1996年5月17日，美国总统克林顿签署了《梅根法》，要求在危险的性骚扰者和强奸犯出狱并迁入某社区时，地方官员应向这个社区公开其犯罪的资料，以便大家对他保持警惕。该法令也引起很大争议，有人认为，要求公开前科是对迁居人隐私权的侵害，有些民权组织已经在法院对该法令提出了挑战。但更多的人认为，如果公开个别人的隐私，有利于保护更多人的利益和安

---

① 《马克思恩格斯全集》第1卷，北京：人民出版社1956年版，第212页。

全，这种要求就不违宪。正如克林顿所说，“我们尊重人民的权利，但是今天的美国，显然没有什么权利大于一个家长在安全与爱的环境里抚养孩子的权利。”现在，已有四十九个州立法要求登记被定罪的儿童性骚扰者，其中有30个州规定当罪犯迁入某一社区时应通知该社区。①

在裁定侵犯隐私权案时，美国联邦最高法院沿用了诽谤诉讼中的“实际恶意”原则。也就是说，如果报道的内容有关公共利益，那么原告不仅需要证明该报道错误，还需要证明媒体“明知报道内容有误，或因疏忽无视报道的真实性”。②

在我国，新闻界和法学界对于新闻侵权（包括隐私权）问题达成了一个共识：“为了维护社会公共利益，对有不良行为的人和事进行舆论监督、曝光或批评损害社会、损害公众的违法行为和违反道德行为，这都是正当的舆论监督，被曝光者和被批评者虽然其社会评价会降低，但新闻媒体并不构成侵害名誉权”。最高人民法院在2001年颁布的司法解释中，将社会公共利益与个人隐私权或者其他人格利益联系起来，“违反社会公共利益、社会公德侵害他人隐私或者其他人格利益，受害人以侵权为由向人民法院起诉请求赔偿精神损害的，人民法院应当依法予以受理。”反过来说，因社会公共利益、社会公德需要而侵害他人隐私或者其他人格利益的，可以不认为是侵权。③

二、新闻价值（News Worthiness）和公众的合理兴趣（Legitimate Public Interest）

新闻价值在西方可以用作抗辩理由。隐私权保障的是个人不

---

① 参见李亚虹：《美国侵权法》，北京：法律出版社1999年版，第183~184页。

② ［美］梅尔文·门彻：《新闻报道与写作》，展江主译，北京：华夏出版社2003年版，第686页。

③ 林爱珺：《新闻传播中的隐私权保护问题》，载《新闻大学》2005年第1期。

被打扰的权利，除非他主动放弃这种权利。一部分人被美国联邦最高法院定义为“具有新闻价值”的人，他们不享有隐私权，但是媒体发表的有关他们的材料也不能“过分具有冒犯性”。[①] 这种人也就是我们所说的“公众人物”。

公众人物（Public Person），又称公共形象（Public Figure），它是一个中性用语，并非特指极为优秀的人或罪大恶极的人，它指在社会各个领域中作出突出贡献，有卓著成绩，或因身份地位显赫，或因罪行重大等原因，而为公众所普遍知晓的人物。例如高层政府官员、著名的科学家、作家、影视明星、体育明星、各界典范人物及皇亲贵族、臭名昭著的战犯等等，都属于公众人物[②]。公众人物可划分为两个基本类型：自愿的公众人物和非自愿的公众人物。所谓自愿的公众人物是指那些主观上直接追求或放任自己成为公众人物并在客观上成为公众人物的人。[③] 如高层政府官员、影视明星、体育明星等等，他们有的是直接追求显赫的名声，有的是对公共关注有暗示的表示，他们经常成为犯罪新闻报道的重点对象。非自愿的公众人物是指其出名或成为社会公众关注的对象，往往不是其主观追求或放任的结果，而是由于某些重大事件的偶然性介入所造成的。由于这些重大事件有新闻价值，与之有联系或受牵连的人也因媒介的传播而成为公众人物。在他们成为公众人物之前或成为公众人物之时，没有明示或默示希望成为公众人物的意思。[④] 比如，一个产下四胞胎的妇女、一个刑事案件的被害者就有可能成为非自愿的公众人物。对于这类非自愿的公众人物，他既可以从这类偶发事件及影响中退出来，

① ［美］梅尔文·门彻：《新闻报道与写作》，展江主译，北京：华夏出版社2003年版，第686页。

② 王利明：《人格权与新闻侵权》，北京：中国方正出版社1985年版，第324页。

③ 张新宝：《隐私权的法律保护》，北京：群众出版社1997年版，第95页。

④ 张新宝：《隐私权的法律保护》，北京：群众出版社1997年版，第95～96页。

不再为社会大众、新闻媒体所关注，也可以借助这种偶发事件而追求更大的知名度，从而享受名人效应，这就等于他们转化为自愿的公众人物了。犯罪新闻报道中，媒介对于那些非自愿而又想退出影响的公众人物应该予以同情和保护，例如犯罪事件的被害者和重要相关人。

公众人物的隐私权是受限制的，因为他们属于具有新闻价值的人物。这种限制一定程度上也和公共利益有关。政府官员的活动经常涉及公共利益，因此应该受到媒介的监督，政府官员有关公共利益的活动没有隐私可言。各种名人自愿跻身于大众视野和话题中，就等于他们放弃了部分隐私权。克林顿性骚扰案中，媒介对他的报道大量涉及到他的隐私，但是因为克林顿是公众人物，他的隐私受到一定限制，他无法提起对媒体的隐私权侵权诉讼。

当然，有新闻价值不能作为媒介肆意侵害公众人物隐私权而免于诉讼的绝对理由。公众人物的隐私权受到限制，但并不意味着公众人物没有隐私权，他们也有部分隐私权，例如住宅不受侵入的权利、通信秘密与自由权利、私生活不受监听监视的权利等等。公众人物与公众合理兴趣完全无关的纯粹个人私事和个人安宁受到隐私权法的保护。如果犯罪新闻报道的是既有新闻价值的公众人物，又符合公众的合理兴趣，就不构成隐私权侵权。美国联邦上诉法院曾经指出，当报道的对象是有新闻价值的人——不一定是当选的官员或名人；报道内容“对一个理智的人、一个具有正常情感的人不会造成太大伤害，而且，这一报道内容受到公众的合法关注”时，透露个人隐私的记者可以免于承担侵犯隐私权的责任。①

① ［美］梅尔文·门彻：《新闻报道与写作》，展江主译，北京：华夏出版社2003年版，第687页。

三、当事人同意（Consent）

当事人同意即指隐私权的主体同意放弃隐私权，承担隐私被披露的后果，可分为明示和默示两种。在新闻报道发表后，如果当事人认为侵害了其隐私权，但只要新闻作者能提供当事人允许发表的证据，就可以成为抗辩事由。

明示就是当事人口头或者书面声明同意新闻中公布其私生活情况，以及本人直接向社会公开私生活情况。默示就是当事人明知来者是来采访而主动告知有关情况或任由摄影录音不加制止。当事人同意，就说明他自愿将自己的私事作为非隐私来处理，新闻传播媒介就可以公开传播。在国外，很多媒体在报道隐私内容的时候要取得书面授权或者同意书，这样就不会引起侵权诉讼。

征得当事人同意不适用于未成年人和精神病人。未成年人和精神病人是无行为能力人或限制行为能力人，其不具有完全的民事行为能力，如有需要，应当征得他们的监护人的同意。

四、公开的记录（Open File）

公开记录是指由党和国家机关公开发布的正式文件、通知、判决书、布告，或是其他允许公开发表、引用的材料。这些材料均与社会公共生活有关。另外，也由于这些材料已经公开，涉及到的某些个人隐私由于丧失了隐秘性，即使其本人不同意也不存在侵犯隐私权的后果。

这里涉及一个新闻转载的问题。很多学者认为，已经发表的新闻报道也是公开记录，从其他新闻媒体转载其侵害隐私权的内容不构成转载媒体的侵权，因为内容在别的媒体已经公开，就没有了隐秘性，自然不能作为隐私处理。笔者不同意这个观点。虽然当事人的隐私因为前面的报道遭到侵害，具有了一定的公开性，但这并不意味着允许其他媒体进一步扩散。有的受众可能没有看到最初的侵权报道，对当事人的隐私并不了解，但是后一个媒体的转载报道他们就有可能接触到，从而知晓隐私内容。关于转载的归责问题，笔者认为可以采取“实际恶意”原则，看转载媒体是属于明知侵权有意转载还是不清楚情况进行的无意转载。有意转载也要承担侵权的法律责任，无意转载可以予以免责。

五、不可辨认（Unidentified）

犯罪新闻报道中有一些隐私性信息非常有新闻价值，但是当事人不可能同意，新闻媒介可以采取一些技术性处理，使当事人变得不可为受众所辨认，例如模糊当事人身份、对当事人图片打上马赛克、对当事人采取化名、对当事人声音进行处理等。当事人身份不能从新闻中辨认出来，就没有了新闻侵权行为具备的指向性，因此不构成侵害隐私权。

有的新闻报道虽然对当事人身份做了一定的处理，但是处理不够，造成当事人身份的可辨认性，仍然构成侵权。笔者曾经看过某法制节目 2000 年中的一期，报道了一个女子被邻居强奸并非法囚禁两年之久的案例，报道虽然对被害者的相貌进行了技术处理，但是对其父母和家庭内外景都没有进行处理，任何认识被害者的人都能清楚地认出她；报道中虽将被害者以化名处理，但报道中有被害者的法医鉴定书的特写镜头，该女子的真名赫然在上、一览无遗。在这个报道中，被害者的身份是可辨认的，该报道实际上已经涉嫌构成侵害隐私权。

7.4 两个特殊问题

7.4.1 偷拍偷录的法律限制

一、偷拍偷录的可行性分析

偷拍偷录是目前新闻记者在采访负面新闻报道时最喜欢采用的一种形式，也是最具有争议性的形式，这种形式和隐私权问题密切相关。所谓偷拍偷录，又称隐性采访、秘密采访或暗访，是指新闻记者在未被采访对象感知的情况下，运用照相机、摄像机或录音机等工具，对其活动进行拍照、摄像或对其谈话进行录音而获取新闻事实的行为。[①]

偷拍偷录能够最大限度地逼近事实真相，突破显性采访环境的封闭性和事实本身的隐蔽性，一针见血地抓住问题的实质，具有较强的可读性、可视性、可听性，能够吸引受众的注意，使之有身临其境的感觉，特别体现了新闻的真实性。同时，通过偷拍偷录可以获取其他采访手段难以获取的新闻事实，从而更好地实行舆论监督。然而随着偷拍偷录的使用频率不断增加，对它的可行性争议也越来越大。

一种观点认为，偷拍偷录是可行的，是采访权所涵盖的内容之一。“采访自由作为新闻自由的重要组成部分，自然受到法律保护，这就保障了记者对任何新闻事件有采访、了解、发掘的权利，有选择采访方式的自由。偷拍、偷录作为采访形式之一，理

---

① 沈正斌：《偷拍偷录行为合法化的辩证思考——写在〈最高人民法院关于民事诉讼证据的若干规定〉实施之际》，载《新闻战线》2002年第7期。

应属于记者可以使用的权利。”① “按照隐性采访是采访权利的内容，而这种权利又是以言论和出版自由作为其权利的渊源这一理论基础，法律上没有禁止性的规定，并且受到公众的欢迎和认可，不应当认为新闻媒体不能使用隐性采访的手段进行采访。”②

另一种观点认为，不应提倡偷拍偷录。这种观点的依据是《中国新闻工作者职业道德准则》的有关规定。《中国新闻工作者职业道德准则》中规定：“要通过合法的正当的手段获取新闻，尊重被采访者的声明和要求”，可以理解为我国政府及新闻界自身对秘密采访方式均未予提倡。郭镇之认为，偷拍偷录会影响新闻工作者的职业形象，削弱新闻媒介与社会的亲和力，降低新闻媒介的公信度，从长远效果看来是不利于新闻舆论监督的，建议控制其使用③。持这种观点的人认为，偷拍偷录是一种欺骗的手段，本身是违背道德的，而且为“偷窥文化”推波助澜，降低媒介的品位，而且，在这个过程中，媒介容易侵害到他人的隐私权，构成违法。

世界各国的法律都对偷拍偷录进行了严格的限制。美国的《电子通讯隐私法》规定：“任何人不得使用……设备……旨在窃听或录下他人私下的谈话，除非这样的使用得到所有参与谈话的当事人授权。”我国的《中华人民共和国国家安全法》第二十一条规定：“任何个人和组织都不得非法持有、使用窃听、窃照等专用间谍器材。”其实也对新闻机构的偷拍偷录进行了限制。

各国的新闻职业道德规范对偷拍偷录也基本持否定的态度。

---

① 田大宪：《新闻舆论监督研究》，北京：中国社会科学出版社2002年版，第231页。

② 杨立新：《人身权法论》，北京：人民法院出版社2002年版，第333页。

③ 参见郭镇之：《关于当前舆论监督的结论和建议》，载于展江：《中国社会转型的守望者——新世纪新闻舆论监督的语境与实践》，北京：中国海关出版社2002年版，第45页。

有的国家是直接否定，例如《保加利亚新闻道德准则》（1994）中指出："新闻工作者不得使用不诚实的手段收集信息"，《澳大利亚新闻工作者协会道德准则》（1984）中指出："他们（新闻工作者）将使用正当、诚实的手段来获取新闻、胶片、录像带、录音带和文献。为着刊播的目的进行任何采访时应先说明自己的身份和受雇机构。"有的国家则是部分否定，选择"谨慎使用"的态度。例如《英国新闻工作者业务准则》（1997）中指出："只有在符合公共利益而且其他方式无法获得资讯时才能使用巧立名目的手段。"《德国公共宣传原则》（1994）中指出："若通过暗访可能得到能够引起公众特别兴趣并且不能用其他手段获得的少量资讯时，在个别情况下可以实施。"

各国的新闻业界则对偷拍偷录基本持拥护支持态度。因为从业界角度看，偷拍偷录是一种极其有效的采访方法，而且是极其必要的采访方法。没有偷拍偷录，很多新闻采访活动几乎无法进行。在实际操作中，各国新闻业界也是经常使用到这一手段。

二、犯罪新闻报道可不可以采用偷拍偷录

犯罪新闻是负面新闻报道中采访难度最大的，偷拍偷录因此被广泛地运用。对于犯罪新闻中是否可以采用偷拍偷录，也有两种观点：

一种认为犯罪新闻和其他新闻类型一样，不可以使用偷拍偷录。美国联邦最高法院法官在判词中写道："第一修正案不是新闻界潜入或以电子仪器侵扰他人家居或办公室的通行证。它也不会仅因受侵扰的人是被人合理地怀疑犯了罪而成为这种凭据。"①换句话说，即使被采访对象是犯罪嫌疑人，记者也不能采取偷拍

---

① 徐迅：《暗访与偷拍——记者就在你身边》，北京：中国广播电视出版社 2003 年版，第 123 页。

偷录的形式进行采访。

另一种则是认为犯罪新闻是密切关系到公共利益的，因此可以使用偷拍偷录的手段。许多国家的新闻职业道德规范中就将“揭露犯罪”视为公共利益的重要组成部分。魏永征认为，“隐性采访”的法律依据只能解释为采访对象由于实施了违背道德或违法犯罪的行为，他的自主权利发生退缩。[①] 也就是说，采访对象实施了违法犯罪行为时候，隐性采访可以进行。

笔者认为，犯罪新闻报道在特定的时候可以采用偷拍偷录的形式，但是也有着一定的限制。主要原则有：

1. 对于具有严重社会危害性的犯罪事件的报道，可以采取偷拍偷录形式；而对于一般社会危害性的犯罪事件的报道，不宜采取偷拍偷录形式。例如对于重婚罪、遗弃罪、侵犯知识产权罪等，依据《中华人民共和国刑事诉讼法》的规定，可以调解解决。新闻媒体如果以暗访偷拍形式采访报道介入这类案件，会侵犯当事人的调解处理权利，使问题复杂化。

2. 对于法庭审判，不能采用偷拍偷录的形式。《最高人民法院关于严格执行公开审判制度的若干规定》（1999）第十一条第一款规定：“依法公开审理案件，经人民法院许可，新闻记者可以记录、录音、录像、摄影、转播庭审实况。”这一司法解释是以授予权利的方式表述的，但享有上述权利的前提是“经人民法院许可”。也就是说，如果没有法院的许可，新闻记者对庭审情况的记录、录音、摄影、转播均不具有合法性。因此，对庭审活动的采访不存在暗访和偷拍的任何空间。[②]

---

① 魏永征：《论采访权》，载于展江：《中国社会转型的守望者——新世纪新闻舆论监督的语境与实践》，北京：中国海关出版社2002年版，第34页。

② 徐迅：《暗访与偷拍——记者就在你身边》，北京：中国广播电视出版社2003年版，第238页。

3. 不得以违法和不道德的隐性采访方式获取新闻，尤其是不得采用类似“诱惑侦查”之类的“卧底”手段，设置陷阱，伪装成违法犯罪者，如吸毒者、嫖客、三陪女、人口贩子等来摄录所需要的资料。

4. 新闻记者用以替代的身份也必须受到法律的限制。在犯罪新闻报道中，记者用以隐身的替代身份，只能是一般公民依法可以充当的角色，而不是法律特别授权的拥有某种特殊权利的特殊身份，如不得伪装成检察官、法官、警察等。

5. 新闻记者可以以偷拍偷录形式获得犯罪事件线索，和警方合作揭露犯罪，但是不可以破坏警方的执法行动，更不可以自己充当执法者去处理犯罪事件。

6. 对于有极大风险性的犯罪事件，新闻记者不能去偷拍偷录，以免发生生命危险。有的记者只身卧底到贩毒集团、偷车集团进行偷拍偷录，虽有成功的例子，实际上这是非常危险的。记者的勇气和敬业精神虽然可嘉，但是我们并不提倡这种方式。

7. 偷拍偷录的行为不能侵害到他人的隐私权。例如，对性犯罪事件中的被害者偷拍偷录、对未成年罪犯偷拍偷录、对犯罪分子家属进行偷拍偷录等。

7.4.2 罪犯的隐私权问题

一、罪犯有没有隐私权

《中华人民共和国宪法》第三十三条第一款规定：“凡具有中华人民共和国国籍的人都是中华人民共和国公民。”国籍不会因犯罪而被剥夺，所以罪犯也是公民。《中华人民共和国监狱法》第七条第一款明确规定：“罪犯的人格不受侮辱，其人身安全、合法财产和辩护、申诉、控告、检举以及其他未被依法剥夺或者限制的权利不受侵犯。”我国刑法没有规定剥夺隐私权的刑罚方法，所以，罪犯也是隐私权的主体，其除了依法被剥夺的权利外仍享有其他权利，包括隐私权，这是不容置疑的。在犯罪新闻报道中，也应该尊重罪犯的隐私权。

在我国新闻界存在这样的误区："不受法律保护的人和事可以随意曝光。"在这种思想指导下，不少媒介做出了一些侵害罪犯隐私的事情。2001 年某日，一家省级电视台的焦点类栏目播出了一期题为《扫黄不留死角》的节目，展示一次性交易过程，性内容的交谈、性挑逗的情节以及卖淫妇女脱衣服的镜头一览无遗。这期节目就明显违反《中华人民共和国妇女权益保障法》第四十二条"妇女的名誉权、荣誉权、隐私权、肖像权等人格权受法律保护。""禁止用侮辱、诽谤等方式损害妇女的人格尊严"的规定。卖淫是违法犯罪行为，但是并不意味着卖淫妇女因此丧失隐私权，她的人格尊严就可以随意侵害。①

二、犯罪事实能否作为罪犯的个人信息而成为其隐私权内容并受到法律保护

这里我们可以按照时间分为犯罪后刑罚执行完毕前和刑罚执行完毕后两个阶段进行处理。

1. 犯罪后至刑事责任终结前：罪犯对其犯罪事实不享有隐私权。在犯罪发生后，司法机关会依照法律规定进行侦查、起诉、审判。其中最重要的一点就是要查明犯罪事实。侦查机关可以运用非常手段，如拘留、取保候审、监视居住这些强制措施以及使用窃听窃照器材，以求查明案件的真实情况。这是正确处理案件的前提。同样，媒介也有权对司法机关的侦查、起诉、审判活动在合法的程序下进行报道，以满足公民的知情权。恩格斯曾指

---

① 徐迅：《暗访与偷拍——记者就在你身边》，北京：中国广播电视出版社 2003 年版，第 253 页。

出：个人隐私权一般应受到保护，但当个人的私事甚至隐私与最重要的公共利益——政治生活发生联系的时候，个人私事就已经不是一般意义上的私事，而是属于政治的一部分，它不受隐私权的保护，应成为历史记载和新闻报道不可回避的内容。① 法学界将之引申为公共利益原则。犯罪是对社会秩序的破坏，正是和"政治生活发生了联系"，因而，犯罪就不再是一件私事，而是属于政治的一部分，不受隐私权的保护。

2. 刑罚执行完毕后（刑满释放后）：刑罚执行完毕后对先前的罪犯就不能再称为罪犯，而应称为刑满释放人员。刑满释放人员对其过往的犯罪事实享有隐私权。刑罚执行完毕以后，意味着刑满释放人员对自己的犯罪行为已承担了相应的责任，从法律上来讲一切都结束了，不需要再为此付出代价，包括精神上痛苦。因此，新闻媒介也不应该将其过去的犯罪事实重新拿出来炒作。这样也构成侵害隐私权。当然，刑满释放人员的这种隐私权是受到限制的。当他们要竞选某一个重要职位、从事某一项和公众生活密切相关的事情时，他们过去的犯罪事实就可以被媒介报道。因为这时候涉及到了公共利益。

① 转引自冯金银：《隐私权新论——试论罪犯的隐私权》，载《法学论坛》2004年第8期。

第8章　犯罪新闻报道与司法权

8.1　司法权概述及其法律保护

8.1.1　司法和司法权

一、司法（Judicature）

司法是一个与立法、执法（行政）相对应的概念。从历史上看，司法是随着法的产生而出现的。首先在理论上阐明司法含义的是古希腊思想家亚里士多德，他在其著名的《政治学》一书中，将国家政权分为议事权、行政权和审判权三种，这是“三权分立”学说的雏形。其后，经过法国学者布丹、英国学者洛克等人的分权主张，到18世纪法国资产阶级启蒙思想家孟德斯鸠集其大成，创立了比较完整的“三权分立”学说，即立法、行政和司法三种国家权力分别由三个不同机关掌握，各自独立行使，相互制约。这就是近代“司法”一词的来源。①

对司法的界定在理论上众说纷纭，有的学者认为司法是法律适用的一种，“司法是多样化，不为法官和法院所独有，也不单是国家的职能。实际上，一些非法院的国家机关，甚至某些非国

---

① 杨连峰：《中国司法制度》，湖北：武汉大学出版社1993年版，第1页。

家的社会组织也具有一定的司法性质和作用。”[①] 还有学者认为司法是“与制定抽象法规的立法相对而言，通过审判表现出来的国家作用”[②]，“就一切具体的事实，宣告适用何法的活动”，“司法即发判决而适用法”[③] 等等。

一般说来，法院的审判活动是司法的核心内容，但在现代意义上，司法又往往包括一些诸如仲裁、行政裁判等所谓“准司法”的内容，因此，司法的概念又有狭义与广义之分。狭义上也即通常意义上，司法仅指与立法和行政相对应的法院的审判活动。广义上，司法则是指包括基本功能与法院相同或相似的仲裁、调解、行政裁判、司法的违宪审查、国际司法等解纷机制在内的，以法院为核心并以当事人的合意为基础的，由国家强制力作为最终保证的，以解决纠纷为基本功能的一种法律适用活动。[④]

二、司法权（Judicial Power）

司法权的概念发端于古希腊亚里士多德的《政治学》一书，孟德斯鸠在《论法的精神》一书中将司法权归根为“裁判权力”（La Puissance de Juger），1780年美国宪法将其称为司法权。我国宪法和法律也使用了司法权一词。

司法权也有广义和狭义之分。熊先觉在阐述司法制度的概念时提出：“狭义的司法制度指审判制度及法院制度。……广义的司法制度不仅包括审判制度和检察制度，而且包括侦查制度、监狱制度、律师制度、调解制度、仲裁制度、公证制度。”[⑤] 由此可以推断，广义的司法权不仅包含侦查、检察、审判等国家权力，

---

① 于慈珂：《司法机关与司法机关组织法论纲》，载《现代法学》1993年第2期。

② 参见董璠舆编著：《日本司法制度》，北京：中国检察出版社1992年版，第9页。

③ 龚祥瑞：《现代西方司法制度》，北京：北京大学出版社1993年版，第19页。

④ 杨一平：《司法正义论》，北京：法律出版社1999年版，第26页。

⑤ 熊先觉：《中国司法制度新论》，北京：中国法制出版社1999年版，第5页。

还包含调解、仲裁、公证等社会权司法权及律师的诉讼权利。我国刑法第九十四条采用了这种观点，将"司法工作人员"定义为"有侦查、检察、审判、监管职责的工作人员"。狭义上的司法权仅指审判权又叫裁判权。司法权的核心及其根本价值应为裁判权，即通过司法机关对已发生的各类纠纷以中立者的身份来裁决并给出确定结论，以定纷止争，恢复被破坏的社会关系，维护社会秩序和结构的稳定。

司法权主要有以下特性：1. 独立性，司法权由法院独立行使，不受行政机关和立法机关干涉。法院审判活动只服从法律；2. 被动性，司法机关行使司法权是以"告诉才受理"为原则，法院不能主动追究公民或组织的法律责任；3. 终局性（权威性），任何纠纷一旦诉至法院，法院依法作出判决生效后就是终局决定，除特别情况外，不得以同一事实和理由再提出诉讼；4. 交涉性，司法权是司法机关必须在案件当事人参与诉讼过程并充分举证、辩论说明其主张和理由的前提下，才能作出判断的一种权力运行方式。①

三、司法独立是司法权的核心概念

"司法公正是司法的生命，司法者的独立程度决定着司法者与法律的接近程度。设立法庭的目的就是创造一个与社会保持适度距离的隔离空间，相对隔离各种公共权力、社会势力、社会情绪对法官的指令、干扰和影响。"② 司法权作为重要的国家公权力之一，一方面它同样来源于人民，这是民主的题中之义，所以它要接受人民的监督，要受到公民权利的制约；另一方面，它又必然要独立于其他权力。司法独立主要是审判独立应是司法公正和

---

① 参见刘瑞华：《司法权的基本特征》，载《现代法学》2003 年第 3 期。

② 徐显明：《司法与传媒学术研讨会讨论摘要》，载《中国社会科学》1999 年第 5 期。

司法权的核心。

我们通常讲的司法独立是指司法权的行使不受行政机关、社会团体和个人的干涉。它的核心要义在于：在司法过程中排斥各种外在的强力或支配力的干预，主要是其他国家权力的干预。根据《世界司法独立宣言》和1982年在印度举行的国际律师协会第19届会议所通过的《关于司法独立最低标准的规则》，完整的审判独立概念应包括：第一，法官的实质独立，即是指法官执行其职务时，除受法律及其良知的约束外，不受任何干涉。第二，身份的独立，是指法官及其相应职位及任期应有相当的保障，以确保法官不受行政干涉，对法官的任命须由法院成员和法律专家参与，法官及其相应职位的取得须由法院决定，对法官职务的提升应由法官参与进行，对法官职务的调动应由专门司法机构决定，法官的任职原则上应为终身制，法官的薪俸应得到充分保障，对法官的惩戒和免职应由专家审判人员参与，司法独立作为一种制度设计，必须与一个国家的社会经济状况以及政治结构等相吻合。第三，集体的独立，是指法官作为一个整体，应与行政机关保持集体的独立。第四，内部的独立，即法官在履行审判职能方面应独立于其同事及上级法院的法官。目前，上述司法独立最低标准已为世界大多数国家普遍承认。

8.1.2 司法权的法律保护

世界各国法律都对司法权予以承认和保护。以美国为例，美国宪法第三条第二款规定：“司法权（管辖范围）及于美国政府为当事人一方的一切诉讼。”这一规定及其他相关表述成为法院审查其他机关行为的法律依据。美国法院依据宪法和法律对其他国家机关实施独特的严格的监督，这在1966年编纂的《美国法律汇编》第五篇七百零四节中得以确定：“依法应予审查的行政机关的行为，以及未规定另外的切实可行的司法保护方法的行政机关最终确定的行为，应受司法审查。”

就司法独立问题，据对世界上142部成文宪法的统计，有105部宪法规定了司法独立和法官独立。[①] 1985年8月26日至9月6日于米兰召开的联合国第七次防止犯罪与犯人待遇大会，专门通过了《司法独立的基本原则》，并获得联合国大会的支持，其中明确规定：“司法独立应由各国以宪法或法律加以保障，尊重并遵守司法独立是所有政府及其他组织的义务。”联合国《公民权利和政治权利国际公约》规定：“任何人受刑事控告或因其权利义务涉讼须予以判定时，应有权受独立无私之法定管辖法庭公正公开审问。”可以说，司法独立已成为跨越意识形态的一项基本准则。

我国将检察权纳入司法权的范畴。《宪法》第一百二十六条规定：“人民法院依照法律规定独立行使审判权，不受行政机关、社会团体和个人的干涉。”第一百三十一条规定：“人民检察院依照法律规定独立行使检察权，不受行政机关、社会团体和个人的干涉。”《刑事诉讼法》第五条也规定：“人民法院依照法律规定独立行使审判权，人民检察院依照法律规定独立行使检察权，不受行政机关、社会团体和个人的干涉。”《人民法院组织法》和《人民检察院组织法》也有类似的规定。

8.2 犯罪新闻报道与司法权的冲突

新闻报道与司法权的冲突是专属于法制新闻报道这一体裁的，对与法制相关事件的报道才可能和司法权产生冲突。犯罪新

① 转引自王德志：《以保障法官独立为核心推进司法改革》，载《法商研究》1999年第1期。

闻报道是法制新闻报道中矛盾最激烈、影响最大的，因此和司法权的冲突也就最为集中。

8.2.1 犯罪新闻报道与司法权冲突的表现

犯罪新闻报道既可以监督司法活动，减少司法腐败，促进司法清廉和司法公正，也可能给审判公正带来极大的外来压力从而妨碍审判公正。媒介对审判公正造成的妨碍主要是“媒介审判”（trial by media）或称“新闻审判”（trial by newspaper），原是西方新闻传播法中的一个概念，意指新闻报道超越法律规定，干预、影响审判独立和公正的现象，一些国家通过法律或者新闻职业道德规范来禁止和防范这类行为。[①] 媒介审判是对无罪推定原则、罪刑法定原则和公平审判权利的侵犯。犯罪新闻报道还可能会因为干扰到警方侦查过程，或者隐匿消息来源影响法庭取证而与司法权产生冲突。

一、对无罪推定原则的违背

无罪推定是西方资产阶级革命中为反对封建专制的诉讼制度而提出的一项原则。意大利法学家贝卡利亚于 1764 年撰写的《论犯罪与刑罚》中首次提出了无罪推定的观点，指出：“在法官判决之前，一个人是不能被称为罪犯的。只要还不能断定他已经侵犯了给予他公共保护的契约，社会就不能取消对他的公正保护。”“如果犯罪是不肯定的，就不应折磨一个无辜者，因为在法律看来，他的罪行并没有得到证实。”[②] 目前，世界上很多国家都把无罪推定原则作为刑事诉讼的一项基本原则，联合国大会亦将

① 陈绚：《新闻道德与法规——对媒介行为规范的思考》，北京：中国大百科全书出版社 2005 年版，第 249 页。

② ［意］切萨雷·贝卡里亚：《论犯罪与刑罚》，黄风译，北京：中国大百科全书出版社 1993 年版，第 31 页。

其写入有关的文件中。

所谓无罪推定，其主要是指犯罪嫌疑人未经法定程序判决有罪之前，应当假定或认定无罪①。尽管世界各国立法和我国法学理论界对无罪推定的表述不尽相同，但其基本含义是一致的。将无罪推定作为一项原则在宪法或刑事法律中体现出来的价值内涵即为无罪推定原则。无罪推定原则体现了某种价值取向，即保证无罪者不受刑事处罚是刑事司法系统的首要目标。在美国的刑事审判中，法官一般都会在陪审团退庭评议之前给出指示："刑事诉讼中的被告人在被证明有罪之前是被推定为无罪的。这一推定要求公诉方超出合理怀疑地证明被告人有罪。"

无罪推定原则奠定了犯罪新闻报道"公平审判"原则的法律基础，即在法院判决被告有罪之前，新闻媒介的报道不能认定其为有罪，如果触犯了这一原则而损害被告得到公平审判的机会，新闻媒介要因此承担相应的法律责任。西方因为无罪推定原则确立比较早，媒介在报道时相应禁止性规范比较多，操作上也相对谨慎。我国 1997 年 1 月 1 日起正式实施的《刑事诉讼法》第十二条明文确立了无罪推定原则："未经人民法院依法判决，对任何人都不得确定有罪。"这一原则也成为我国犯罪新闻报道的原则。但因为我国新闻界深受有罪推定原则的不良影响，一些新闻报道仍然存在着有罪推定。我们经常可以看到或听到这样的句子："等待某某的将是法律的严惩"、"劫财害命两民工落入法网"等，很明显嫌疑人还没有经过法庭审判裁定有罪，但媒介已经毫不客气地将其当成罪犯了，这严重地违反了无罪推定原则。

二、对罪刑法定原则的破坏

坚持罪刑法定原则是刑事立法与司法具有全面性、根本性的大

---

① 樊崇义：《刑事诉讼法实施问题与对策研究》，北京：中国人民公安大学出版社 2001 年版，第 59 页。

前提。“法无明文规定不为罪，法无明文规定不处罚”，这就是罪刑法定原则的基本内容。最初，罪刑法定主义作为一种学说出现在启蒙思想家卢梭、伏尔泰、孟德斯鸠等人的著作中。孟德斯鸠在《论法的精神》一书中写道：“专制国家是无所谓法律的，法官本身就是法律，君主国是有法律的；法律明确时，法官遵照法律；法律不明确时，法官则探索法律的精神。在共和国里，政制的性质要求法官以法律的文字为依据；否则在有关一个公民的财产、荣誉或生命的案件中，就有可能对法律作有害于该公民的解释了。”①

罪刑法定思想由贝卡利亚加以发挥，演变成法律条文。他在《论犯罪与刑罚》中写道：“为了不使刑罚成为某人或者某些人对其他公民施加的暴行，从本质上说，刑罚应该是公开的，及时的，必需的，在预定情况下尽量轻微的，同犯罪相称的，并由法律规定的。”② 法国资产阶级革命，使罪刑法定原则从理想变成了现实，从学说变成了制度。1789 年的《人权宣言》第五条规定：“法律仅有权禁止有害社会的行为，凡未经法律禁止的行为即不得受到障碍，而且任何人都不得被迫从事法律所未规定的行为。”第八条规定：“法律只应规定现实需要和显然不可的刑罚；而且除非根据在犯法前已经制定和公布的且系依法实施的法律以外，不得处罚任何人。”两个世纪以来，罪刑法定主义是各国刑事立法与司法的主流和总趋势，在国家的刑法典中都得到了确立。中国 1997 年刑法第三条明确规定：“法律明文规定为犯罪行为的，依照法律定罪处刑；法律没有明文规定为犯罪行为的，不得定罪处刑。”

罪刑法定原则反映出国家既保护被害人同时又保护被告人的

---

① ［法］孟德斯鸠：《论法的精神》（上册），张雁深译，北京：商务印书馆 1961 年版，第 75 页。

② ［意］切萨雷·贝卡里亚：《论犯罪与刑罚》，黄风译，北京：中国大百科全书出版社 1993 年版，第 109 页。

双重使命。对此，德国学者拉德布鲁赫指出："自从有刑法存在，国家代替受害人施行报复时开始，国家就承担着双重责任：正如国家在采取任何行为时，不仅要为社会利益反对犯罪者，也要保护犯罪人不受受害人的报复。现在刑法同样不只反对犯罪人，也保护犯罪人，它的目的不仅在于设立国家刑罚权力，同时也要限制这一权力，它不只是可罚性的源由，也是它的界限，因此表现出悖论性：刑法不仅要面对犯罪人保护国家，也要面对国家保护犯罪人……"①

罪刑法定原则规定了犯罪新闻报道的底线，即犯罪新闻报道要遵循法律规定对罪犯进行价值判断，也要尊重法庭的判决，不能超越法律规定和法庭对犯罪嫌疑人进行定罪和刑罚的判断。然而，新闻媒介在报道一些重大刑事案件的时候经常刻意渲染，从而激起民愤，进一步影响到法庭判决，无形中就破坏了罪刑法定原则。张金柱案件就是典型的例子②。张金柱案到底应定交通肇

---

① ［德］拉德布鲁赫：《法学导论》，米健、朱林译，北京：中国大百科全书出版社 1997 年版，第 96 页。

② 张金柱案件是我国媒体所把持的舆论干扰司法独立审判的一个典型例子。该案在社会上造成强烈的反响，成为当年中国影响最大的案件之一。1997 年 8 月 24 日夜，11 岁的苏磊与父亲苏东海在骑自行车回家的路上，被一辆逆行而来的白色轿车迎面撞着。苏磊被撞飞后重重地落在轿车的挡风玻璃上，再滚到马路上，被轿车后轮从身上碾过。苏东海则连同单车被卷进汽车底部，拖在车的底盘上。轿车出事后非但没有停下来，反而加速狂奔，直至武警的车辆追至将其逼停。结果，苏东海被拖行了 1500 米，身受重创，性命垂危，而他儿子苏磊送医院后抢救无效死亡。巡警在现场查验肇事司机的驾驶证，证实司机为郑州市某公安分局局长张金柱。案件发生后，从地方媒体如《大河报》到中央级别媒体如中央电视台的著名栏目《焦点访谈》都作了大量的报道，力陈张金柱"罪该万死"的理由。1998 年年初，河南省高级人民法院以故意伤害罪、交通肇事罪等数罪并罚，判处张金柱死刑。这桩当年沸沸扬扬的公案，以 1999 年 2 月张金柱被执行枪决而告一段落。但在沉寂了 3 年多之后，有人开始提出疑问。2001 年 3 月号的《报告文学》刊登署名沉钟的文章《第一种危险：张金柱恶性交通肇事案真相调查》分析了此案中影响最后判决结果的种种非法律因素。文章援引律师及部分法律专家的说法，认为在此案中，张金柱最多也只能被判刑 7 至 10 年而不应该是死刑，是媒体和媒体激起的民愤影响到法庭的判决。

事罪还是故意杀人罪，法学界还存在争议。但是张金柱被判处死刑立即执行，法院在判决书中就有“不杀不足以平民愤”之说。媒体一片恶人当杀之声，却没有理性地想过恶人的生命非依法不能剥夺。当群众为恶人遭了恶报而后快之时，我们白纸黑字的刑法却没有得到应有的尊重和执行，这种做法无疑是对我们法治化进程的一个巨大破坏。[①] 从张金柱案始，遂有“媒体杀人”之说。

三、对公平审判的损害

每一个嫌疑人都有受到公平审判（fair trial）的权利，即能够要求对他的案件进行审理和裁决的人对他的前科、性格等足以引起偏见的情况一无所知，以避免他们在已经存在偏见的前提下作出不公平的裁决。在英美法系国家，案件的裁决主要是由陪审团的投票结果来定，对于每一个案件，在审理前陪审团对被告的了解应当是除了知道他是被告以外对他别无所知。如果一个案件在审理前就已经受到报纸审判，犯罪嫌疑者有权要求获得“审判无效”的裁决并有权要求改变审判地点，因为该地的陪审团和法官都已经对他形成了一定的偏见。

新闻虽有自由，但不能损害公平审判。一名新闻记者，除了要珍视自己本身享有的公正报道的权利，还必须尊重司法的尊严。因为法律才是维持社会秩序的基石，案件进入法庭审判的阶段，报纸不宜发表偏颇不公正的言论，否则，影响到审判的公正，便可能构成媒介审判。

美国“公平审判暨新闻自由顾问委员会”曾经提出一份报告。报告对媒介对某一案件在法庭审理前的报道范围进行了规范。其中，新闻媒介可以报道的内容为：事实、逮捕的情形、被捕人的身份、逮捕的机关和官员、物理证据、法院提出的控诉、

---

① 王锋：《舆论监督与公民权利的保护》，载《法制日报》1999年12月19日第二版。

法院公开的记录和讨论下一步可能进行的法律步骤。媒介不可以报道的内容包括：被告前科、性格说明、自白、测试结果、对判决结果是否有罪的预测以及证据是否有价值的讨论。报告中也认为，当公平审判遭到某种因素的威胁时，法庭有权变更审判的地点、终止诉讼程序、执行假扣押、计划新的审判和准许人身保护的请求。[①]

问题的另一方面是，由于媒介传播导致变更审判地点和陪审员，将会导致诉讼的延迟，从而使证据遗失或者证人离去，影响到案件的最终判决。有的时候法庭甚至会因为媒介审判而对一些案件予以撤诉处理。如 1993 年英国一起 3 名警察涉嫌伪证罪被起诉后，新闻传媒作了大量的报道。法庭认为传媒的报道使得公正审判难以进行，故此案最后撤诉，犯罪嫌疑人被释放。

我国传统的犯罪案件报道，本来就有“声讨、公审、枪毙”的模式，忽视司法程序，实行舆论审判的积习比较深厚。现在又多了一层对经济利益的追求，出现干扰司法审判的情形增多。例如在张君抢劫杀人案审理时，某家全国性报纸发表《重庆满街申讨“魔头”》的通讯，抢在法庭判决前，做了大量的渲染，诸如“张君该千刀万剐”、“杀一儆百”、“用张君人头祭奠亡灵”等等极端的语句。这种报道显然会妨碍司法的公正审判。

四、对侦查程序的干扰

犯罪新闻报道如不把握好正常的“度”，对警方正常的办案过程往往造成很大的干扰，例如不利于警方的侦查活动及其对被害者与证人的保护。

为追求轰动效应和抢先发布观众感兴趣的话题，在一些大要

---

① 李瞻编译：《传播法判例与说明》（上），台北：“国立”政治大学新闻研究所，1985 年版，第 398 ~ 399 页。

案的侦查进程中，新闻媒介往往对警方的侦查活动采取全天候跟踪报道，甚至采取秘密摄像、秘密盯梢、窃听信息等手段，严重干扰警方的正常侦查活动，并给犯罪嫌疑人的潜逃事先提供了信息。例如前面提到的白晓燕被绑架案件，新闻媒介的干扰就导致绑匪撕票。对于侦查人员个人资料的披露将不利于其长期开展活动，而对于侦查手段的详细报道也将为罪犯提供反侦查经验。同时，对于证人的披露可能会使罪犯采取报复行为。在对于证人出庭作证要求十分严格的国家，在审判前暗杀证人一直是犯罪集团尤其是黑社会组织逃脱惩罚常用的手法，因此，在一般情况下应禁止公布侦查人员和证人的个人资料。

在犯罪现场进行的现场采访也容易干扰司法活动。如遇有匪徒劫持人质或警匪对峙这类对抗尖锐的突发性案件，处理稍有不慎，就可能引起严重后果。而新闻媒体的介入，更增添了不安定的因素，危害扩大化的可能性大大增加。1998 年 5 月，美国佛罗里达州一名男子劫持人质枪杀警察后与警方对峙，大批记者闻风而至实况转播，对罪犯进行电话采访，最终罪犯精神崩溃自杀。由此可见，犯罪新闻报道的方式如果不当，很容易妨碍警方办案的司法活动。

五、对消息来源的隐匿

长久以来，新闻界一直存在一条重要的规则，即如果相关信息提供者向媒体提供了可用于公开报道的信息，媒介不应披露其身份。美国新闻控诉委员会行业从业守则规定，新闻记者承担着对秘密消息来源进行保护的道德责任。[①] 欧洲人权法院曾经认定，法院发布法院令命令记者对其消息来源予以披露，是对言论自由

---

① 美国新闻控诉委员会行业从业守则第 15 条，转引自［英］萨莉·斯皮尔伯利：《媒体法》，周文译，湖北：武汉大学出版社 2004 年版，第 365 页。

的一种妨碍。知悉相关信息的人如果认为他们的身份有可能被披露，将不会提供相关信息。英国国会在 1981 年通过了《藐视法庭法》（Contempt of Court Act）第十节规定："除非法院确信，进行某项披露是为了正义、国家安全，或为了预防骚乱或犯罪所必需的，否则法院不可要求某人披露其所负责的出版物中所包含的信息的来源，任何拒绝此类披露的人也不会因其拒绝行为而犯有藐视法庭罪。"① 这一条文实际上就对秘密消息来源进行了保护。

虽然法律对消息来源的披露豁免权进行了保护，但是这种保护不是绝对的。正如《藐视法庭法》所限定的前提，如果为了正义、国家安全，或为了预防骚乱或犯罪，就需要披露消息来源。如果记者和媒介拒绝披露，可能会导致不良后果。例如犯罪新闻报道中，如果对消息来源进行保护可能影响到案件的破获或者法庭的审理，导致与司法权的冲突，这种保护将失效。

美国著名的涉及贿赂阴谋的罗沙托案就是这种情况。该案由于事涉机密，加州法官下令在审理过程中有关人员不准公开控诉状内容，然而被密封的内容却被某报一再引用，法官要求报社告知泄漏消息的人是谁，却遭到该报的沉默抗议，两名主事的记者因此被判藐视法庭罪入狱。②

如果媒介为了保护消息提供者，而对一些可能泄漏提供者身份的文件进行销毁，一旦相关法律诉讼已经开始，或者当媒体知道将被提起诉讼的时候，这种销毁还将构成刑事犯罪。

---

① ［英］萨莉·斯皮尔伯利：《媒体法》，周文译，湖北：武汉大学出版社 2004 年版，第 366 页。

② 参见李瞻编译：《传播法判例与说明》（上），台北："国立"政治大学新闻研究所，1985 年版，第 285 ~ 286 页。

8.2.2 犯罪新闻报道与司法权冲突的原因

新闻报道与审判活动的内在差异是犯罪新闻报道与司法权冲突的主要原因，主要有：

一、程序保障不同

审判活动有着严格的程序，案件事实需要严格按程序法来确认，其维护社会正义的权力使其有权行使强制力，并要求其他机关在执行法律时为其提供方便，因此，其得到的事实相对比较可靠而且符合法律程序；而新闻报道没有相应的程序保障，它是建立在言论自由和被采访者自愿的基础上，收集材料的难度要大得多，深入、全面地了解案件事实的可能性要比司法机关小，容易造成报道的片面性和表面性。

二、专业知识不同

由于社会关系的错综复杂，因而法律越来越被体现为一种专门的技术知识，审判活动也成为一项专业性很强的活动，必须由专业技术人员进行操作，且要有资金、时间、精力、技能上的保障。犯罪新闻报道是法制与新闻互相交融、紧密结合的工作，它要求从事这项工作的人员既要具备法律专业知识，又要具备新闻报道专业知识。但是，从目前队伍情况看，绝大多数媒介是“三分天下”：学新闻（文学）的1/3，学法学的1/3，尚有1/3是没有受过新闻与法律专业教育的；既懂法律又懂新闻的“双通”人才，可谓凤毛麟角。①

三、判断标准不同

法官判断是非的标准是法律原则，而新闻记者的标准是道德

---

① 李矗：《试论法制新闻学的背景与前景》，人民网2004年8月18日 http：//www.people.com.cn/GB/14677/21963/22065/2719826.html。

伦理准则。一个记者对是非的判断，全凭他对新闻职业道德的理解和个人的良知；而“司法判决所依据的必须是现行的法律，依据法律所认可的、本案的事实，不仅要考虑实体法，而且要考虑程序法，因此有些司法判决不可能令舆论界满意。”① 判断标准的不同必然引起犯罪新闻报道和司法公正的冲突。

四、情感倾向不同

凡是诉诸法律的案件往往是各种社会矛盾尖锐化的产物，充满着是与非、善与恶、公正与偏私、正义与邪恶的较量，有些案件则是社会关注的焦点，极需要冷静分析、慎重权衡。法庭对于案件分析的情感倾向就是理性和冷静的。而媒体具有主观的、激情的和煽动的倾向，极易调动社会和公众的情绪。正如伏尔泰所言：“人们把舆论称为世界之王，舆论就是世界之王。因为当理性反对舆论时，理性就注定完蛋。”当媒体对某个案件大肆制造舆论、左右舆论、调动起全体民众的情绪，形成强大的社会公意合流时，实际上就把法庭推向了社会，法官的独立和理性就不存在了，法律的权威和理性也不存在了。

五、追求利益不同

在市场经济条件下，由于利益驱动，媒体为扩大自己的市场份额，有迎合公众、寻找卖点的趋向，而司法中的各种错综复杂、光怪离奇的案情，无疑是媒体难得的卖点；而司法机关为了社会利益，也必然要牢牢把握住对法律和案件的发言权，拒绝媒体介入，从而进一步加剧了冲突的发生。

8.2.3 犯罪新闻报道与司法权冲突的法律责任

犯罪新闻报道进行报纸审判不但影响到法庭审判的公正性，

---

① 康为民主编：《传媒与司法》，北京：人民法院出版社 2004 年版，第 92 页。

也会严重影响被告的名誉，因此同样应该承受相应的法律责任。在这个问题上，中国和西方国家有着明显的区别。

在西方，新闻报道干扰司法公正受到藐视法庭罪的惩罚。藐视法庭罪（Contempt of Court）源于英国的普通法，其惩罚范围极其宽泛：凡不服从或不尊重法庭或法官，可能影响司法运作的言行，皆可入罪。[①] 藐视法庭罪的法理原则一般理解为基于公共政策的考虑，目的在于防止任何不恰当的行为，干扰执法正义的司法程序，以保障这种程序不受侮辱性或恶意的评论。它所关注的不是某一个人受到影响，而是这些言论会令公众人士对法院的中立性和可信性失去信心，从而使整个制度变得声名狼藉，维持对法庭及司法人员的尊重在法治社会是极其重要的，因为一旦没有这份尊重，法律本身便会很快失去价值。英国实行藐视法庭罪制度的历史悠久，早在1742年即发生过“圣詹姆晚报案”，表明一个报纸的报道可处藐视法庭罪，后来的诸多案件进一步发展了这一规则。[②]

新闻虽有自由，但不能损害公平审判。一名新闻记者，除了要珍视自己本身享有的公正报道的权利，还必须尊重司法的尊严。美国著名法学家霍姆斯（Holmes）说：“法院案件的裁判，应以证据及公开辩论为唯一根据，不受外界任何影响，不论其为私人的谈话还是公开的出版。”因为法律才是维持社会秩序的基石，一旦到案件由法庭审判的阶段，报纸不宜发表偏颇不公正的言论，否则，影响到审判的公正，便足以构成藐视法庭的罪名。媒介在法庭审判前就对被告进行有罪推断，提供一些假定被告曾做的行为，报道一些法官在审判时不采取的证据如被告的前科

① 荆知仁：《美国宪法和宪政》，北京：三民书局1994年版，第177～178页。

② 白桂梅等：《司法公正与权利保障》，北京：中国法制出版社2001年版，第194页。

等，都被视为藐视法庭。此外，媒介对法庭的冷嘲热讽，暗示法庭偏私无能，或歪曲报道它的司法程序也包括在藐视法庭的范围内。除了用语言、文字形式干扰未决案件的审判进程构成藐视法庭外，用图片、摄影和摄像行为对案件有关情况和法庭审理情况进行不当采访报道也构成藐视法庭。隐匿对案件审理关系重大的消息来源也是藐视法庭的表现。一旦媒体构成藐视法庭罪，就要承担民事甚至刑事责任。

1967 年 11 月，《伦敦星期时报》以藐视法庭罪被罚款12,000美元，起因是该报在一段照片说明中，形容一名黑人宗教领袖“曾经干过妓院老板、色情掮客、诈财恶棍等行当”。1949 年当著名的硝酸杀人案疑凶海格被控谋杀一个女人而还收押在监狱、未被审判之时，《伦敦每日镜报》刊登出消息说海格到目前为止已经五度杀人，并且一一举出被害者的姓名。该报把海格描写成一个“杀人狂”，又详细地描写了他谋杀一个女人的经过。结果法官判决该报总编辑入狱三个月，对该报罚款一万英镑并且承担诉讼费用。《伦敦每日镜报》的报道是完全真实的，但它使海格案的审判过程大受影响（海格最后被判绞刑），于是构成藐视法庭的罪名。

媒介进行报纸审判不但会影响到法庭审判的公正性，也会严重影响到被告的名誉。日本资深记者浅野健一在自己 1984 年的文章《犯罪报道的犯罪》中说到：“我们认为被警察逮捕的人为众人嘲笑理所当然……如果警察认为某人是犯人，新闻界也就将该嫌疑者当作犯人，将其姓名、住所、照片等报道出来，这是否合适？如果那个人不是真正的犯人，我们将犯下不可挽回的侵犯人权的罪行。即使嫌疑者被逮捕，但并未被起诉，或者即使被起诉，但被判无罪时，因为该人已被新闻界报道，无论如何他的名誉也无法挽回。”① 因此，最后被认定无罪的被告还可以以侵害名誉权起诉进行报纸审判的媒体。

我国目前没有专门的舆论监督法，现行的关于新闻舆论监督的法律制度，是由宪法统率，包括法律、政策和新闻职业道德规范在内形成的一个整体，规范媒介监督与司法独立两者关系的规定散见于其中。除宪法、法律规定而外，中央宣传部、中央政法委1985年在《关于当前报刊在法制宣传方面应注意的几个问题的通知》中要求媒介报道司法要严格注意案件真实性和准确性的同时，对报道作出几项具体限制：1. 对于正在侦查、起诉或审理的案件，以及尚未作出终审判决的案件，不得登报刊、广播或上电视；2. 个别必须见报的，要先报道破案、起诉或审理的消息，以后再报道判处结果，不得超越司法程序抢先报道，更不得利用新闻报道制造对司法机关施加压力的舆论；3. 没有把握的案件或有争议的案件，不要公开报道；4. 对已发生法律效力的终审判决，如有不同意见，可在内部提出或登内参反映。司法机关对媒介采访报道案件亦有规定。1993年《人民法院法庭规则》规定，记者在法庭旁听时，未经审判长或独任审判员许可，不得在庭审中录音、录像和摄影。1999年《关于严格执行公开审判制度的若干规定》重申了这一规定，对依法公开审理的案件，须经人民法院许可，新闻记者可以记录、录音、录像、摄影、转播庭审实况。

我国虽然对传媒监督司法有限制性法规，但是对于违反相关法规的处罚措施没有规定，只是夹带在名誉权侵犯案例中进行处理。这样一来，媒介是否有违法行为便取决于报道的事实是否真实和是否对被告进行了恶意的侮辱性评论。如果报道的情况属

① 转引自刘金根：《日本新闻中的犯罪报道》，载《国际新闻界》2000年第3期。

实，评论又不是特别过火，新闻媒介往往不会受到任何制裁。这一点明显异于西方，在西方，即使媒介在法庭审理前对被告背景、前科、性格说明的报道是完全真实的，这种报道也会构成藐视法庭，要受到相应的制裁。因此，从建设法治国家的长远需要来看，为了维护司法公正，我国应该借鉴西方的一些相关法律手段，结合中国国情予以具体化。

8.3 犯罪新闻报道与司法权的保护

8.3.1 犯罪新闻报道破坏司法公正的事先预防

要事先避免侵害司法公正，犯罪新闻报道应该从思想上把握七个原则，在操作上把握阶段性的变化：

一、思想上的七个原则

1. 维护法律权威原则：这是犯罪新闻报道的基本准则。记者应充分尊重审判活动，以法律为准绳，避免干扰审判，确保司法独立，在庭审采访时要服从法庭指挥，维护法律的严肃性和权威性。对审判过程的报道要慎重、严谨，可以客观报道审理及一些背景资料，但是不要作出评论和有倾向性的暗示。

2. 客观真实性原则：真实性是新闻报道的基本要求，也是司法实践的基础，因此可以说，犯罪新闻报道必须建立在新闻来源和新闻采写的客观真实的基础之上。作为新闻媒介的权利和责任，记者要遵循新闻职业道德，坚持客观、真实的原则，向社会公众报道真实的审判过程，在报道中绝不能有意炒作，也不能追求耸人听闻的情节。

3. 无罪推定原则：未经法院审判，对任何人都不能确定有罪，这是刑法的基本原则之一。犯罪新闻报道不能侵犯到司法独立，不能违背“无罪推定”的原则，因此新闻媒体在法院作判决前严禁作出有罪或无罪的表述。

4. 罪刑法定原则：刑罚是和法律相适应的，由法院来裁定。犯罪新闻报道要尊重法庭的判决，不能超越法律规定和法庭对犯罪嫌疑人进行定罪和刑罚的判断，更不能用自身造成的舆论影响法庭判决和施加压力，导致犯罪嫌疑人遭到不合理的判决。

5. 保护人权原则：人是社会生产的承担者，只有享有充分的人权，才能在社会生产中发挥积极性、创造性。人权的一个普遍性特点就是不能随便被剥夺。特别是对于人的基本权利，即生命、自由、人格等，更应该如此。刑事司法程序结构的本质要求就是要保证犯罪证据判断和犯罪事实评价的科学性，最大可能地防止因错误裁判而伤及无辜[①]。犯罪新闻报道也应该以保护人权为基本原则，保证对犯罪事实真相的揭示和评价具有科学性。

6. 控辩平等原则：所谓“兼听则明，偏听则暗”，要实现司法公正，就要赋予控辩双方平等的诉讼地位。控辩平等原则不仅仅是司法程序的基本要求，也应该体现在其他非司法程序中。犯罪新闻报道对正在审理中的案件应不偏不倚，避免倾向性，给控辩双方平等的话语权，不得充当诉讼任何一方当事人和代言人。

7. 与程序共进原则：1985 年中宣部、中央政法委曾发出《关于当前在法制宣传方面应注意的几个问题的通知》规定：“不超越司法程序予以报道，更不能利用新闻媒介制造对司法机关施加压力的舆论。”《中国新闻工作者职业道德准则》第三条第四款也规定：“维护司法尊严。对于司法部门审理的案件不得在法庭判决之前作定性、定罪和案情的报道；公开审理案件的报道，应符合司法程序。”这些能避免“媒体审判”的规定，应严格执行。

① 马贵翔：《刑事司法程序正义论》，北京：中国检察出版社 2002 年版，第 79 页。

二、操作上的两个阶段五种情况

1. 对尚未进入诉讼程序的案件进行曝光

尚未进入诉讼程序的案件可以分为两种，一种是案件已经发生，但司法机关还没有得知信息的；二是司法机关已经得知案情却故意不予立案，或者虽已立案而对应交付法庭审判的案件故意不予起诉的。对前一类案件的揭露和报道应以客观、全面的事实为依据，以引起司法机关的注意为目的，并不得侵犯涉案人的名誉权和隐私权等权利，不得通过发表偏颇的评论、过度渲染公众的情绪变相给司法机关施加压力。对后一类案件不仅要揭露案件的实体情况，更要揭露司法人员的执法犯法行为，并允许对这种行为予以批评。对这两类案件的报道其实是对司法机关的事前监督，要求司法机关迅速、公正地追究犯罪。①

总地来说，出于对尽可能保护新闻自由和舆论监督的考虑，各国对尚未进入诉讼程序的案件限制并不严格，只要不是干扰案件侦查和构成侵害个人名誉权、隐私权，媒介的报道比较宽松，范围相对比较广。

2. 对进入诉讼程序后的案件进行报道

一旦进入诉讼程序，对案件的报道限制也就随之严格起来，因为这时候的报道将影响到司法的独立和公正。这个程序也分为三种情况：

（1）案件审理前：这个阶段由于案件双方当事人都处于诉讼的准备阶段，如果媒介对其中一方进行了带有倾向性的报道和评论，就会损害控辩平等原则，不利于公正审判，从而损害到当事人的合法权益。这时候媒体只能简单报道案件的起由、审判时

① 陈斯喜、刘松山：《冲突与平衡：媒体监督与司法独立》，法律教育网 http：//www. chinalawedu. com/news/2003_ 12/5/0935598714. htm。

间、控辩双方简单情况等，不得进行传媒审判。

（2）案件审理中：新闻媒介不能泄露国家机密、当事人的商业秘密、当事人的隐私等。这个过程中新闻媒介的报道应该与司法程序保持一致，不超越司法机关抢先发言，不得对案件进行结论性评论，更不得利用新闻报道对司法机关施加压力。对于一些案情复杂或者有特殊要求的案件，新闻媒介不能进行报道，例如那些法庭不予以公开审理的涉及机密的案件。

对于法庭没有采信的证据，媒介也不应该予以报道。当然，有学者提出，部分司法机关侦查没有获得而被媒介获得的事实材料，对案情有帮助的，媒介可以进行披露和报道，以引起司法机关的重视，并且发挥舆论监督的作用。笔者对此不敢苟同。这些被司法机关遗漏但是被媒介获得的重要事实材料，媒介可以提供给法庭，由法庭决定是否予以采信，媒介再根据法庭的处理进行报道。媒介不经过法庭就直接予以报道，一定程度上将影响到司法机关的独立判决。而且，新闻媒介缺乏专业知识，对事实的判断标准也和司法机关不同，媒介认为可信的重要材料，未必是有助于案件审理的，决定权还是应该掌握在司法机关手上，这才是司法独立的体现。

案件审理过程中有一个庭审报道的技术性问题，虽然 1999 年《最高人民法院关于严格执行公开审判制度的若干规定》第十一条第一款规定：“依法公开审理案件，经人民法院许可，新闻记者可以记录、录音、录像、摄影、转播庭审实况。”但是庭审报道也要注意一些操作问题，主要有：遵守法庭纪律；不得当场提问；不得当场批评；不得用闪光性摄影摄像器材干扰法官、律师、证人等；不得进行偷拍偷录。

（3）案件审理后：司法的权威是法治社会的基础，没有司法权威，法律也就失去了意义。因此，新闻传媒也应该尊重司法权威和尊严，尊重司法判决，在案件审理后不得发表有损于司法权威的报道和评论。根据中宣部、中央政法委 1985 年在《关于当前报刊在法制宣传方面应注意的几个问题的通知》的规定，对已发生法律效力的终审判决，如有不同意见，可在内部提出或登内参反映。但是，这种不同意见不适合在媒体上公开发表，以免引起受众不满，破坏司法权威。

8.3.2　犯罪新闻报道破坏司法公正的事后抗辩

一旦新闻媒介和记者因为其犯罪新闻报道侵害司法公正被法庭指控，也可以根据一些抗辩事由为自己脱罪。因为中国没有藐视法庭罪这样对破坏司法公正报道的惩罚，中国媒体破坏司法公正也不需要这种抗辩，本书主要用西方国家的情况进行分析。但是随着中国法制建设的发展，相关法律一旦建立健全，了解相应的抗辩手段也就有了实际意义。

一、全面抗辩理由

1. 报道公正善意

根据英国 1981 年公布的《藐视法庭法》第四条第一项规定，媒体如果只是公正、精确及善意报道一个公开诉讼程序的话，即不会构成本罪。反之，如果媒体在案发后，就发觉嫌疑人的前科，个人交往资料……等，含沙射影或明示、暗示地认为嫌疑人即为犯人，或有犯罪动机……等，就可以被认为会有造成法院审判工作进行的困难，特别是会误导陪审团成员的判断时，就不在此限。①

在这里，公正善意这条可用于名誉权诉讼抗辩的原则同样适

① 白桂梅等：《司法公正与权利保障》，北京：中国法制出版社 2001 年版，第 195 页。

用。但是和名誉权诉讼不一样的是，出于保护新闻自由的原则，构成藐视法庭罪的恶意的举证责任是由法院和总检察长来承担的，而名誉权诉讼出于保护公民人格的原则，恶意的举证责任是由媒介来承担。

2. 涉及公共利益

根据英国《藐视法庭法》第五节规定："相对于整体讨论而言，如果对特定法律诉讼程序造成阻碍或损害的风险仅仅是附带性的，那么作为在善意状态下对公共事务或其他涉及到公共利益事务的讨论的一部分的相关公开行为将不被视做藐视法庭罪行。"① 这一节的内容就是在涉及公共利益的某些特定事项的法律诉讼正在进行的时候，规定相关保护条款。前面谈到过的黑人青年斯蒂芬·劳伦斯被杀案中，新闻媒体的介入，导致司法部门对案件的改判，但是新闻媒体没有因此构成藐视法庭罪，因为新闻媒介反映的是种族主义这个涉及公共利益的问题。

3. 对司法过程没有直接重大的危险

《藐视法庭法》第四条第二项进一步规定，法官为了避免使该程序或其他未决之诉讼程序中的司法行政产生重大偏见的危险（substantial risk of serious prejudice）时，得命令暂缓发行该报道的一部或全部，直到适当时刻为止。② 也就是说，检控方必须证明公开行为对公正审判产生了具有现实可能性的损害风险，才能判决媒介构成藐视法庭罪。

根据1831年美国国会通过的《宣明有关藐视法庭之法律的法令》（Act Declaratory of the Law Concerning Contempt of Court）

---

① ［英］萨莉·斯皮尔伯利：《媒体法》，周文译，湖北：武汉大学出版社2004年版，第342页。

② 白桂梅等：《司法公正与权利保障》，北京：中国法制出版社2001年版，第195页。

规定，联邦法官仅能即决性地（summarily）惩罚发生在法庭内的不当言行及“近乎”或“附近”的（So near there to as to）妨碍司法的不当言行。[①] 这种规定有着一定的模糊性。1941 年，联邦最高法院在对 Schenck v. U. S. 一案的判决中提出“明显且即刻的危险”（clear and present danger）原则。最高法院大法官霍姆斯在论及“明显且即刻的危险”原则时说道：“一切有关言论的案件，其问题在于所发表的言论在当时所处的环境及其性质下，是否造成明显且即刻的危险，产生实际的祸害……这是一个迫切和程度的问题。”[②]

根据上述规定，只有媒介报道对司法过程产生直接重大危险的时候，才构成藐视法庭罪。虽然举证责任是由检控方承担，但是媒介也应该有足够证据证明报道并不构成直接重大危险，作为抗辩。

4. 无辜发行行为

根据英国《藐视法庭法》第三节第一款，如果相关公开者可以证明尽管已经给予了所有合理注意，但其仍然不知道或没有理由去怀疑相关诉讼在作出公开行为之时已经进行，其享有对无辜发行行为进行辩护的权利。[③]

前面已经讲到，在国外，诉讼之前的报道相对自由度要大很多，但是一旦进入诉讼程序，就可能影响到公正审判，对于案件的报道限制就要严格很多。公开者在诉讼期间构成藐视法庭罪的报道，在诉讼之前可能就合法合理。如果公开者在对案件予以所

---

① 贺卫方：《传媒与司法三题》，载《法学研究》1998 年第 6 期。

② 林子仪：《言论自由与内乱罪——“明显而立即”危险原则之阐释》，载《言论自由与新闻自由》，台北：月旦出版社股份有限公司，1994 年版。转引自侯建：《传媒与司法的冲突及调整》，载《比较法研究》2001 年第 1 期。

③ ［英］萨莉·斯皮尔伯利：《媒体法》，周文译，湖北：武汉大学出版社 2004 年版，第 341 页。

有合理注意的情况下，仍然不知道诉讼已经进行，这种情况下他的发行行为是无辜的，可以用来辩护。但是这一辩护的举证责任都要由寻求此类辩护的人员承担，他必须证明对于诉讼程序是否开始以及诉讼与其发行资料有关这两个方面已经给予了合理注意。

二、局部抗辩理由

在普通法之下，媒介的故意心理状态是确定媒介藐视法庭责任的重要因素。在AG v. Associated Newspapers案件中，《傍晚标准报》公开了法庭不准披露的消息，构成藐视法庭罪，并且造成相关刑事审判的终止。法庭减轻了对该报社的处罚，因为该报社首次犯这种错误，而且是因为粗心大意而犯下的错，此外报社还向法庭道歉了。[①] 在后来的一系列案件中，法庭总结出对藐视法庭的媒介减轻处罚的一些因素，这些因素就构成新闻媒介的局部抗辩理由：

1. 首次犯错：按照法律原则，首犯从轻重犯从严，如果媒体藐视法庭是首次犯错，对于媒介的处罚相应要轻很多。

2. 局部发行：媒介构成藐视法庭的前提是对案件审判产生了明显重大的危险，如果媒介的发行量大，在陪审团内造成的偏见可能性越大，对案件审判产生的危险越大。但是如果媒介只是在局部发行，影响力小，则对案件审判可能造成的危险相对要小，也可以减轻藐视法庭罪的处罚。

3. 过失犯错：构成藐视法庭罪的前提之一是媒介的态度具有恶意，明知犯错而为之。但是如果媒体能够证明自己是过失犯错，主观上没有恶意，并且媒介在知道犯错之后采取了适当的措

---

① 参见［英］萨莉·斯皮尔伯利：《媒体法》，周文译，湖北：武汉大学出版社2004年版，第349页。

施防止错误再度发生，可以构成局部抗辩理由。

4. 已经道歉：媒介向法庭道歉意味着媒介的认错态度诚恳，可以再次证明媒介的非故意心理状态。法庭会根据这一情况对媒介的处罚进行酌情削减。

结　语

由于犯罪新闻报道与民众的生活、人身安全以及道德伦理等息息相关，因而永远是受众关注的热点，这类报道处理得好，于社会文明的发展将大有好处；反之，则会给社会生活带来负面的后果。犯罪新闻报道值得学界关注的问题不仅仅是法律问题，但是法律问题却是其冲突表现最集中、引起伤害最大的部分。但在今天中国新闻事业体系转型中由于新闻法的缺位，加上新闻从业者自身角色理解的错位，造成犯罪新闻报道侵权现象增多。在犯罪新闻报道中如何既保护新闻传播者的正当权利，又保护公众的合法权利；既宣传普及法治精神，又保护司法独立和公正是两个亟待解决的问题，这也是本书对犯罪新闻报道法律问题进行探讨的原因。

通过对犯罪新闻报道的大量实证和理论研究，笔者总结了以下几个问题：

一、我国犯罪新闻报道的多重侵权倾向

我国犯罪新闻报道呈现出多重侵权倾向，经常表现为在同一篇报道里涉及到两种以上的侵权。一般来说，对于犯罪事件的报道，我国媒体习惯性既要对犯罪嫌疑人进行措辞严厉的攻击，又要进行带有媒介审判性质的对案件的预测性报道；为了更吸引受众，媒介还往往会将犯罪事件中有关人物的隐私揭露出来，造成对隐私权的侵害。

例如对于湖南省原建筑工程集团总公司副总经理蒋艳萍涉嫌经济犯罪一案，各媒体就争相展开了各种轰炸。如某报的纪实性报道《红颜贪官——女巨贪蒋艳萍沉浮录》，既对蒋艳萍用“狐狸精”、“肉弹”这种侮辱性的言辞进行人身攻击，还将涉及隐私的“性”的内容堂而皇之登载版面，报道中还有“由于蒋艳萍、万江上演的这一幕灵肉互换的串供丑剧，除他俩必将受到法律的严惩外，还殃及了自己的亲属、朋友、同事”这样的媒体审判的句子。

二、我国犯罪新闻报道目前的法律缺失

目前中国的新闻法制还很不健全，主要表现在：对新闻传播活动主体的禁止性规范和义务性规范比较完备而授权性规范则相对比较薄弱；新闻工作者在有的权利遭到侵犯时还难以得到法律救济；一些权利义务关系没有明确。在犯罪新闻报道方面，主要的法律缺失是：

1. 新闻媒介的采访权和报道权等传播权利还没有得到法律的承认，遇到侵害媒介合法权利的行为，媒体也得不到相关的法律救济。2007 年 5 月 11 日，重庆电视台记者罗彬奉命采访派出所离奇死亡案。当天上午，他去红旗河沟派出所和重庆市江北区公安分局政治处采访，下午，当他在殡仪馆停尸间拍摄完死者身上的伤痕走出门口，一群警察即涌上来，收缴了他的记者证，命令罗彬交出摄像机，罗彬不从，警察武力抢夺并殴打记者，终因寡不敌众，摄像机被夺走，罗彬也被强行推进警车，限制人身自由半个多小时。在此过程中，罗彬身上多处受伤，眼镜镜片被砸掉，摄像机被损坏。同样的事情还有不少。

我国对新闻采访权的法律保障是不完善的，记者采访权遭到侵害时，记者只能提出人身权的保护，导致新闻记者在采访过程中无故遭到阻挠、封杀。在记者人身权的保护中，只有情节严重者才适用刑法第二百三十四条故意伤害罪：“故意伤害他人身体的，处三年以下有期徒刑、拘役或者管制。”“犯前款罪，致人重伤的，处三年以上十年以下有期徒刑；致人死亡或者以特别残忍手段致人重伤造成严重残疾的，处十年以上有期徒刑、无期徒刑或者死刑。本法另有规定的，依照规定。”然而这种条款是对公民生命健康权的一般保护条款[①]。而新闻采访权不是一般意义的个体权利，而是一种社会权利，是个体权利的集合体，与私权利有所不同，不能采用私权利的保护方法进行保护。

2. 隐私权还没有从名誉权中独立出来，一些侵害到公民隐私但是没有构成名誉权侵害的新闻报道将免于诉讼，这样非常不利于公民隐私权的保护。例如某家报纸报道了一起恶性犯罪案件，被害人的家人因此诉至法院，称这家报纸的消息发表后，导致了更多的群众到他家门口围观，使他们连日无法正常生活。被告方面则辩称，这条不足300字的消息，纯属客观报道案情和公安部门的看法，既无失实，也没有任何损害被害人及其家人名誉的词句。后法院审理认为原告的名誉没有受到损失，驳回了原告的诉讼请求。[②] 尽管新闻媒介有义务报道社会动态包括犯罪新闻，但在不影响对案件侦破的前提下，被害人的家属也应该享有使自己尽可能不被指认、不被外界干扰正常生活的权利。

3. 对于媒介审判的法律规范方面还存在空白。正如前文中所说，我国虽然对传媒监督司法有限制性法规，但是对于违反相关法规的处罚措施没有规定，只是夹带在名誉权侵权案例中进行处理。这样一来，媒介是否有违法行为便取决于报道的事实是否真实和是否对被告进行了恶意的侮辱性评论。如果报道的情况属实，评论又不是特别过火，新闻媒介往往不会受到任何制裁。这

① 王松苗：《新世纪媒体如何从容行使“监督权”?》，载《检察日报》2001年1月4日。

② 孙旭培主编：《新闻侵权与诉讼》，北京：人民日报出版社1994年版。

样将不利于对犯罪嫌疑人的公正审判和维护司法公正，也不利于媒体规范自身操作。因此，尽管反对媒介审判的呼声日益高涨，但是媒介审判之风还是刹不住。

4. 一些危害社会的报道行为还没有进入到法律的领域，仅仅作为道德问题为人们所讨论。例如，对被绑架的被害人的报道导致被害人的危险甚至死亡，对犯罪细节、作案手法的详细交代造成的犯罪模仿等。如某报对于影星吴若甫被绑架事件的报道《“疯狗”险些撕碎吴若甫》，该报道中，除了将犯罪嫌疑人用“疯狗”称呼进行人身攻击之外，还将犯罪嫌疑人的作案手法、反侦查手段及其漏洞作了详细的说明，这将是其他犯罪分子和犯罪潜在人群的教科书。媒介的这种报道行为后果是非常严重的，但是如果没有法律的规范，得不到应有的惩处，它们就不会停止，因此，应该有相关的法律来约束媒介的行为。

三、对我国犯罪新闻报道侵权问题的对策

目前我国犯罪新闻报道侵权的现象还是此起彼伏，侵权和维权的矛盾还是很尖锐。这引起了学界和业界的关注。笔者认为，要解决这个问题，主要从以下几个方面入手：

1. 建立和健全相关法制。前面谈到，目前我国对于犯罪新闻报道存在不少法律规范的缺失。这一空缺应当由专门的《新闻法》来加以弥补，通过调整公民这个权利主体在新闻活动中同社会、国家之间的法律关系，从而对公民运用新闻媒介实现知情权，行使表达权、监督权加以切实的保护。此外，《新闻法》还可以明确和规范新闻媒介与受众、新闻管理部门、新闻传递部门等的权利义务关系，让新闻活动有法可依。

2. 通过新闻机构的自我限制来避免侵权的发生也是非常有效的方法。新闻媒介可以在总结有关司法实践的基础上，制定若干具有一定普遍意义的规则，并以此指导和约束新闻机构对犯罪事件的报道。新闻从业者在规则指导下形成高度的社会责任感和严谨的工作作风。这就是媒介自律。一般来说，法律和自律的结合是避免侵权的最好方法。

3. 提高法制新闻工作者的法律素养。首先，法制新闻工作者对自己的工作要有准确定位。法制新闻工作者在报道犯罪新闻的时候，只是观察者、传播者，而不是裁判者。其次，法制新闻工作者要有较好的法律功底，具体而言，指：（1）具有法学的一般理论修养。比如，什么是法、法制、法治，什么是法的适用、执法、司法、守法，法与党的政策的关系，法与道德的关系等。（2）对主要的法律法规应知晓其实体规定和程序规定，尤其是和犯罪新闻密切相关的各种法律规范的主要内容、制裁方式和抗辩原则。（3）掌握、区分并正确使用法律术语，正确理解各种法律条文等。

4. 提高法制新闻工作者的自我保护意识。法制新闻工作者要学会在法律许可的范围内尽可能揭露犯罪事实，对公安破案行动和法庭审判活动进行监督，也要学会保护自己免于卷入各种侵权官司。具体的做法有：坚持犯罪新闻报道的真实、客观、全面和公正性原则；报道措辞要谨慎，尽量少用记者自己的议论尤其是可能对案件当事人构成诽谤、侮辱的评论；报道一定要出于善意的原则，适量适时适度；要保存好原始采访资料和各种证据；要注意交待消息来源等等。

犯罪新闻报道涉及的法律问题其实折射出整个新闻报道涉及的主要法律问题，本书谈到的一些价值目标、原则、法律规范、规避危险的方法等等，对于新闻媒介进行各种题材的报道都有一定的借鉴作用。但是，限于笔者的知识构成和实际经验，对这个问题的归纳和分析难免有局限片面之处。完成此书，笔者期待能够达到抛砖引玉的效果，在和学界、业界朋友共同探讨中得到进一步提高。

主要参考文献

（以姓名字母排列为序）

中文参考文献：

1. 白桂梅等：《司法公正与权利保障》，北京：中国法制出版社2001年版。

2. 陈力丹：《舆论学—舆论导向研究》，北京：中国广播电视出版社1999年版。

3. 陈堂发：《授权与限权：新闻事业与法治》，北京：新华出版社2001年版。

4. 陈欣新：《表达自由的法律保障》，北京：中国社会科学出版社2003年版。

5. 邓利平：《负面新闻信息传播的多维视野》，北京：新华出版社2001年版。

6. 杜雄柏：《传媒与犯罪》，北京：中国检察出版社2005年版。

7. 方汉奇主编：《中国新闻事业通史》第一卷，北京：中国人民大学出版社1992年版。

8. 方汉奇主编：《中国新闻事业通史》第二卷，北京：中国人民大学出版社1996年版。

9. 高铭暄主编：《刑法专论》（上编），北京：高等教育出版社2002年版。

10. 高志明：《法律与权利》，北京：中国社会出版社2004年版。

11. 顾理平：《新闻法学》，北京：中国广播电视出版社1999年版。

12. 郭庆光：《传播学教程》，北京：中国人民大学出版社1999年版。

13. 何梓华、成美：《新闻理论教程》，北京：高等教育出版社2001年版。

14. 胡智锋、尹力：《电视法制节目：特质、创作与开发》，北京：中国广播电视出版社2003年版。

15. 康为民主编：《传媒与司法》，北京：人民法院出版社2004年版。

16. 李瞻编译：《传播法判例与说明》（上），台北："国立"政治大学新闻研究所1985年版。

17. 李良荣：《新闻学概论》，上海：复旦大学出版社2000年版。

18. 刘斌、李矗：《法制新闻的理论与实践》，北京：中国政法大学出版社2005年版。

19. 吕光：《大众传播与法律》，台北：台湾商务印书馆1981年版。

20. 莫纪宏：《表达自由的法律界限》，北京：中国人民公安大学出版社1998年版。

21. 童兵：《比较新闻传播学》，北京：中国人民大学出版社2002年版。

22. 王利明：《人格权与新闻侵权》，北京：中国方正出版社1985年版。

23. 王强华、魏永征：《舆论监督与新闻纠纷》，上海：复旦大学出版社2000年版。

24. 魏永征：《中国新闻传播法纲要》，上海：上海社会科学院出版社1999年版。

25. 魏永征、张咏华、林琳：《西方传媒的法制、管理和自律》，北京：中国人民大学出版社2003年版。

26. 谢鹏程：《公民的基本权利》，北京：中国社会科学出版社1990年版。

27. 徐耀魁：《西方新闻理论评析》，北京：新华出版社1998年版。

28. 徐迅：《暗访与偷拍——记者就在你身边》，北京：中国广播电视出版社2003年版。

29. 杨立新：《人身权法论》，北京：人民法院出版社2002年版。

30. 展江主译评：《新闻与正义——普利策新闻获奖作品集》，海南：海南出版社 1998 年版。

31. 张隆栋、傅显明：《外国新闻事业史简编》，北京：中国人民大学出版社 1988 年版。

32. 张文显：《法理学》，北京：高等教育出版社、北京大学出版社 1999 年版。

33. 张新宝：《名誉权的法律保护》，北京：中国政法大学出版社 1997 年版。

34. 张新宝：《隐私权的法律保护》，北京：群众出版社 2004 年版。

35. 张新宝：《中国侵权行为法》，北京：中国社会科学出版社 1995 年版。

36. 张学林：《犯罪心理学》，天津：南开大学出版社 2003 年版。

37. 赵中颉主编：《法制新闻与新闻法制》，北京：法律出版社 2004 年版。

38. 甄树清：《论表达自由》，北京：社会科学文献出版社 2000 年版。

39. 郑保卫：《当代新闻理论》，北京：新华出版社 2003 年版。

40. 周海燕：《调查性报道采访与写作》，北京：新华出版社 2003 年版。

41. 卓泽渊：《法的价值论》，北京：法律出版社 1999 年版。

42. 卓泽渊主编：《法理学》，北京：法律出版社 1998 年版。

43. ［意］贝卡里亚：《论犯罪与刑罚》，北京：中国大百科全书出版社 1993 年版。

44. ［美］丹尼斯 & 梅里尔：《媒介论争——19 个重大问题的正反方辩论》北京：北京广播学院出版社 2004 年版。

45. ［英］David M. Walker：《牛津法律大辞典》，李双元等译，北京：法律出版社 2003 年版。

46. ［英］约翰·埃尔德里奇主编：《获取信息——新闻、真相和权力》，北京：新华出版社 2004 年版。

47. ［英］约翰·弥尔顿：《论出版自由》，吴之椿译，北京：商务印书馆 1958 年版。

48. ［德］克里斯蒂安·冯·巴尔：《欧美比较侵权行为法》，北京：法律出版社 1996 年版。

49. ［美］利昂·纳尔逊·弗林特：《报纸的良知——新闻事业的原则和问题案例讲义》，萧严译，北京：中国人民大学出版社 2005 年版。

50. ［美］罗纳德·德沃金：《认真对待权利》，北京：中国大百科全书出版社 1998 年版。

51. ［英］萨莉·斯皮尔伯利：《媒体法》，周文译，湖北：武汉大学出版社 2004 年版。

52. ［美］T·巴顿·卡特等：《大众传播法概要》，北京：中国社会科学出版社 1997 年版。

53. ［美］唐纳德·M·吉尔摩等：《美国大众传播法：案例评析》，北京：清华大学出版社 2003 年版。

英文参考文献：

54. ［美］Don R. Pember：Mass Media Law，The McGraw-Hill Companies，Inc. 2000.

55. ［美］John D. Zelezny：Communication Law：Liberties，Restrains，and the Modern Media. Wadsworth，a division of Thomson Learning，2004.

56. ［美］Roberta Monaco，Dorothy Fink，Addie Raucci：Criminology，Annual Editions ，Dushkin/McGraw-Hill，1999.

后　记

本书是根据我的博士论文《犯罪新闻报道的法学思考》修改而成的，经过两年多来辛苦的构思、收集资料和写作、修改，到现在应该算是告一段落。然而轻松、喜悦的心情并没有期然而至，反而被一种沉重所取代：论文并没有结束，它所要探讨的问题远未解决，等待我的研究之路仍然漫长而艰巨。古语云：学然后知不足。这是我在论文写作过程中最深切的体会。

专门研究犯罪新闻报道的法律问题本不是我的最初构想。开题之前，我本打算就犯罪新闻报道进行多维视野研究，将这个问题放在新闻学、社会学、法学、伦理学、文化学、心理学等各个学科的角度进行研究。因为我觉得这种报道内容、形式和过程与社会生活各个领域的关系都很密切，值得研究。最终我还是放弃了这个计划，因为这么大的研究范围，在毕业论文有限的篇幅中是难以表述清楚、深刻的。我接受开题导师组的意见，选取其中矛盾最尖锐的一个部分进行研究。而另外几个部分的内容，将是我今后研究的一个主要方向。

我要感谢导师郑保卫教授这三年来对我的培养和教导，特别是郑老师宽仁的待人态度和严谨的学术作风对我的影响非常深。他在百忙之中对论文逐字逐句的修改和指导使论文的条理性和语言的严谨性增色不少，使我受益匪浅。我还要感谢陈力丹教授和杨保军教授，他们作为我开题导师组成员，给我提供了很多宝贵的意见，他们的学识让我从心底佩服。感谢童兵教授、蓝鸿文教授、曹璐教授、周建明教授、倪宁教授、邓长苏教授、哈艳秋教授和原新闻出版署石峰副署长，他们作为我博士论文的评审和答辩老师，也给我提供了很多修改意见，而且他们对我论文的肯定给了我信心和继续研究的动力。

感谢我的父母这么多年来对我的养育之恩。因为一直在学习和做研究工作，我的经济状况一直相对清贫，没有办法很好地回馈父母。但是他们总是一如既往地支持我，成为我最大的精神支柱。感谢我的姐姐，她承担了更多照顾父母的责任，让我学习和研究没有后顾之忧。

我还要特别感谢我的好朋友，西南政法大学的陈小彪博士。他既是我的益友，一直给我帮助和鼓励，又是我的良师，给我上了很多法学知识的补习课，带我走进了法学研究的领域。还要感谢汪武、唐远清、廖卫民等，同学之间的和睦相处和对论文的共同探讨，给我提供了一个难得的写作与相互交流的环境，论文中的一些观点就是来自于交流与沟通过程中的启发。感谢南昌大学的刘仁圣教授、陈信凌教授、易平教授、许亚荃、孙利、陈志强、郑智斌、卢洁萍、仲杰、陈明等，他们一直支持我、帮助我，为我安心在北京做论文提供了方便。

此外，我还要感谢中国人民大学为我提供了一个学习再造的机会。

本论著作为江西省教育厅课题“媒介与社会正义”（项目编号 XW0701）的阶段性成果，也得到了江西省教育厅科研基金的支持，谨表谢意。

朱颖

2007 年 9 月

责任编辑:万　琪

图书在版编目(CIP)数据

守望正义:法治视野下的犯罪新闻报道/朱颖 著.
-北京:人民出版社,2008.1
ISBN 978-7-01-006638-7

Ⅰ.守…　Ⅱ.朱…　Ⅲ.犯罪-新闻报道-研究
Ⅳ.G212　D917

中国版本图书馆 CIP 数据核字(2007)第 173911 号

守望正义:法治视野下的犯罪新闻报道
SHOUWANG ZHENGYI:FAZHI SHIYE XIA DE FANZUI XINWEN BAODAO

朱　颖　著

人民出版社 出版发行
(100706　北京朝阳门内大街 166 号)

北京瑞古冠中印刷厂印刷　新华书店经销

2008 年 1 月第 1 版　2008 年 1 月北京第 1 次印刷
开本:880 毫米×1230 毫米 1/32　印张:9
字数:216 千字

ISBN 978-7-01-006638-7　定价:26.00 元

邮购地址 100706　北京朝阳门内大街 166 号
人民东方图书销售中心　电话 (010)65250042　65289539